新时代大学生管理工作的
探索与实践路径

胡 睿 著

·北京·

内容提要

本书从我国大学生管理工作实践出发，以学生管理的基本理论为依据，从大学生管理理念的转变及经验借鉴、大学生管理模式创新、大学生管理队伍建设创新、大学生管理制度创新以及时代背景下的大学生管理工作创新等方面进行了分析与研究。本书可供从事大学生管理工作的读者阅读与参考。

图书在版编目（CIP）数据

新时代大学生管理工作的探索与实践路径 / 胡睿著. -- 北京：中国水利水电出版社，2019.1（2024.8重印）
ISBN 978-7-5170-7381-9

Ⅰ. ①新… Ⅱ. ①胡… Ⅲ. ①大学生－学校管理－研究 Ⅳ. ①G641

中国版本图书馆CIP数据核字(2019)第016436号

策划编辑：石永峰　　责任编辑：陈洁　　加工编辑：白璐　　封面设计：李佳

书　名	新时代大学生管理工作的探索与实践路径 XINSHIDAI DAXUESHENG GUANLI GONGZUO DE TANSUO YU SHIJIAN LUJING
作　者	胡睿　著
出版发行	中国水利水电出版社 （北京市海淀区玉渊潭南路1号D座　100038） 网址：www.waterpub.com.cn E-mail：mchannel@263.net（万水） 　　　　sales@waterpub.com.cn 电话：(010) 68367658（营销中心）、82562819（万水）
经　销	全国各地新华书店和相关出版物销售网点
排　版	北京万水电子信息有限公司
印　刷	三河市元兴印务有限公司
规　格	170mm×240mm　16开本　12.75印张　215千字
版　次	2019年4月第1版　2024年8月第4次印刷
定　价	46.00元

凡购买我社图书，如有缺页、倒页、脱页的，本社营销中心负责调换

版权所有·侵权必究

前　言

　　高校学生管理是高校教育教学工作的重要组成部分，也是一门应用科学，是一个理论性和实践性很强的科研课题，它涉及政治、经济、文化和教育等诸多方面。现阶段，我国尚未真正形成学生管理工作系统的理论和科学的模式，改革开放之后，各高等学校对学生管理工作都十分重视，投入了大量的人力、物力、财力；学校的学生管理干部认真贯彻党的教育方针，围绕学校培养目标，大胆实践，对高校学生管理工作改革作了有益的探索，积累了一定的经验，但仍然存在着许多问题。对高校学生管理工作改革与创新的研究，是高校实现培养合格人才目标的迫切需要，是高校学生管理工作实现科学化和高效化的迫切需要，是21世纪我国高校管理体制改革和发展的必然要求。

　　近年来，社会上对高校人才培养质量的批评和质疑越来越多，一个重要原因是：没有一所大学能够按照培养科学技术发明创造人才的模式去办学。随着国家不断加大本科人才培养模式改革的力度，许多高校开始积极探索构建本校人才培养模式，在此背景下，开展高校大学生人才培养模式研究，具有重要的理论价值和现实意义。

　　本书共分为六章，从六个方面对高校大学生的管理工作进行了研究。第一章主要针对高校学生管理的内涵、指导思想、原则、对象、任务和特点等进行了全面的阐述；第二章主要对高校学生管理理念进行了阐述，简述了我国高校管理理念的发展历程，以及当前我国高校管理理念的发展趋势和创新，并对中美高校学生管理理念进行了比较；第三章对高校学生管理制度进行了探讨，提出了当前高校学生管理制度中存在的问题，并有针对性地提出了当前高校学生管理制度的实现路径，即高校学生管理工作会受到社会、经济环境的重要影响，在我国经济多元化发展的过程中，高校学生管理工作就必定要进行改革和创新；第四章从高校学生管理模式方面进行了创新研究，分别论述了高校学生人格化、社区化、宿舍以及社会实践规范化管理模式；第五章论述了高校学生的管理队伍，提出了当前高校学生管理队伍中存在的问题以及具体的解决方式，并针对中美高校学生管理队伍专业化建设进行了分析和比较；第六章分别从"互联网＋"、大数据、"微时代"以及教育大众化等方面，针对高校学生的管理工作进行了创新性的研究。

要做好高校学生管理工作，必须要有明确的指导思想、目标任务以及科学性原则为指导，更重要的是要在进一步更新观念，大力推进制度的改革与创新，建立科学合理的机制等方面采取有力的措施，尤其是文中提出的重视队伍建设、更新管理理念、改进管理办法等措施，对推进当前我国高校学生管理工作的改革与创新具有现实的指导意义，这也是本书的创新之处。

本书在写作过程中，参考了众多专家学者的研究成果，在此表示诚挚的感谢！由于精力和时间的限制，本书在写作过程中难免会出现疏漏，恳请广大读者给予批评指正，以使本书不断完善。

作者
2018年6月

目 录

前 言 ……………………………………………………………（ 1 ）
第一章　大学生管理基本问题的认识与分析 ………………（ 1 ）
　　第一节　高校学生管理的科学内涵 ……………………（ 1 ）
　　第二节　高校学生管理的指导思想与原则 ……………（ 6 ）
　　第三节　高校学生管理的对象和任务 …………………（ 14 ）
　　第四节　高校学生管理的特点和作用 …………………（ 18 ）
第二章　大学生管理理念的转变及其国际比较 ……………（ 26 ）
　　第一节　1949 年至今我国高校学生管理理念 …………（ 26 ）
　　第二节　我国高校学生管理理念的发展趋势 …………（ 29 ）
　　第三节　高校管理理念创新研究 ………………………（ 33 ）
　　第四节　中美高校学生管理理念比较研究 ……………（ 48 ）
第三章　大学生管理制度分析 ………………………………（ 51 ）
　　第一节　大学生管理制度的演变 ………………………（ 51 ）
　　第二节　高校大学生管理制度的功能及原则分析 ……（ 67 ）
　　第三节　高校大学生管理制度存在的问题 ……………（ 76 ）
　　第四节　完善大学生管理制度的主要对策 ……………（ 78 ）
第四章　大学生管理模式的多样化发展 ……………………（ 83 ）
　　第一节　高校学生人格化管理模式 ……………………（ 83 ）
　　第二节　高校学生社区化管理模式 ……………………（ 85 ）
　　第三节　高校学生宿舍管理模式 ………………………（ 98 ）
　　第四节　高校学生社会实践规范化管理模式 …………（108）
第五章　大学生管理队伍存在的问题及建设路径 …………（123）
　　第一节　高校学生管理队伍概述 ………………………（123）
　　第二节　高校学生管理队伍存在的问题 ………………（132）

- 第三节 加强高校学生管理队伍建设的途径 …………………（138）
- 第四节 中美高校学生管理队伍专业化建设的比较研究 ……（150）

第六章 时代背景下大学生管理工作的创新 ………………（161）
- 第一节 "互联网+"时代高校学生管理工作创新研究 ………（161）
- 第二节 大数据时代高校学生管理工作创新研究 ……………（175）
- 第三节 "微时代"背景下学生管理工作创新研究 ……………（182）
- 第四节 教育大众化背景下学生管理工作创新研究 …………（185）

参考文献 ………………………………………………………（196）

第一章 大学生管理基本问题的认识与分析

近年来,高校学生管理研究已经成为国内外高等教育领域研究的热点问题。自20世纪70年代,美国率先提出"学生发展"理论并开始进行高校学生管理专业化研究以来,伴随高校学生管理工作实践的发展变化,世界各国都对学生管理这一领域进行了深入探索。我国开始这方面的研究是在改革开放之后,并随着社会与高等教育的变革逐渐走向深入。

第一节 高校学生管理的科学内涵

高校学生管理是高等学校为实现人才培养目标而面向大学生实施的特殊理论活动,有其特定的内涵和重要价值。

一、高校学生管理的含义

管理,就其字面意义而言,就是管辖、处理的意思。由于管理的涉及面极其广泛,所以人们往往按照某种需要、从某种角度来看待和谈论管理,因而,对此形成了多种不同的解释。即使是在管理学界,对管理也有多种不同的定义。有的从管理职能和过程的角度,认为管理是由计划、组织、指挥、协调和控制等职能为要素组成的过程;有的强调管理的协调作用,认为管理是在某一组织内,为完成目标而从事的对人与物质资源的协调活动;有的突出组织中的人际关系和人的行为,认为管理就是协调人际关系,激发人的积极性,以达到共同目标的一种活动;有的从决策在管理中的重要地位的角度出发,认为管理就是决策;有的从系统论的角度出发,认为管理就是根据一个系统所固有的客观规律,施加影响于这个系统,从而使这个系统呈现一种新的状态的过程。这些不同的定义,从各个角度揭示了管理活动的特性。

综合上述各种观点,我们可以对管理的概念作如下表述:管理是在一定的社会组织中，人们通过决策、计划、组织和控制，有效地利用人力、物力、财力、时间和信息等各种资源，以达到预定目标的一种社会活动过程。

高校学生管理是高等学校管理的一个重要组成部分，也是高等学校人才培养工作的一个重要环节。因此，高校学生管理既具有管理的一般本质，又有其自身的特殊本质，具体来说主要表现在以下几点。

（一）高校学生管理是在高等学校这一特定的社会组织中进行的

任何管理活动总是在一定的社会组织中进行的。实际上，管理活动根源于社会组织中协调组织成员的相互关系和个人活动的必要性。正如马克思所说："凡是有许多个人进行协作的劳动，过程的联系和统一都必然要表现在一个指挥的意志上，表现在各种与局部劳动无关而与工场全部活动有关的职能上，就像一个乐队要有一个指挥一样。"[①] 高等学校是系统培养专门人才的社会组织，大学生的教育和培养是其首要的和基本的任务。高校学生管理也就是高等学校为实现这一任务而进行的特殊的管理活动。

（二）高校学生管理的目标是培养人才，促进大学生的全面发展

管理总是有一定的目标，管理的目的就是要实现一定社会组织的某种预定目标。世界上既不存在无目标的管理，也不可能实现无管理的目标。高校学生管理作为高等学校人才培养工作的一个重要环节，其目的就是要实现高等学校在人才培养方面的预定目标，促进大学生的全面发展，使之成为德智体全面发展、富有创新精神和实践能力的中国特色社会主义事业的建设者和接班人。

（三）高校学生管理的实质是要有效地利用学校的各种资源，为大学生的成长成才提供指导和服务

高校学生管理的任务是要为大学生顺利完成学业、健康成长成才提供各个方面的指导和服务，包括对大学生行为和大学生群体的引导、为家庭经济困难学生提供的资助服务、为毕业生提供的就业服务等。为此，就需要通过科学的决策、计划、组织和控制，有效地利用学校的各种资源，包括人力、物力、财力、时间和信息等。

综上所述，高校学生管理就是指高等学校为实现人才培养目标，促进大学生全面发展，通过决策、计划、组织和控制，有效地利用各种资源，为大学生成长

[①] 马克思恩格斯选集（第2卷）[M].北京：人民出版社，1995，510.

成才提供各种指导和服务的社会活动过程。

二、高校学生管理工作面临的挑战

高校学生管理是实现人才培养目标的重要内容,是推进素质教育的重要手段。学生管理既体现了高校的办学水平和办学理念,也为维护学校的稳定和谐起着重要作用。进入21世纪,随着社会形势及高等教育的不断发展,国家、社会对大学生的成长发展提出了更高的要求,高校学生管理在教育大众化、管理行政化、教育滞后化等方面面临着新挑战,在思想理念、学生主体性的体现、管理的系统性、机制体制等方面也显露出一些与经济社会发展和学生群体变化不相适应的地方。[1]

（一）教育大众化导致学生思想日趋复杂

《国家中长期教育改革和发展规划纲要》提出"优先发展、育人为本、改革创新、促进公平、提高质量"的工作方针,"到2020年,基本实现教育现代化,基本形成学习型社会,进入人力资源强国行列。高等教育大众化水平进一步提高,毛入学率达到40%"。在全面推进高等教育事业科学发展的新形势下,高校学生群体也在悄然变化:一是随着毛入学率的不断提高,特困学生、心理有问题的学生比重不断增加,管理压力增大。二是"90后"等独生子女成为在校学生的主体,普遍存在动手能力差、生活自理能力弱、依赖性强等问题。部分学生听不得批评,受不了挫折,心理承受能力脆弱,自主能力较差,面对学校的管理选择回避甚至逃避。

（二）管理行政化导致学生教育管理工作者定位发生变化

学生教育管理工作者在定位上既是教育者,又是管理者,更是服务者。随着教育大众化,高校学生人数持续增加,日常事务日趋复杂。学生教育管理工作者除了要完成学生思想教育、班团党建、社团文体活动等常规工作外,还需要承担越来越多的评奖评优、勤工俭学、助学贷款、就业创业教育以及公寓管理等行政化事务性的工作,时常陷入完成上传下达各种计划和任务之中,不能为学生提供所期望的全方位的教育与服务。在学生心目中,学生教育管理工作者仅是负责学生日常事务的老师,而不是担负引领学生成功,促进思想发展的政治导师,辅导

---

[1] 武月明.浅谈大学生日常教育管理的有效方式与途径[J].山西农业大学学报(社会科学版),2011(6).

员作为教育者的形象大打折扣，行政管理者的角色却日益突出，育人管理关系存在错位的问题。

（三）教育滞后化，缺乏以人为本的教育理念

行政化管理使学生教育管理工作者扮演"救火队员"的角色，工作始终处于一种被动、消极的应付状态，没有充分的时间和精力去研究学生的所思所想，对学生的教育普遍滞后。教育管理采用较生硬的规章、条例来约束学生，缺乏与学生的情感交流，导致学生主体意识缺乏以及自我管理、自我教育的意识缺失。当问题发生后，学生教育管理工作者往往以"监管者"的身份出现，对学生的教育主要侧重于对问题事发后的处理，而放松了对问题的预防。

三、高校学生管理的完善和加强

（一）解决学生学习和生活过程中的思想政治教育问题

大学生有许多实际问题。比如，一些家庭贫困的学生存在着经济问题；有些学生学习基础差，存在着学业困难；有的学生存在着适应环境方面的困难；有的学生与同学之间人际关系紧张或个人情感出现问题；有的学生在就业时存在困难；还有学生存在心理障碍等。这些都是大学生存在的实际问题。高校学生管理，一定要将大学生的思想问题与实际问题结合起来解决，只有这样，才能满足学生需要，把教育做到实处。

1. 两者结合的原因分析

之所以要把解决思想问题与解决实际问题结合起来，是因为以下几方面原因。

（1）大学生的许多思想问题往往来自实际问题。学生的实际问题没有解决好，容易转变成为思想问题。比如，一些高校的饮食不卫生、饭菜质量差，住宿条件不好，体育设施老化且严重不足，图书资料缺乏，校园周边环境差等，都容易导致学生有想法、有牢骚，滋生对学校和社会的不满，从而转化为思想问题。

（2）解决实际问题，能为解决思想问题提供条件。事实是具有说服力的，随着实际问题的解决，学生面对实实在在的客观事实，心情就会变得舒畅，态度就可能转变，对教育者的意见和建议就更容易接受。这样，教育者就有亲和力和说服力，被教育者就有接受力和承受力，学生的种种思想问题也就容易迎刃而解。

（3）解决思想问题，最终目的还是要解决实际问题。脱离实际问题而谈思

想问题，往往陷于空谈，学生不但难以接受，反而反感，使得学生与教育者拉开距离，增大隔膜，甚至有损思想政治教育形象。

2. 注意事项

我们在解决学生的实际问题时，也不要只限于解决具体问题，用解决问题替代思想教育，更不能为了讨好学生一味地迎合学生需要，甚至置原则于不顾，回避教育。有时对于一些有严重的思想问题的学生，是需要耐心细致地进行思想教育的，是需要严肃批评的，否则，错误思想无法克服，错误行为无法制止。比如，对于一些贫困大学生，我们需要给予经济上的资助，解决他们的实际困难。目前高校设立许多勤工俭学岗位，正是解决这些实际问题的举措。但是，极少数贫困生为了能够获得更多的劳动报酬，有时采取弄虚作假的手法，多报工作时间，骗取勤工俭学费用；还有一些贫困生获得别人的资助后，不是用在学习和必要的生活上，而是高消费，买奢侈品，对捐赠人没有丝毫感激之情。面对这些错误行为，绝不能采取姑息的态度。

总之，要把解决实际问题与思想教育结合起来，解决实际问题既是做好高校学生管理工作的目的，也是做好学生管理工作的途径；解决思想问题，为解决实际问题奠定思想基础，并实现对现实认识水平的超越。如果只限于解决实际问题，而没有解决思想问题，类似的问题还会出现，小的思想问题可能还会累积成为大的思想问题。

（二）做好深入细致的个别工作

高校学生管理既要面向全体学生，准确把握一些具有普遍性的热点和焦点问题，做好群体思想工作，又要注意处理好一些个别的、特殊的、突发的思想问题或学生事件，做到点面结合。只有这样，才能将高校学生管理做得既深入，又全面，既有面的带动，又有点的突破。

个别工作针对的主要是"特殊"学生，比如，一些经济贫困学生、学习成绩差的学生、受情感困扰的学生、违纪学生、心理问题学生、就业困难学生等，或者针对一些突发的偶然事件。当然，个别工作也包括一些优秀学生的骄傲自满问题，以及一些先进学生的进一步引导帮助问题等。做好个别工作，既有利于全局的稳定与顺利发展，也有利于工作深化、突破，积累经验，推动全局发展。因而，要把一般教育与个别教育结合起来。

做好个别工作的原则有以下4点：①要以人为本，从关心、爱护的前提出发，真心帮助同学，设身处地为同学着想，实实在在地解决他们的实际问题，耐心细致地解决他们的思想问题。不要歧视他们，也不要刺激他们，既要严格要求，又要讲究方法，尊重学生人格，平等对待每位学生。②要因地制宜，因人而异，根据实际情况，采取切实有效的教育方法和帮助手段，增强针对性，提高实效性。既然是个别工作，那么就需要用个别工作方法，如个别谈心、讨论、咨询等。③要注意保护学生隐私。为了做好个别工作，辅导员需要同学生进行深入的思想交流和心灵对话，此时学生可能将自己的内心深处的真实思想、内在观念甚至个人隐私信息都全部倾吐出来，老师应该为学生保守秘密，尊重学生隐私。④要注意个别指导与一般号召相结合。按照学生需要共同遵循的准则，提出教育与管理要求是必要的。同时要加强个别辅导，做好个别工作，不仅有利于满足不同学生的特殊需要，而且对其他学生也具有启示和警示作用。

第二节 高校学生管理的指导思想与原则

管理是门科学，高校学生管理也是一个由系列管理活动按一定顺序结合而成的系统组织过程。遵循适当的指导思想和原则，对于确保高校学生管理工作的正确方向，实现管理质量与效率的最大化具有重要意义。

一、高校学生管理的指导思想

科学的管理对提高管理效率，优化教育质量具有十分重要的意义；科学的管理有赖于符合客观实际的、法制化的、人性化的管理规章制度，而这一切都离不开科学的管理思想和指导思想。

(一) 管理思想

所谓管理思想，是指"关于管理的观点、观念或理论体系，是管理理论和实践的结合在人们头脑中的反映"。管理思想对管理工作起指导作用，它随着人类社会及其管理活动的产生、发展而产生和演变。古代朴素的管理思想兴盛于中国、古巴比伦和印度等。公元前2000多年，古巴比伦《汉谟拉比法典》颁布的282条法律，体现了远古法规管理思想。中国在公元前1100多年，出现经权管理思想。后有历代的"人治""法治"及"知人善任"等管理思想。19世纪后，随着机器大生产的兴起，欧洲出现古典科学管理思想以及法约尔的管理原则与过程理论等。从20世纪20年代开始，出现了人际关系——行为管理思想。20世纪

60年代后，出现了诸多管理学派，管理思想纷繁，这一时期被喻为进入了管理理论的"丛林时期"。

高校学生管理属教育管理的范畴，其管理思想理应与教育管理思想相类，是一个极为复杂的理论课题。它应该也必须规定出自己的理论前提，也就是要与某种思想理论联系起来，以确立自己的基本方向。从哲学的层面看，高校学生管理思想主要包括四个方面的内容：

1. 运用相互联系的管理思想

高校学生管理是一种复杂的社会现象，从宏观上分析，高校与社会、家庭和时代是联系在一起的，大学生当然也不是孤立于社会、与世隔绝的，所以高校学生管理牵涉社会、家庭，影响着时代，同时也受时代及历史条件的限制。

从微观方面来看，高校学生管理诸要素之间也是相互联系、相互制约的，如管理与学习的关系、管理与教育之间的关系、管理与服务之间的关系、管理过程与管理结果之间的关系等，都是相互影响、相互制约的。

2. 运用动态平衡的管理思想

管理是一个过程，这一过程是在不断发展变化的，既受大环境下政治、经济和文化变化的影响，又受高校本身物力、财力及办学思路变化的影响。一切都在变化中，管理工作也处在不断的完善与发展之中。同时，作为管理对象的大学生和研究生的人格、思想、行为也在学生管理过程中得到逐步发展与完善。所以把动态平衡的管理思想运用于管理工作中，就必须要有发展的观点，要有与时俱进的勇气，立足于现实，着眼于未来，不断地分析和研究新的情况，解决新的问题。

3. 运用对立统一的管理思想

在高校的学生管理活动中，客观存在着各种矛盾关系，需要运用对立统一的管理思想对这些问题和矛盾进行分析研究并最终予以解决。例如，管理者与管理对象之间的矛盾，教育、服务与管理之间的矛盾关系等。

4. 运用实践探索的管理思想

实践是检验真理的唯一标准，同时，实践又是正确认识的主要来源。高校学生管理是一门实践性很强的科学，有很强的操作性要求。因此，我们在开展高校学生管理工作的时候，一定要有实践意识，要有探索创新的勇气，并将实践过程中形成的好的经验提升到理论的高度，从而在整体上指导学生管理工作的新实践，如此往复，以至无穷，推动我们的学生管理工作不断提升水平。

(二) 指导思想

研究我国高校学生管理，主要应注意运用以下几个方面的理论观点和指导思想。

1. 运用高等教育和现代管理科学理论指导高校学生管理

现代治校观念要求我们靠现代科学来管理学校，管理学生。具体说来：①靠教育科学，要遵循教育的外部规律与内部规律办事。比如高等教育的规模为一定的经济基础所决定，反过来又作用于一定的经济基础。高等院校作为高等教育的主要载体和平台，人才、资源、市场面临着越来越激烈的竞争，理念、体制、结构也面临新的变革和调整。高校要准确把握社会脉搏，直接面对市场办学。大学生管理也要研究新情况，解决新问题，面向 21 世纪培养高素质的复合型人才。②靠运用现代管理科学的理论与方法进行管理，使学生管理队伍的组织机构严密，管理制度科学，人员分工合理，职责范围明确，奖惩分明，动作协调，工作高效等。运用现代管理科学指导学生管理主要是运用它的基本原理：系统整体性原理、要素有用性原理、动态相关性原理、人的能动性原理、规律效应性原理、时空变化性原理、信息传递性原理、控制反馈性原理等。我们应在管理实践中力争使管理组织系统化、管理决策科学化、管理方法规范化和管理手段现代化。

2. 运用马克思主义关于辩证唯物主义的理论

用对立统一观点指导高校学生管理，在管理中坚持整体观。马克思主义辩证唯物主义哲学是一切社会科学和自然科学的理论基础。马克思主义的认识论和方法论，渗透于所有社会科学和自然科学之中，所以，也同样渗透于高校学生管理科学之中。要运用对立统一观点，坚持管理的整体观。在纵向上，坚持整体观就是局部与整体的统一，从学生管理工作的整体系统看，组成这个有机整体的各部分又都是一个支系统，是局部。学生管理系统的整体功能是由各部分的组合形式决定的，虽然支系统都各具有特定的功能，但它们都应服从学生管理系统整体的目的和功能，各个支系统的要素都是为了整体目的而建立的。在横向上，坚持整体观就是处理好各支系统之间的分工与合作的一致性，把各部门都协调到为培养全面发展的人才这一共同的管理目标上来。

3. 坚持马克思主义关于人的全面发展的理论

培养有理想、有道德、有文化、有纪律的全面发展的高级专门人才，是我国社会主义大学的根本任务。做好研究工作首先要解决"为谁培养人"和"培养什么人"的问题。我国社会主义大学的性质决定了我们必须确保学校培养出来的毕业生，不仅要有扎实的科学文化知识和健康的体魄，而且必须具有高度的社会主义觉悟，也就是要有理想、有道德、有文化、有纪律。要培养这样的新人，就必须按照马克思主义中人的全面发展的教育思想办教育。马克思主义教育思想的核心就是关于人的全面发展的学说。培养德、智、体全面发展的建设者和接班人的教育方针，是马克思主义这一理论精髓的具体运用。邓小平同志说过，各级各类学校都要培养有理想、有道德、有文化、有纪律的人才。江泽民同志也指出，人的全面发展是"三个代表"的要求，是建设有中国特色社会主义的本质要求。这些理论都是对马克思主义关于人的全面发展学说的继承、丰富和发展，是党和国家的教育方针的具体化。我们要把培养全面发展的"四有"人才作为我们的根本任务和落脚点。

4. 继承和发扬我国六十多年来高校学生管理的成功经验

新中国成立的六十多年来，高校学生管理工作的成功经验是当今学生管理工作的宝贵财富。首先，社会主义大学必须坚持中国共产党的领导，坚持社会主义方向，这是我国六十多年来办大学的一条基本经验。坚持党的领导就是用党的路线、方针、政策作为社会主义大学管理的基本指导思想，就是要确保社会主义大学的社会主义方向，调动全校师生员工的积极性，为培养德、智、体全面发展的高级专门人才努力奋斗。坚持社会主义方向，是由我国大学的社会主义性质所决定的，一切管理工作都要根据党的路线、方针、政策去组织、实施。各项规章制度的制定都要有利于坚持"一个中心、两个基本点"，有利于调动广大师生员工的社会主义积极性，这是衡量管理功能与效益的基本点；其次，管理工作规范化、制度化，即把符合社会主义方向的，又经过实践检验比较成熟的民主管理和科学管理体制、程序、办法用制度形式固定下来，使工作形成规范，其中心点是责、权、利相结合，使制度的思想性和科学性统一；再次，坚持理论联系实际的原则，面向社会实践，实行教育与生产劳动相结合。社会主义大学培养的人才，必须适应社会主义市场经济的需要，在思想上有高度的社会主义觉悟和共产主义献身精神，在业务上不仅要有理论知识，而且要有较强的分析问题和解决问题的能力，要有实干精神和较强的独立工作能力。

二、高校学生管理的原则

高校学生管理的原则是在高校学生管理过程中必须遵循的基本准则。恩格斯指出："原则不是研究的出发点，而是它的最终结果；这些原则不是被应用于自然界和人类历史，而是从它们中抽象出来的；不是自然界和人类去适应原则，而是原则只有在适合于自然界和历史的情况下才是正确的"。① 因此，高校学生管理原则的确定，主要依据高校学生管理的内在规律、实践经验及党的路线、方针、政策。② 新形势下，高校学生管理主要包括方向性、发展性、创新性、激励性和自主性等基本原则。

（一）方向性原则

高校学生管理坚持方向性原则，是涉及培养什么人、如何培养人的根本性问题。高校学生管理是高校办学的重要方面，是学校育人环节的重要一环，社会主义大学的主要目标是培养合格的社会主义事业建设者和可靠接班人，高校学生管理工作直接影响这一目标的实现。方向性原则是指确定高校学生管理的目标，进行高校学生管理活动，要与高校育人工作的总目标相一致，要与党和国家的教育方针、规范、政策和法律法规中规定的教育目标、管理目标等相一致。方向性原则是高校学生管理中具有决定意义的基本原则。只有坚持这一原则，才能促进高校学生管理沿着高等教育育人工作的总目标发展，才能保证高校学生管理的正确方向，才能有利于培养全面发展的社会主义事业建设者和接班人。坚持方向性原则，是高校学生管理的社会属性决定的，也是我国高校学生管理历史经验的总结。

高校学生管理中坚持方向性原则，关键需要做到以下3点。

1. 按时代需求及时调整管理目标

坚持方向性原则不仅体现在政治方向上，而且体现在管理是否能为党和国家的中心任务服务。不同时期，党和国家的任务是不同的，对人才的需求也是不同的。这就要求高校学生管理要紧扣时代主题，不断调整管理目标，创新管理模式。目前，发展是时代主题，经济建设是党和国家的中心任务，要根据这一中心

---

① 马克思恩格斯全集（第20卷）[M]. 北京：人民出版社，1971，38.
② 邱伟光，张耀灿. 思想政治教育学原理[M]. 北京：高等教育出版社，1999，210-211.

任务制定具体的高校学生管理目标。

2. 增强管理者的政治意识

高校学生管理是具有鲜明的政治方向和价值导向的。任何社会的高校学生管理都是为一定社会、阶级服务的。不同社会的高校学生管理的目的、理念、任务、方式、方法等，是有着显著差异的。然而，在我们的管理理论和实践中，往往存在着忽视管理的政治功能和价值导向的现象。一些人甚至认为高校学生管理有何方向性可言。因此，体现高校学生管理的方向性，首要的问题就是增强管理者本人的政治意识，促进管理者有意识地在管理过程中思考管理的政治方向和价值导向。管理者要把方向性要求贯穿在高校学生管理全过程和具体的活动中。引导广大学生积极投身改革开放和社会主义现代化建设，在为祖国、为人民的不懈奋斗中实现自己的人生价值。

3. 以制度的合法性体现管理的政治导向性

坚持方向性原则，就必须自觉接受党的领导，其核心是坚决贯彻党的方针、路线、政策。学校的各项制度就是贯彻党的方针、路线、政策的主要载体，是一定社会政治方向、价值导向等的具体体现。因此，学校层面制定的各类高校学生管理相关制度，一定要与国家的法律、法规相一致。通过合法制度来保障高校学生管理的方向性。要注重把方向性原则融入到制度建设和执行的全过程，使学生坚定社会主义的理想信念，在实践中成长成才。

（二）发展性原则

高校学生管理坚持发展性原则，包括两个方面：一方面是管理工作本身要不断发展，另一方面是通过管理促进学生的全面发展。从管理工作本身来看，随着我国社会政治、经济、文化的不断发展，社会生活发生了复杂而深刻的变化，高校学生管理工作的形势、环境、对象、任务发生了深刻的变化，这就要求管理的体制、机制不断变化，管理方式、目标、途径及时调整，以确保高校学生管理工作的实效。

在通过管理促进学生全面发展方面，关键是做到3点。

1. 要树立发展意识

思想是行动的先导，有什么样的发展理念，就会有与之相应的管理方式和结果。传统的高校学生管理重管理，把管住学生作为学生管理的出发点。个别管理者往往以强硬的制度规范、约束学生的行为，以训诫、命令代替沟通。这些方式往往会伤害学生的自尊心，挫伤学生的自主性，有悖于学生的全面发展。高校学生管理坚持发展性原则亟须转变传统的观念，要有意识地把学生全面发展作为管理活动开展的前提。在高校学生管理中，牢固树立促进学生全面发展的责任感和紧迫感，打破思维定势，以新的发展观念指导管理决策，设计管理计划，谋划学生的全面发展。

2. 要不断推动管理创新

通过管理促进学生全面发展，需要同时注重管理本身的发展，而管理的发展实际上是创新。服务于学生全面发展的管理创新就是在遵循高校学生管理规律的基础上，与时俱进，坚持继承与创新相结合，创造性地开展工作，促进学生全面成长和成才。目前，高校学生管理的机制、途径、方法与载体都是在过去的环境条件下，针对过去的情况产生的。但是随着社会经济的迅速发展，高校学生管理工作面临着新环境、新问题，大学生在思想上出现了迷茫和困扰，在观念上呈现出多元化特点。如果固守原有的管理方法必然不能较好地适应今天的需要，解决不了今天的问题。为此，创新高校学生管理工作成为时代和社会赋予的重任。

3. 要统筹各方面的资源形成促进学生发展的合力

一直以来，我们在高校管理的实践工作中都强调高校学生管理包括管理学生和服务学生两大方面。但在具体操作上，管理却总是多于服务。实践证明，把职业生涯规划、生活帮扶、大学生就业指导、心理辅导等贯穿管理始终更易于发挥学生的主观能动性、激发学生的创造性，从而促进学生的发展。要理顺学校各管理部门关系，通过部门间的相互协调，相互联系，从而将组织内部各个要素联结成一个有机整体，使人、财、物、信息、资源等得以最佳配置，形成促进学生发展的合力。

（三）激励性原则

激励性原则，是指高校学生管理中利用一定的物质手段或精神手段，引导学生思想行为的变化，调动学生的积极性、创造性，使学生的潜能得到最大限度发挥，从而实现管理目标的基本准则。在高校学生管理中，恰当运用激励性原则将使管理活动更易于被学生接受，更好实现管理的目标。

激励的效果取决于在激励过程中采取的手段、方式能否针对大学生的发展实际、能否满足大学生的需要、能否在大学生内心形成自我激励的内在动力等。因此，在高校学生管理中贯彻激励性原则，需要做到以下3个方面。

1. 运用正向激励手段

高校在学生管理过程中，科学、合理地运用激励机制，有助于调动大学生的能动性和创造性，改变大学生的观念、行为。正向的激励主要有两种：一种是物质上的，主要指金钱或是实物，物质利益的需求和满足是人生存和发展的一个必备条件。对学生进行一定的物质激励，有助于调动学生积极性、主动性；另一种是精神上的，主要指通过各种形式的表扬给予一定的荣誉。正向的激励有助于学生将外部的推动力量转化为自我奋斗的动力，充分发挥自身潜能，从而有效地激励学生成长成才。在高校学生管理中，要协调好物质激励和精神激励的关系，依据学生的实际采取相应的激励手段，确保管理效果。

2. 采取情感激发的方式

"情感，是人格发展的诱因，是青年追求美好生活的动力。"[①] 要确保管理目标的实现，一般都要有感情的催化。当管理者与学生平等对待、敞开心扉、相处愉快时，管理活动就比较容易开展；当双方针锋相对、互不理解时，学生往往产生抵触情绪，管理效果就会打折扣。因此要求管理者不仅要以制度约束人，而且要以真情感染人，注重沟通，消除疑虑，用欣赏的眼光去看待学生，使每一个学生的需求得以尊重、困惑得以解决、特长得以发挥。

3. 在管理中树立典型，通过榜样进行激励

榜样使人有目标，有方向。因此，要善于树立榜样，培养榜样，宣传榜样，并鼓励学生学习榜样、争做榜样、成为榜样。

（四）自主性原则

自主性原则是指高校在进行高校学生管理时，使大学生参与到管理过程中来，充分调动大学生的积极性和创造性，进行民主管理，实现自我管理和自我服务。

高校学生管理遵循自主性原则，是由两方面决定的。一方面有利于育人目标的实现。管理的目标是育人，这就要求将外在的行为规范转化为内在的思想观念，从而支配管理对象的行为。如果不调动学生的主观能动性，学生就难以接受管理，管理的实效性就难以发挥；另一方面有利于满足学生自主管理的现实需

---

① 潘懋元. 简评《高校育人新机制探索：情感、激励、嫁接三结合》[N]. 光明日报，2008-10-24.

求。随着我国社会主义市场经济体制的不断完善，高等教育逐步走向经济社会发展的前台，市场经济的自主、平等、竞争、法治精神对高校师生的影响不断深化，大学生自主意识不断增强。大学生渴望在各项事务管理中充当主角，自己管理自己，充分发挥主观能动性，实现自我管理、自我服务。

高校学生管理中坚持自主性原则要做到以下3点。

1. 唤醒学生的自主管理意识

在高校学生管理过程中，要营造轻松、愉快、快乐的氛围，使学生的自主需求得到尊重；同时，要使学生体会到自主管理的成就感，享受自主管理收获的成果。

2. 加强对学生自主管理的指导

自主管理不等于放任自流，必须加强自主管理的指导，才能保证管理的方向和实效。怎样才能保证管理的方向和实效呢？有四方面的内涵，即明确方向，定准目标，告诉学生工作要达到的程度和要取得的效果；定好标准，明确思路，告诉学生怎样开展工作；做好监督，对学生任务执行情况进行跟踪观察，时刻关注工作进展情况；及时反馈，帮助学生及时调整方向，确保学生工作在正确的轨道上进行。

3. 打造学生自主管理的平台

辅导员要抓好班委会、团支部、学生会等学生组织为载体的自主管理平台，增强凝聚力、吸引力，建立定期流动机制和激励机制，充分保证学生广泛地参与到自主管理中来。作为辅导员，要敢于充分"放权"，敢于把高校学生管理工作交给学生，实现学生的自我管理、自我服务。

第三节　高校学生管理的对象和任务

高校学生管理是高校管理系统的重要组成部分，在高校教育改革和发展中占有极为重要的地位，在高校管理研究中具有重要意义。把高校学生管理作为一门科学进行研究，探讨高校学生管理活动的本质与内在规律，促进学生管理工作的科学化、法制化、人性化，推动高校学生管理工作由经验型、传统型、行政本位型向科学型、现代型、学生本位型转变，为中国特色的社会主义现代化事业培养新世纪合格的建设者和接班人，是广大管理工作者特别是直接从事大学生教育管理工作的学者面临的一个重要课题。

一、高校学生管理对象

所谓管理对象是指"管理活动的承受者"。随着人类认识的深化和管理的科学化、复杂化，不同时期、不同学派对管理持有不同的见解：一种见解是指管理活动所作用的各种具体对象。最初是人、财、物三要素，后增加了时间、空间，成为五要素，又增加了信息、事件，成为七要素等。另一种见解是指管理活动所作用的特定系统，即把管理对象作为由多种因素组成的有机整体。系统与外界环境有信息、能量、物质交流。高校学生管理作为高等学校管理工作的重要组成部分，其相对应的工作对象无疑是指高校学生，从广义角度来看，这些学生应包括所有在高校求学的学生，即专科生、本科生、硕士生、博士生等。因为这些人都是高校学生管理活动的承受者。高校学生管理牵涉诸多知识体系，包括管理学、教育学、青年心理学、政治学、人才学等，因此高校学生管理是一门综合性、政策性很强的应用科学，它具有自己独特的研究对象，这个对象就是学生管理活动本质的、内在的联系及其发展变化的规律。对于中国来说，学生管理科学是以马克思主义、毛泽东思想、邓小平理论和"三个代表"重要思想与科学发展观理论为指导，以党的路线、方针和政策为依据，建立在教育科学、管理科学、青年生理心理学等基本理论和丰富的学生管理工作经验的基础之上，研究学生管理的对象、任务、原则、内容、方法和规律的一门科学。

高校学生管理作为学校管理的一个重要方面，同其他管理工作一样，都是以教育领域某一方面的特殊现象和规律为研究对象的，它必然要受到教育领域总规律的支配与制约。因此，它又不同于管理工作的其他分类工作，具有相对的独立性。我们只有既认识到高校学生管理工作与其他管理工作的密切联系，又认识到它与其他管理工作的不同特点，才能真正揭示高校学生管理现象本身所具有的特殊规律，使之成为一门具有特性并富有成效的管理工作。

作为一门管理工作，一般而言，总要有相应的学科知识成为其所依循的工作方针，而一门学科的成立必须具备一个必不可少的条件，即它必须具有一套系统的范畴体系。范畴体系既体现了研究的角度，也展示了研究的内容，同时又表明了其相互间的关系。因此，准确而恰当地表述高校学生管理学的研究内容，最好的办法是确立这门科学的框架和范畴体系。我们认为，高校学生管理工作要研究的内容应涵盖以下几个方面。

(1) 学科理论的研究。包括高校学生管理科学的性质、理论基础、研究对象和领域、主要研究任务、学科的地位和作用，高校学生管理的指导思想和原则，如何对历史的经验进行抽象和概括以纳入理论体系之中，如何移植、融合相关学科的理论，不断丰富、完善和发展高等学校学生管理科学等。

(2) 方法论的研究。研究高校学生管理科学的方法论，一方面要研究根本的思想方法；另一方面还要研究具体的管理方法，如思想政治教育管理、大学生社区管理、教学与学籍管理、实践管理、社团管理、校园文化管理（含网络管理）、奖惩制度管理、社会心理健康与咨询管理、就业管理、学生党员管理与党建管理、学生干部队伍的管理、学生群体性突发事件的应急管理等方面的管理方法与手段。

(3) 组织学的研究。高校学生管理是一项系统工程。对高校学生管理的组织领导体制、学生管理队伍的建设、学生管理的现代化趋势等，都必须作更为深入、全面的探讨。

(4) 学生成长规律、心理生理特点与管理工作的有机联系的研究，青年群体之间相互作用关系与高校学生管理工作的互动共生研究。

二、高校学生管理的基本任务

高校学生管理工作的基本任务，不仅包括研究学生管理学的相关体系，即研究高校学生管理工作与活动的知识系统理论，而且更重要的是这种研究必须着眼于寻求学生管理工作本身所蕴含的特殊矛盾，领悟和把握学生管理工作的运行规律，以更好地运用于学生管理工作的实践之中，有力地推动高校学生管理工作。概括起来，高校学生管理工作的主要任务有以下几点。

(一) 系统总结我国高校学生管理工作的经验和教训

学生管理是一种既传统又年轻的社会工作，它伴随着学校的产生而产生，有着悠久的历史传统和崭新的时代内容。中国共产党早在初创时期就在大中学校开展学生工作，有九十多年学生管理工作的历史，积累了丰富的经验。从创办湖南自修大学、平民女学、农民运动讲习所，到开办红军大学、抗日军政大学到新中国成立后各级各类学校的建立，期间有众多的经验需要总结，也存在一些教训需要吸取。新中国成立以后，我国的学生管理工作也有着许多值得认真研究的理论知识与实践特色，从解放初期到"文化大革命"时期，从改革开放到全面建设小康社会，每一个时期都有不同的学生管理工作理论基点和实践探索，这些都是值得我们从事学生管理工作的同志认真学习、探讨、分析和思索的。

（二）全面贯彻党的教育方针

坚持马克思主义关于人的全面发展理论和党的教育方针，贯彻党的基本路线，以马克思主义、毛泽东思想、邓小平理论和"三个代表"重要思想及科学发展观为指导，以马克思主义哲学原理为方法论，认真贯彻落实新的《普通高等学校学生管理规定》，遵循党的教育方针和学校的培养目标，为培养全面发展的高素质的人才服务。

（三）批判性的借鉴国外成功的高校学生管理经验

吸纳教育学、社会学、政治学、青年心理学、系统管理学以及文化学等相关学科的知识理论，构建具有中国特色、符合时代精神的高校学生管理模式。中国是一个历史悠久的文明古国，几千年来，我们的祖先在学生教育和管理中积累了丰富的经验，这是宝贵的历史文化遗产，应当批判地继承，做到古为今用。同时，我们还应大胆借鉴国外高校的学生管理经验，去粗取精、去伪存真、融会提炼、博采众长，做到洋为中用。这样才能构建起具有中国特色的高校学生管理的理论体系，并以此指导我们的实践，形成高效的、有益于大学生身心健康成长和成才的学生管理模式。

（四）以理论创新推动实践创新

全面促进学生工作的科学化、法制化和人本化。虽然高校有办学的自主权，可以根据自身的特点制定符合本校实际的学生管理制度与规定，但这些规定不应与国家的法律法规相悖，不能违背大学生的成长规律，不能违背人性特点，不能违背社会主义办学方向与学生全面发展的最高宗旨。如何体现其管理制度的科学化、法制化和人本化，就有一个理论研究的问题，不仅需要研究法律与青年学的相关理论，还需要研究管理学方面的理论，同时更应注重将管理学、法律学、青年学有机结合起来，形成理论上的创新，推动实践创新。因为，大学生的管理不是一般的管理，而是一种对青年的管理，这种管理是要将这些有着一定知识的青年培养成德、智、体、美全面发展的人才的管理。换言之，这种管理的最高宗旨是要促进学生全面发展，使其成为国家的建设者和接班人。这就使学生管理工作牵涉一系列的理论研究与实践探索，这就是现实交给学生管理工作者的光荣而艰巨的任务。

（五）加强科学研究，注重实践探索

不断发展高校学生管理工作的理论体系，推动高校学生管理工作模式的健康运行。尽管学生管理工作有着丰富宝贵的实践经验和悠久的历史传统，但就总体情况而言，它与不断发展的中国特色社会主义的形势和发展趋势还存在着某些不适应，还面临着许多亟待解决的问题，无论是从理论要求上，还是从实践需求上，都需要科学化、理论化、法制化及人性化等诸多方面的规范。因此，作为学生管理工作者，必须加强学生管理工作的科学研究，大胆探索，不断创新，切实把握学生管理面临的新问题、新内容和新特点，努力用新方法、新思路和新手段去适应学生管理的新规律和新形势，使学生管理的理论与方式与时俱进，不断丰富和完善。

第四节 高校学生管理的特点和作用

半个多世纪以来，我国高校学生管理的实践证明，对大学生的成功管理，必须以马克思主义理论为指导，必须与时俱进；必须从我国的实际情况出发，同时又要遵循高校管理的基本规律，把握住高校的特点。只有这样，才能使高校学生管理产生积极的效益，确保学生成才。

一、高校学生管理的特点

高校学生管理作为高等学校为实现人才培养目标而为大学生提供的引导与服务，有其自身显著的特点。

（一）鲜明的价值导向

高校学生管理总是为社会培养人才提供一定服务的，高校学生管理的目的、管理体制和管理形式总是受到社会经济基础、政治制度和意识形态的制约。因此，高校学生管理必然具有鲜明的价值导向，它总是贯穿并体现着一定社会的主导价值体系，并直接影响着大学生价值观的形成、变化与发展。我国是人民民主专政的社会主义国家，我国的高等学校是为社会主义建设事业培养专门人才的，这就决定了我国的高校学生管理必然要坚持社会主义的价值导向。具体地说，高校学生管理的价值导向主要体现在以下几个方面。

1. 高校学生管理的价值导向集中体现在管理目标中

目的性是人类实践活动的基本特征。而人的实践活动的目的，总是基于一定的需要和对实践对象的属性及其变化趋势的认识与判断，因而总是体现着一定的价值观念。高校学生管理的目的同样如此。事实上，高校学生管理的目的以及作为其具体展开的整个目标体系，都是基于一定的价值观念确定和设计的，都贯穿和体现着一定的价值观念和价值追求。因而，高校学生管理的价值导向不仅对管理者的管理行为和大学生的日常行为起着导向、激励和评价作用，而且会对大学生价值观的形成和发展起到重要的引导和促进作用。例如，建立和维护良好的教育教学和生活秩序是高校学生管理的重要目标，这一目标就体现了"有序"的价值，因而这一目标的执行，又会促进大学生形成"有序"的观念。同时，高校学生管理是大学生教育的重要环节。为谁培养人，培养什么样的人，始终是大学生教育的首要问题，当然也是高校学生管理的首要问题。显然，对这个问题的解决，必然鲜明地体现着一定的价值观念和价值追求。在我国现阶段，也就是要体现社会主义核心价值体系，体现实现中国特色社会主义的共同理想对人才培养的要求。因而，我国高校学生管理的目标也必然要体现社会主义的价值导向。

2. 高校学生管理的价值导向突出体现在管理理念中

高校学生管理理念是高校学生管理的指导思想，直接制约着高校学生管理的原则和方法。而高校学生管理理念也总是体现了社会的价值体系，并往往是社会先进的价值观念在高校学生管理中的贯彻和体现。例如，高校学生管理中的"以人为本"的理念，就是我们党所坚持的"以人为本"的价值观念在高校学生管理中的贯彻和体现。在高校学生管理中全面贯彻"以人为本"的理念，坚持做到"关心人、尊重人、依靠人、发展人、为了人"，必然会对学生正确认识人的价值，确立"以人为本"的价值观念产生积极影响。

3. 高校学生管理的价值导向具体体现在管理制度中

科学而又严密的规章制度，是高校学生管理的基本手段，是高校学生管理规范化、制度化和法制化的基本保证和主要标志。而管理规章制度总是人们在一定的价值观念指导和影响下制定出来的，总是体现着一定的价值导向，具体表现为要求大学生做什么，不做什么；鼓励和提倡做什么，反对和禁止做什么；奖励什么样的行为和表现，惩罚什么样的行为和表现等。高校学生管理制度中的这些规定无不体现着鲜明的价值导向。2005年教育部修订的《高等学校学生行为准则》，明确要求大学生要做到：志存高远，坚定信念；热爱祖国，服务人民；勤奋学习，自强不息；遵纪守法，弘扬正气；诚实守信，严于律己；明礼修身，团结友爱；勤俭节约，艰苦奋斗；强健体魄，热爱生活。显然，这些对于大学生行为的基本要求，鲜明地体现了社会主义的价值导向。

（二）突出的教育功能

高校学生管理是高等学校人才培养工作的重要组成部分。因此，高校学生管理既具有管理的属性，又具有教育的属性，有着突出的教育功能。

1. 高校学生管理的目标服从和服务于大学生教育的目标

大学生是为了接受大学教育而跨进大学之门的，高校学生管理则是高等学校为实现大学生的教育目标，促进学生圆满完成大学学业而实施的特殊管理活动。因此，高校学生管理的目标必然服从和服务于大学生教育的目标。

一方面，大学生教育目标是制定高校学生管理目标的基本依据。实际上，高校学生管理目标也就是大学生教育目标在高校学生管理活动中的贯彻和体现，是其在高校学生管理领域的分目标。离开了教育目标，高校学生管理也就偏离了方向。另一方面，大学生教育目标的实现有待于高校学生管理目标的实现。高校学生管理是实现大学生教育目标的重要手段，只有通过有效的管理，建立和保持正常的教育教学和生活秩序，充分调动大学生学习的积极性和主动性，为大学生提供各种必要的指导和服务，才能保证学校教育教学活动的顺利进行和学生的健康成长。没有有效的高校学生管理，教育目标也就不可能实现。

2. 教育方法在高校学生管理方法体系中具有突出的作用

教育方法是包括高校学生管理在内的现代管理活动中最经常、最广泛使用的一种基本手段。这是因为，一切管理活动都离不开人，而人是有思想的，人的活动总是由一定的思想意识支配的。正如恩格斯所说："推动人去从事活动的一切，都要通过人的头脑"[1]。因此，任何管理活动都要坚持思想领先的原则，注意做好人的思想工作，通过影响人的思想去引导和制约人们的活动。而高校学生管理作为大学生教育和培养工作系统中的一个重要组成部分，也就必然要更加注重运用教育的手段，以增强高校学生管理的实效性。同时，教育方法也是高校学生管理中其他方法顺利实施并收到实效的基础。高校学生管理的法律方法、行政方法和经济方法的实施，一般都要伴之以思想道德教育，才能收到良好的效果。正如毛泽东所说："为着维持社会秩序的目的而发布的行政命令，也要伴之以说服教育，单靠行政命令，在许多情况下就行不通。"[2]

---

[1] 马克思恩格斯选集（第4卷）[M]. 北京：人民出版社，1995，232.
[2] 毛泽东文集（第7卷）[M]. 北京：人民出版社，1999，210.

第一章　大学生管理基本问题的认识与分析

3. 高校学生管理过程同时也是教育大学生的过程

高等学校是教育和培养专门人才的场所，高等学校的一切工作都应当对学生起到良好的教育和影响作用。直接面向大学生所实施的高校学生管理工作，当然更是如此。事实上，在高校学生管理过程中包含着十分丰富的教育因素。高校学生管理过程中所贯彻的"以人为本、民主法制、公正和谐"的理念，所体现的从学校和学生的实际出发、遵循教育规律和管理规律、实事求是的科学精神，所采用的民主管理、依法管理、科学管理的方法等都会对大学生起到潜移默化的影响；高校学生管理过程中所实行的依据大学生成长成才的规律和要求制定的各项规章制度，都会对大学生起到思想导向、动机激励和行为规范的作用；高校学生管理过程中管理人员的情感、态度和言行也会对大学生起到表率和示范作用。可见，高校学生管理的过程同时也是教育学生的过程，并直接影响着大学生思想品德的形成与发展。

（三）显著的专业特色

大学生管理传统上是经验性的事务型工作，但由于大学生管理有其特殊的管理对象、特殊的内在规律和特有的方法体系，决定了必须形成大学生管理专业视角、使用专业方法、形成专业研究模式。所以，大学生工作管理是专业性很强的工作。

1. 大学生管理有其特殊的管理对象

大学生管理的对象是大学生，而大学生则有着区别于一般管理对象的显著特点。

（1）大学生是具有高度自觉能动性的人。大学生具有强烈的自主意识、突出的独立意向和较高的智力发展水平，崇尚独立思考，要求自主自治。在大学生管理过程中，大学生不仅仅是接受管理的对象，也是积极活动的主体。对于管理的要求和规章，对于管理者施加的指导和督促，他们总要经过自己的思考，作出自己的评价、选择和反应。更重要的是，他们还会主动积极地参与到管理活动中来，自觉地接受管理和实行自我管理。这就要求在大学生管理中必须着力激发和引导大学生的自觉能动性，使他们能够自觉地顺应大学生管理的目标和要求，主动接受管理，积极开展自我管理。

（2）大学生是正处于成长和发展关键时期的人。他们的心理日趋成熟但还尚未完全成熟，智力迅速发展，情感日益丰富，自我意识显著增强，但又存在着诸如理智与情绪的矛盾、自我期望与自身能力的矛盾等心理矛盾。他们正处于思考、探索和选择之中，世界观、人生观和价值观正在形成，思想活动具有显著的独立性、敏感性、多变性、差异性和矛盾性。他们即将走上社会，正在做进入职场、全面参与社会劳动实践的最后准备。可见，大学生有着既不同于少年儿童、又区别于成人的特点。同时，也正由于大学生还处于趋向成熟的过程之中，因而在他们身上又蕴藏着各个方面发展的极大可能性，有着发展的巨大潜力。这就要求在高校学生管理中，要针对大学生的特点，切实加强并科学实施对大学生的指导和服务，以促进他们的健康成长，并使他们的身心获得最佳的发展。

（3）大学生是以学习为主要任务，并在教师的指导下进行自主学习的人。大学生的主要职责是学习，大学生的学习是由教师指导的、按照一定的制度和规定有目的、有计划、有组织地进行的。同时，大学生可以按照学校的有关规定自主地选修课程，自主地支配大量的课外学习时间。因而，大学生的学习不仅需要掌握科学的学习方法，而且需要高度的学习自觉性和有效的自我管理。这就要求高校学生管理紧紧围绕大学生的学习任务，切实加强对大学生学习行为的指导和管理。

2. 高校学生管理有其特殊的内在规律

这是由高校学生管理自身的特殊矛盾决定的。高校学生管理的特殊矛盾就是社会基于对专门人才的需要而对大学生在行为方面的要求与大学生行为实际状况之间的矛盾。这一矛盾存在于一切高校学生管理的活动之中，贯穿于一切高校学生管理过程的始终，决定着高校学生管理的全局。它构成了高校学生管理的基本矛盾，也是高校学生管理区别于其他社会实践活动的特殊矛盾。高校学生管理就是为解决这一矛盾而专门进行的特殊社会实践活动。因此，高校学生管理作为一种管理活动，固然要遵循管理的一般规律，但又有其区别于其他管理活动的特殊规律。高校学生管理作为一种人才培养的手段，固然要遵循教育的一般规律，但又有其区别于其他教育活动的特殊规律。这就需要对高校学生管理的特殊规律，进行专门的探索和研究。高校学生管理理论研究的任务，就是要揭示高校学生管理的特殊规律。

3. 高校学生管理有其特有的方法体系

高校学生管理所具有的特定的管理对象和特殊的管理规律，决定了高校学生管理有其特有的方法体系。由于高校学生管理工作涉及面极其广泛，具有很强的综合性，因而需要掌握管理学、教育学、心理学、社会学等多方面的理论方法和技术。但高校学生管理的方法体系又不是这些学科方法和技术的简单拼凑和机械相加，而是需要在系统掌握这些学科理论、方法和技术的基础上，针对大学生的特点，依据高校学生管理的特殊规律和具体实际，把它们有机地结合起来加以综合运用，从而形成自己特有的方法体系。

(四) 复杂的系统工程

同任何管理活动一样，高校学生管理也是一项系统工程，具有整体性、层次性、动态性和开放性。同时，高校学生管理又有其特殊的复杂性，因而是一项十分复杂的系统工程。

1. 高校学生管理的任务是复杂的

既要紧紧围绕大学生的中心任务，加强对学生学习行为和实践活动的管理和引导，又要切实为大学生的健康成长着想，加强对学生日常行为包括交往行为、消费行为、网络行为的管理和引导，及时发现、校正和妥善处理学生的异常行为；既要加强对大学生现实群体包括学生班级、学生党团组织、学生社团和学生生活园区的管理和引导，又要适应网络时代的新情况，加强对大学生以网络为平台形成的虚拟群体的管理和引导；既要对大学生在校园内的安全加强管理和引导，又要为大学生在校外的安全提供必要的指导和督促；既要做好面向全体学生的奖学金评定工作，以充分调动学生的学习积极性，又要做好面向家庭经济困难学生的资助工作，以帮助他们顺利完成学业；既要引导新生科学的制订职业生涯规划，明确努力的具体目标，又要为毕业生提供就业、创业指导和服务，使学生能够在合适的岗位上施展自己的身手、实现自身的价值。总之，高校学生管理渗透于大学生专业学习和日常生活的各个方面，贯穿于大学生培养工作的所有环节和全部过程，其任务是复杂而又艰巨的。

2. 大学生是具有明显差异和鲜明个性的

高校学生管理的对象是大学生，而大学生则有着显著的差异和鲜明的个性。他们各有其特殊的精神世界和思想感情，有着不同的气质、性格、兴趣、爱好和习惯。即使是同一个年级、同一个专业、同一个班级的学生，由于他们各有其自己特殊的生活条件和生活经历，他们的思想行为也各有其特点。同时，随着自主意识的增强，大学生普遍崇尚个性，追求个性的自由发展和完善。对同一学生而言在成长变化不同的历史时期有着不同的特点。因此，高校学生管理就不可能按照完全统一的要求、规格和程序来进行,而要善于根据大学生的个性特点,因人制宜,因势利导,有针对性地开展工作,这就使高校学生管理具有了特殊的复杂性。

3. 影响大学生成长的因素是复杂的

高校学生管理的目的是要促进大学生的健康成长,而影响大学生成长的,不仅有学校教育因素,还有外部环境因素。外部环境的构成因素是复杂的。现实世界中,所有与大学生的学习、生活、活动和交往有关的环境因素,都会或多或少地对大学生的成长发生影响。其中,有社会的因素,也有自然的因素;有物质的因素,也有精神的因素;有经济的、政治的因素,也有文化的因素;有国际的、国内的因素,也有家庭的、学校周边环境的因素;有现实的因素,也有历史的因素。尤其是随着现代信息技术的迅猛发展,世界越来越紧密地联系在一起,大学生可以方便快捷地获取来自世界各地的信息,因而影响大学生思想行为及其成长的环境因素也就更为广泛,更为复杂。同时,外部环境对大学生的影响也是复杂的。其原因有两点:①其影响的性质具有多重性。其中,有积极影响,也有消极影响,二者往往交织在一起,同时发生作用。而且,同样的环境因素相对于不同的大学生可能会发生不同性质的影响。例如,富裕的家庭经济条件对许多大学生是顺利完成学业的有利条件,但对有的大学生则成为铺张浪费、过度消费,甚至不思进取、荒废学业的重要原因。②其影响的方式具有多样性。有直接的影响,有间接的影响;有显性的影响,有隐性的影响;有通过对大学生思想情感的熏陶发生作用的,也有通过对大学生行为的约束发生作用的。凡此种种,不一而足。

因此,在大学生管理过程中,管理者不仅要善于对大学生的学习和生活进行正确的指导,而且要善于正确认识和有效调控各种环境因素对大学生的影响,尽可能充分利用其对大学生的积极影响,防止、抵御和转化其消极影响。显然,这是一项十分复杂的工作。

二、高校学生管理的作用

实现全面小康,需要千百万建设社会主义事业的专门人才,而高校在现代社会中是人才的"加工厂",担负着培养人才的重大责任。高校学生管理工作是高校教育管理工作的重要一环,其责任总体上与高校的根本任务是一致的。这种责任决定了高校学生管理工作的重要作用。它主要反映在以下几个方面。

(一) 育人作用

高校学生管理是高校管理的重要方面,高校是人才培养的基地,高校管理是为培养人才服务的，高校学生管理更是直接针对大学生的，但这种管理却与一般意义上的管理不一样，它不是单纯的管理，而是带有教育性质的服务，即不仅要通过管理促进高校的有效运行，而且要通过管理达到教育目的，使学生成为高校的合格"产品"。也就是说，高校的学生管理是一种"管理育人"的管理，这种管理要与高校的教学、思想政治工作和心理健康教育等一系列工作有机结合起来，产生一种管理育人的效果，促使党的教育方针在高校真正得到落实。

（二）稳定作用

高校学生是一个特殊的社会群体，它们具有青年的特质：朝气蓬勃、充满激情、追求真理、关心时事；同时也有着青年固有的不足：容易冲动、互动性强、易走极端、时有盲从、阅历较浅、情绪不如成年人稳定等。他们在法律上是完全民事行为能力人，但从某种意义上讲，他们在心理上却是准成年人。

与其他同龄人相比，他们掌握着更多的知识，但较之真正的知识分子，他们的知识又存在结构上的缺陷和知识量上的不足。这样一个大的群体居住在一起，各种矛盾冲突在所难免，处理不当，极易发生群体性事件。在全面建设小康社会的过程中，各种政治、经济、社会和文化等方面的矛盾必将反映到大学生中来，如果管理不到位，缺乏敏锐的政治意识，高校的群体事件就可能酿变为政治性群体事件，从而给社会的稳定带来威胁。因此，依法管理，通过制定并实施符合学校实际的规章制度，引导大学生端正学习态度，明确学习目的，掌握正确的学习方法，养成良好的生活习惯，通过各种渠道和措施，为大学生建构良好的心理品质，形成稳定的情绪，从而保持学校的稳定，是高校学生管理的又一重要作用。

（三）增强大学生能力的作用

高校是培养人才的场所，因此高校的学生管理应有培养学生的功能，应发挥增强学生能力的积极作用。例如，社会实践的管理，可以增强大学生的社会实践和社会活动的能力；实验室的管理，可以增强学生的动手能力；心理咨询可以提高学生自我认识、自我调节的能力；学生的党团活动可以提高学生对党团的认识水平等。

第二章　大学生管理理念的转变及其国际比较

随着互联网技术的迅速发展，我国高校学生管理出现了新的机遇和挑战，在这种情况下，就必须要转变高校学生管理理念，实现学生的全面发展，促进学生成才。

第一节　1949年至今我国高校学生管理理念

对于高等教育理念的发展演变历程，世界各国皆有自己的轨迹。区别只是在于这种战略以何种形式出现，并以何种方式起作用。依据中国的国情，规划特征十分明显的高等教育发展战略，作为社会发展战略的一个重要而又相对独立的组成部分长期存在着，并极大地制约着高等教育发展的进程。

一、1949—1991年：高等教育的有限发展阶段

众所周知，中国改革开放以前的高等教育发展战略，其理念深受计划经济的影响，以国家为中心的功利性比较强，表现在高等教育发展目标上，就是强调依据专门人才需求量来规划发展指标；表现在发展原则上，即严格按照国家计划分配的资源比例实现投入与产出；而表现在发展机制上，则不断强化围绕计划指标的行政管理效率。这种计划性，往往又受到政治性和随意性因素的影响。因而，高等教育发展的独立性比较差，早期国家计划中只有一个招生指标项目的情况，就是证明。改革开放以后的很长一段时期，虽然由于价值观念的积极参与，战略实施过程中逐渐摆脱了极端，但指导思想并没有从根本上得到改变。

在这个阶段，高等教育也曾经历了几次规模数量上的较大变动，譬如，20世纪50年代末、60年代初的"教育革命"，70年代末、80年代初的"恢复增长"等，但这种"反弹性"发展，并未引发思想转变，而是在与原有发展理念

相矛盾的情况下,"过快的发展速度"被行政监管手段降了下来,"有限发展"原则得以维护。我国1985年出台了《中共中央关于教育体制改革的决定》,冲击了传统的办学体制,推动了中心城市办大学即所谓"新大学运动",还促成了民办（私立）高等教育的兴起,至1991年,中心城市所办大学已占到全国高校总数的30%,而民办高校则发展到了400多所。它们构成了一种高等教育发展的显著趋势。当时,业已形成"有计划的商品经济"理论,允许计划经济与市场调节相结合。在此背景下,作为经济"非均衡发展"前几名的广东等省,提出本省高等教育要相对全国平均水平超前发展,理由之一是,地方（非国有制）经济发展造成对人才的特殊需求;理由之二是,地方上的百姓有强烈的受高等教育的愿望,并且能够支付有关费用。于是,这股新兴发展潮流与旧有目标、原则、机制之间发生了冲突。从1988年开始,广东省进行了招收自费生和委培生的试点工作,最初的政策是,按国家招生计划的3%招收上述两种生源,1990年准备把这一比例增加到30%,但直到1992年才落实。不难理解,由于扩张对高等教育内部运行的影响,对1985年后中国高等教育发展趋势的接受,必然导致对发展目标、发展原则、发展机制作出相应的调整,从而进入一个新的发展战略起主导作用的阶段。

二、1992—1998年：高等教育的稳步发展阶段

1992年后,高等教育的"内涵式发展"思路被提出,它所包含的理念,实际就是既设法在一定程度上满足地方发展和个人发展的要求,又对这种要求所推动的发展实施主动调控。这一理念,体现在高等教育发展战略中,即要求新的发展目标应兼顾国家、地方、个人需要,对扩大高等教育机会持一种相对积极的态度;又要求新的发展原则的基调应是协调稳定与发展之间的关系,该原则外化为若干具体的发展约束,主要是控制高校数量,优化高教结构,提倡规模效益,保证教学质量,还有对社会力量办学加以规范等;相应地,要求发展机制作出一定转变:中央向地方适当放权,利用市场作为计划之补充。种种变化表明,中国高等教育发展战略的指导思想已经从"限制发展"转变为"稳步发展"。

在邓小平"南方谈话"精神的影响下,1992年、1993年中国高等教育规模扩展较快,普通高校分别比上一年增招21.7%和22.5%,但1994年的招生数却因为顾虑经费、就业方面的问题反而减少了2.6%,从1995—1998年间规模则处于缓慢增长的态势。此外,世界银行1993—1994年曾派团对中国高等教育进行

考察和调研。当时，国家教委和考察团，在诸如高校与政府之间的关系、高校管理体制的转变、高等教育经费和提高教学质量等方面达成了一些共识，都认为中国的高等教育需要以质量为中心进一步深化改革。但是在 1998 年前后，中国政府的观念发生了变化，这主要是因为国内经济运行背景发生了重大变化，以及有利于规模扩大的多样化高教结构初步形成的缘故，但同时也不可忽视外来因素的影响，譬如经济全球化竞争、知识经济萌生、政治民主化、国际间比较等。后期发生的思想转变，直接推动了高等教育向着大众化目标的快速扩张。

三、1999 年至今：积极发展阶段

1999 年开始的中国高校大规模扩招，表明以新的发展理念作指导的高等教育战略已演变成型。尽管，由于扩招幅度过大（普通高校比上一年增招 47.4%），导致高教界准备不足而有一段时间处于被动应付状况。但是，我们看到，相比前一次转变，作为演变重要契机之一的规模扩展趋势，没有遇到来自政府方面的重重阻力，而恰恰是后者直接予以推动的，此一变化具有特殊意义。然而，这并不奇怪。中国高等教育朝向大众化目标的迅速迈进，显然跟历史上许多国家步入大众化阶段的过程颇多相似，即建立在一定物质基础和相应价值观之上的必然性发展，往往是通过"偶然性"的发展政策实现的，当时的政治经济需要起关键作用。

转变后的发展战略，在发展目标上，突出表现为设法主动地、大量地增加高等教育机会；在发展原则上，表现为通过主动设计合理的高等教育结构实现可接受的规模增长；而在发展机制上的表现则是，中央与省两级管理、以省为主的体制基本确立，进而实践将权力下放到省以下，同时开始重视利用市场、引导市场。

美国高等教育问题研究专家马丁·特罗（Martin Trow）教授通过对欧美国家高等教育规模发展的研究，注意到了高等教育的规模与系统的性质变化之间的关系。他认为："一些国家的精英高等教育，在其规模扩大到能为 15% 左右的适龄青年提供学习机会之前，它的性质基本上不会改变。当达到 15% 时，高等教育系统的性质开始改变并转向大众型；如果这个过渡成功，大众高等教育可在不改变其性质的前提下，发展规模直至其容量达到适龄人口的 50%。当超过 50% 时，即高等教育开始快速迈向普及教育时，它必然再创新的高等教育模式。"特罗教授以高等教育毛入学率为指标将高等教育发展历史分为"精英、大众和普及"

三个阶段的观点已被普遍接受，具体而言是高等教育毛入学率15%以下为精英教育阶段，超过15%为大众化教育阶段，达到或超过50%为普及化教育阶段。

进入21世纪，随着中国经济的发展以及高校数量的快速增长，中国高等教育进入跨越式发展阶段。2002年，我国高等教育毛入学率已达到15%，这标志着我国高等教育从此进入了大众化阶段。2006年2月13日，陈至立在古巴第五届国际教育大会上宣布："中国已成为教育大国，在校大学生人数世界第一，在校大学生总数2100万，毛入学率21%。"2004年，上海的高等教育毛入学率为55%，位居第一；第二位的是北京，为53%。按照特罗教授的指标，上海和北京成为在全国率先进入高等教育普及化阶段的城市。中国青少年研究中心2007年1月10日发布的《"十五"期间中国青年发展与"十一五"期间中国青年发展趋势研究报告》认为，"十五"期间，中国高等教育发生了一次质的飞跃，由"精英化"向"大众化"转变。如今高等院校的数量、招生人数、在校生人数、毕业生人数以及学校的规模都有了爆炸式的增长。

第二节 我国高校学生管理理念的发展趋势

高校学生管理理念是对高校学生管理规律的认识和对实践经验的高度概括，是高校学生管理必须遵循的基本理念。教育部2005年颁布的《普通高等学校学生管理规定》明确指出："高等学校要以培养人才为中心，按照国家教育方针，遵循教育规律，不断提高教育质量；要依法治校，从严管理，健全和完善管理制度，规范管理行为；要将管理与加强教育相结合，不断提高管理水平，努力培养社会主义合格建设者和可靠接班人。"[1] 因此，高校学生管理应该坚持"人本管理、科学管理、管理育人、依法管理"的基本理念。

一、人本管理理念

理性化和人性化一直是管理发展中的两条重要线索。泰罗及其科学管理理论是理性主义的典型代表，并长期居于管理思想的主流。20世纪20年代至30年代以来，随着"人际关系理论"以及"行为科学"的发展，人文主义逐渐占据管理思想的重要地位，人性和个人价值得到普遍认同。人本管理的思想要求在管理

---

[1] 中国高等教育学生管理规章大全[M].北京：首都师范大学出版社，2007，655.

活动中，始终把人放在中心位置。在手段上，着眼于所有成员积极性发挥和人力资源的优化配置；在目的上，追求人的全面发展以及由此带来的效益的最优化。

在高校学生管理工作中，坚持人本管理思想就是要以学生为本，就是要树立现代学生观，尊重学生的主体地位，促进学生的个性化发展，实现学生的多样化评价。在实际工作中尊重学生的主体性、差异性、丰富性及独特性，把学生当作有血有肉、有生命尊严、有思想感情的人；以学生成长成才为中心，真正做到尊重学生、理解学生、关心学生、引导学生。

（一）尊重学生主体需求，促进学生成长成才

要区分不同类型、不同层次学生的特点和需求，分层次、分阶段做深入细致的教育、管理和服务工作，建立起帮助学生成长，解决学生困难，方便学生办事，维护学生权益的高校学生管理工作体系，让学生受到最好的教育。为此，高校学生管理工作必须从学生的需求出发，把工作的需求与学生的成长成才需求紧密结合，把学生的当前需求与长远需求紧密结合，把学生个人的需求与群体的需求紧密结合，把表面的物质需求与深层次的精神需求紧密结合，努力培养德才兼备、品学兼优、知行合一的社会主义建设者和可靠接班人。

（二）体现学生的主体参与，实现学生的自主发展

首先就是要充分发挥学生的主体作用，引导学生参与管理实践，使学生成为管理的主人。学生参与管理的主要平台有学生会、班委会、团支部及社团联合会等学生组织，可以通过学生干部定期换届等方式，努力让每个学生都有机会参与管理。其次，在就业管理、安全管理、资助管理等工作中，也要充分调动学生的积极性，引导学生参与相关政策的制定和实施，真正实现管理依靠学生。最后，实行民主管理。推行民主管理，尊重学生的主动性和首创性是人本理念的重要体现。为此，不仅要增强管理者和学生的民主管理意识，更要完善民主选举、决策和监督等民主管理运行机制，畅通民主管理渠道。

二、科学管理理念

科学管理是20世纪初在西方工业国家影响最大、推广最普遍的一种管理思想，其代表人物泰罗被称为"科学管理之父"。科学管理的实质在于将实践积累的管理经验加以标准化、系统化、科学化，用科学管理代替经验管理。科学管理的主体思想包括3个方面，第一个方面是提高劳动生产率是科学管理的中心问题，是确定各种科学管理原理和方法的基础；第二个方面是在管理实践中建立各

种明确的规定、条例和标准，使管理科学化、制度化是提高工作效能、达到最高工作效率的关键；第三个方面是科学管理不仅在于具体的制度和方法，还在于重大的精神变革。

高校学生管理工作中的科学管理，特征是规范化、制度化和模式化，其价值核心在于提高学生管理的效率，强调建立完备的组织机构、详细的工作计划、严格的规章制度、明晰的职责分工、管理的程序化和采用物质激励以及纪律约束与强制。在这种管理方式下，大学生的学习模式、纪律制度、行为准则、运作程序都实现了规范化；信息传递、各项学习生活实现了程序化，最大限度地导引学生接受正确的价值取向，实现管理效能的最大化。为此，首先要用科学完备的制度规范引导人，尊重不等于放纵，没有规矩不成方圆。养成良好的行为习惯是学生成才的重要维度。为此，首先，要大力加强高校学生管理的制度文化建设，建立科学、人性的高校学生管理体制体系。其次，要构建平等和谐的师生关系，在师生互动中实现管理的和谐。管理者不应是高高在上的发号施令者，而应是积极的引导者和平等的协商者。管理者要以学生为友，平等地与学生交流，尊重学生的个性，真诚地为学生提供学业指导、生活帮扶和心理辅导。管理者尤其是辅导员老师，要在管理过程中，创造性地展示自己的才华，在与学生交往、交流中实现自己的理想与人生价值，真正做到互为主体、教学相长。最后，要建立一体化工作体制机制和运行模式。加强学生工作机构的建设，强化其组织协调功能，理顺学生管理系统各部门、各层次、各岗位的职责权限关系，使管理工作与教学工作、课堂内的管理与课堂外的管理、学院与机关、机关各职能部门以及各管理者之间坚持统一标准，统一的声音，形成合力，互相促进。

三、服务育人理念

高校学生管理说到底就是为大学生的全面发展和健康成长服务，而不仅仅是为了"管"学生，更不能把学生仅看作管理的对象。只有树立了管理就是服务、管理就是育人的理念，才能从根本上转变高校学生管理的态度、思路、方法和作风。《中共中央国务院关于加强和改进大学生思想政治教育的意见》明确指出，高校加强和改进大学生思想政治教育是教书育人、管理育人、服务育人相统一的系统工程。要"坚持教育与管理相结合"，要"从严治教，加强管理"，要"建立健全与大学生成长成才相适应的管理制度体系"。要时刻注意把思想政治教育融入到高校学生管理之中，建立起自律与他律、激励与约束有机结合的长效机制。

(一) 强化服务意识，着力解决学生最关心的实际问题

高校学生管理涉及关乎学生切身利益的诸多方面，比如学业问题、就业问题、家庭经济困难问题和心理问题等。管理者要高度重视解决学生的这些实际问题，让学生感受到关怀与温暖，为其接受管理者的教育与引导奠定感情基础。在解决实际问题的过程中，注重和解决思想问题相结合，既办实事又讲道理，坚持管理与教育的结合，做到既关心人、帮助人，又教育人、引导人。

(二) 实施管理时要注意学生的情感因素，注意制度的刚性和管理的弹性

学生管理是做"人"的工作的，人是有理性、有感情的。无论教育手段多么先进，也不能替代面对面的思想沟通；无论传媒手段多么发达，也不能替代人与人之间的感情交流。正是这种情感作用，才使得管理产生融洽和理想的效果，才能调动学生的积极性和主动性。要考虑每个学生的具体情况，采用学生最容易理解和接受的方式来实现管理。这样才能让学生乐于接受制度规范要求，主动地内化为自己的行为准则，从而形成良好的行为习惯和品质。

(三) 营造良好的管理氛围

良好的管理氛围不仅要求管理者对学生要真诚、尊重、理解、关怀和信任，同时还要求管理者时刻注重自身形象，把形象育人作为管理育人的重要方式。要建立全员育人的机制，形成全员育人、全程育人、全方位育人的格局。要创造丰富多彩的校园文化，校园文化具有丰富的内涵，对学生有潜移默化的教育和引导作用。通过校园文化活动使学生的业余生活更加丰富，能力得到锻炼，才干得到发挥，素质得到提高；使学生在浓厚的校园文化氛围中，身心愉悦，拓展视野，获得全面、和谐的发展。

四、依法管理理念

依法管理是依法治国方略在高校的具体体现。高校学生管理中强调依法管理，是指高校学生管理必须要以法律为依据，符合法律要求。也就是说，高校学生管理过程中的决策、计划、组织和控制，都必须纳入法律轨道，不能违法违规。高校学生管理坚持依法管理，是高校学生管理自身的发展需求。一方面，管理对象发生了较大变化，大学生的维权意识显著增强。另一方面，管理工作面临着诸多的新情况、新问题。比如国家助学贷款违约、学生就业签约违约、在校学生结婚、学生意外伤害或死亡处理、学生心理问题及隐私保护等。这些新情况、

新问题对大学生的依法管理提出了迫切要求。

(一) 要增强法律意识，加强法律知识学习

新中国成立以来，国家制定了《中华人民共和国教育法》《中华人民共和国高等教育法》《中华人民共和国教师法》等教育法律，国务院还颁布了《中华人民共和国学位条例》《普通高等学校学生管理规定》《教育行政处罚暂行实施办法》等 200 多个法规、规章，基本形成了以《中华人民共和国教育法》为核心的教育法律法规体系。作为高校学生的管理者，不仅自身要认真学习这些法律条文，深刻理解，做到关键问题心中有数，疑难问题随时查询，同时还要注意引导学生积极学习各种常用的教育法律、法规和规章，了解自己的合法权利和义务，增强依法维权和依法履行义务意识，养成良好的学法、守法的习惯，为学生适应社会、推动国家法制建设夯实基础。

(二) 要以法律为准绳，依法制定适用于学校实际的内部具体规章制度

目前，高校学生管理的一般性法律法规已经比较健全，但是不同类型、不同层次、不同地区的高校有着不同的学生管理具体实际，需要按照《普通高等学校学生管理规定》等法律法规，制定适合学校实际的、内部的、具体的规章制度。

(三) 要严格遵守法律法规

要把对学生的规范管理与对学生合法权益的有效维护结合起来，既严格要求，又要充分尊重和平等对待，尤其是在处理违规违纪学生时，一定要做到事实清楚，证据确凿，使用法律法规正确恰当，处理程序符合相关法律规定。做到不滥用职权，不越权，不以权谋私，公平公正。

第三节 高校管理理念创新研究

创新是一个民族进步的灵魂，是国家兴旺发达的不竭动力。为了实现中华民族的伟大复兴和完成社会主义教育事业的历史任务，必须不断推进包括高校学生管理工作在内的教育创新。

一、高校学生管理工作理念创新的意义

(一) 高校教育创新的意义

1. 高校教育创新是时代发展的要求

当今世界，科学技术突飞猛进，知识经济已见端倪，国际竞争日趋激烈。人

类社会发展到今天，相对于物质资源，人力资源已成了第一资源；相对于人口数量，提高人的素质成了第一要务；在人的素质中，创新精神和实践能力是其重点。科学技术进步，越来越依赖于科技创新；知识经济发展，越来越依赖于知识创新；国际竞争，"说到底，是人才的竞争，是民族创新能力的竞争"。无论是科技创新、知识创新，还是民族创新能力的提高，最关键的是人才。而人才的成长靠教育，其中高校教育是非常重要的阶段。高校可以说是培养高素质人才的重要基地，进行教育创新从而适应时代对人才的需求，这对高校而言无疑将具有非常重要的意义。

2. 高校教育创新是社会主义现代化建设的需要

目前，我国已经进入全面建设小康社会、加快推进社会主义现代化的新阶段。在新世纪新阶段，面对新形势、新任务、新问题，最根本的，是坚持体制创新，大力推进经济体制、政治体制和文化体制改革，逐步消除经济、政治和文化建设的体制性障碍，为经济、政治和文化发展注入新的活力。而体制的创新，取决于理论创新和人的创新精神和能力，最终取决于创新人才的培养。高校教育是知识创新、传播和应用的重要基地，也是培育创新精神和创新人才的重要摇篮。无论在培养高素质的专业人才方面，还是在提高创新能力和提供知识、技术创新成果方面，高校教育都具有独特的重要意义。高校承载着人才培养与输出的重大职责，只有不断推进教育创新才能为我国的现代化建设提供更多的富有创新能力的人才。

3. 高校教育创新是高校教育自身发展规律的必然要求

党和政府高度重视教育工作，我国教育事业取得了举世瞩目的伟大成就，实现了历史性跨越。高等教育毛入学率已接近大众化水平，高等教育已迈入大众化阶段，高校管理体制和后勤社会化改革取得了突破性进展，教育质量和办学效益不断提高。这些都是高校教育改革创新的结果。但是，我国高校教育与发达国家水平相比还有较大差距，与社会主义现代化建设需要相比还有较大距离。我们的高等教育思想、教育体制和结构、教育内容和方法与社会主义市场经济体制不相适应的矛盾和问题，正在日益暴露出来。这其中，既有不少过去从未遇到过的新问题，也有一些无法回避的深层次矛盾。解决这些问题和矛盾，没有资料可找，没有现成的经验和方法，根本的出路在于创新。

第二章　大学生管理理念的转变及其国际比较

（二）深刻认识高校学生管理工作理念创新的重要性

1. 创新学生管理理念是新形势下做好学生管理工作的首要条件和客观要求

随着改革开放的深入和市场经济的发展，学生对各种思想、文化的接受和选择有了更广阔的空间，社会上的各种思想和价值观念必然对当代大学生产生巨大的影响，给学生管理带来新的挑战。同时，我国大学教育的管理现状，还存在着许多不适应之处，突出表现在许多教育管理人员仍沿袭传统的单一模式和思维习惯，原有的以学校和教师为中心、忽视学生主体性的管理模式，使学生管理面临新的困境。

2. 创新学生管理理念是新形势下做好学生管理工作的逻辑起点和必要前提

当前的高等教育正由精英教育向大众化教育阶段跨跃式发展，既要把学生视为接受教育的对象，又要把学生当作管理服务的主体；既要严格管理规范，又要重视教育引导；既不能一味地追求意志统一，又需要充分保障学生权益；既要强调集体观念和社会需要，又要趋向于人的个体需求与素质发展。

因此，21世纪的高校学生管理首先必须对管理理念进行创新，并把这种理念创新当作高等教育大众化条件下学校管理工作的逻辑起点和必要前提。

3. 创新学生管理理念是新形势下做好学生管理工作的应有之义和关键所在

经济建设需要人才，而培养出的人才只有为社会所接纳，并转化为生产力，才能发挥作用。时代变化激发理念变化，理念变化决定时代变化。没有先进的理念，工作就缺乏正确的导向。高校学生管理工作的现代化首先是管理理念的现代化。学生管理工作作为高校学生管理工作的重要组成部分，就要求冲破传统束缚和实践障碍，解决好工作中的"瓶颈"问题。因此，从某种意义上说，理念是管理的基础和先导，是管理的核心和精髓，是做好管理工作的关键所在。

二、正确理解学生管理工作理念创新的实质与内涵

大学最根本的职能和最核心的价值是培养人才、促进人的发展。大学的历史使命是人的灵魂的塑造者，是主流价值观的传播者，是先进生活方式的倡导者，是人类精神交流的传递者。从大学的社会功能而言，大学应该服务于先进文化的传承、创造和弘扬，应该服务于人类社会的整体利益，应该服务于国家和民族事业的全面进步。学生管理工作理应注重学生整体素质的提高，注重学生自由、充分、全面的发展。其基本目的是让受教育者尽可能深入、广泛、多样地了解人所处的世界，了解人自身所处的生存状态；终极目标是最大限度地挖掘自身的潜

力，提高学生的综合素质，从而为人类社会的全面进步提供精神动力和智力支持。学生管理工作理念创新的主要内容包括以下几个方面。

（一）整合各种资源，坚持系统化的管理理念

任何管理都是对系统的管理，没有系统，也就没有管理。系统化就是从整体上构建学生管理的系统模型和综合模块，把学生管理工作作为一个集学习机制、竞争机制、奖惩机制、决策机制、评估机制和反馈机制等于一体的动态过程。学生管理工作是一项系统工程，它不仅是学生工作者的责任，也是全校教职员工的责任，必须高度重视，加强领导，通力合作，形成合力，始终坚持依靠广大教职工、学生政工干部和全体学生积极参与的全员管理。必须针对不同年级的不同特点和不同个体的不同特征，将学生管理工作贯穿于学生成长成才的全过程。它又是全方位的，涉及方方面面，必须始终坚持管理即服务的观念，把解决思想问题和解决实际问题相结合，为学生做实事、办好事、解难事；始终坚持教育管理的理念，努力提升学生管理工作的人文内涵，强化育人效果。

（二）贴近学生实际，坚持精细化的管理理念

所谓"精细化管理"，就是将管理覆盖到每一个过程，控制到每一个环节，规范到每一个步骤，具体到每一个动作，落实到每一个人员。学生管理工作的一个显著特点是所管理的事务繁杂、琐细。因此，学生管理工作的核心就是"在'细'字上做文章，在'实'字上下功夫"。在精细化管理中，关键要突出一个"细"。"细"有几层含义，①规范。严格管理规章和工作程序，坚持制度面前人人平等；②科学。善于运用现代管理方法和信息手段，积极探索和掌握学生管理工作的客观规律；③到位。在学生管理过程中，每一个环节必须考虑到，不能忽视微小的管理漏洞；④明确。落实管理责任，将管理责任具体化、明晰化。要求管理的过程条理清楚、层次清晰；⑤深入。把工作做得具体、做得扎实，追求一种精益求精的境界，使学校的管理水平迈上一个新的台阶。

（三）以培养学生创新精神为核心素质的管理理念

这是解决高校学生工作培养什么人的问题。随着知识经济信息社会的到来，创造力将成为社会经济进步的主要动力，成为关系市场竞争成败的决定性力量，那种"唯文凭、唯分数、唯专业"传统的人才观已不合时宜。教育工作的重点应放在提高受教育者的创造力方面，通过在教育过程中对创造力的发掘、训练、强化、激发受教育者的创造热情和创造才能，积极培养适应时代要求的创新人

才。新世纪的人才应是能够适应新技术革命的挑战，能够参与全球性竞争与合作，能够主动适应、积极推进甚至引导一系列社会变革的创新人才。

（四）增强自律意识，坚持自主化的管理理念

所谓"自主化管理"是指在学生管理人员和专业教师的指导下，学生自我教育、自我管理、自我服务和自我发展的教育管理模式。其核心是关注人的发展，营造一种宽松和谐的民主气氛，调动学生的主动性、积极性和创造性，培养学生的创新精神和实践能力。要充分发挥学生团组织、社团组织和学生党支部的作用，丰富课余生活，拓宽知识面，增长才干，陶冶情操，培养特色鲜明的校园文化精神；要充分发挥学生干部和学生党员的先锋模范作用，让他们自觉地加入到学生的管理工作中来，成为重大问题的参与者、决策者，在参与管理的实践中尝试管理，学会管理，懂得管理；要充分发挥学生的主人翁精神，突出学生的教育主体意识，实现学生干部队伍自我管理的制度化。

（五）体现互动性、层次性、整合性的管理理念

这是解决高校学生工作体制的理念问题。高效的工作体制可以促发主体的工作热情、兴趣，使主体在工作中不断产生自我满足感和成就感，从而成为主体不断产生工作主动性、自觉性、创造性的不竭动力；也可使整个工作群体形成团队意识、协作精神。传统的高校学生工作体制存在一定的缺陷：①体制重心的错位，造成协调、服务部门忙于应付具体事物性的工作，而无暇对整个学生工作进行协调与把握；②体制基层的虚位，学生工作基层组织的积极性没有充分发挥出来，使整个学生工作活力欠缺，创造力不够；③体制的整体创造力的空位，造成领导机构、协调部门、基层组织的脱节。

面对新世纪的高校学生工作必须要适应培养高素质创新人才的需求，进行体制理念的创新，其中应注意3个方面：①体制的互动性，有利于上层和基层相互激发工作活力与创造力；②体制的结构层次性，有利于工作环环相扣，层层递进；③体制的整合性，有利于局部服务于整体，全局指导、协调局部，发挥整个体制的凝聚力和资源整合力。具体来说，就是要形成"上"有"决策层"，总揽高校学生工作全局，把握住基础性、全局性、前瞻性的大问题，坚持社会主义办学方向和育人原则；"中"要有"协调层和监控层"，对学校总体学生工作进行具体指导、协调和监控；"下"要有"责任层和落实层"，充分发挥基层组织的积极性，实行工作重心的下移，推行目标管理、量化考核的评价制度，建立竞争

机制。这样，整个工作网络就会形成一个动态的、灵活的、高效的"金字塔"形体系。

高校学生工作是一个系统工程，其不仅仅是某个部门的职责所在，学校应树立"全员育人"的教育理念，形成"人人皆教育之人，处处皆教育之地""教学育人、科研育人、管理育人、服务育人"的一个工作大格局。

（六）突出主体、开发潜能、激发创造的管理理念

这是解决高校学生工作怎样培养人的问题。传统的学生工作常常是管而不导，堵而不疏。这种治标不治本、浮在面上的学生工作方法已不能适应当代大学生的成长成才的需要和现代高等教育的发展形势。新形势下的学生工作要突出学生的主体地位、尊重学生个性的张扬与优化。通过理想信念教育，为学生进行需要的自我选择和自我调整提供精神动力和行动指南；通过正面引导、反面惩戒来进行学生的需要诱导；通过动机激励、过程磨砺、利益驱动来进行学生的需要驱动等，激发创造学生内在的成才动力，从道理上说服学生，让学生弄清是非，权衡利弊，从而使学生正确规范自身行为，正确选择调整自身在学习、生活中的需要结构。而教育观念要打破统一思想、统一标准、统一布局的模式，适当地提倡拉开档次，铺开阶梯，允许有部分人先走上去，再把另一部分人扶上来的育人的阶梯原则。对广大青年学生，应当把他们当成能动地参加教育活动的主体，而不仅仅是教育的对象和受教育者，变以往的家长式、保姆式、灌输式的教育为疏导、启发、自我教育为主的方式。

（七）树立运用现代科技手段进行管理的现代理念

这是解决新形势下拓展工作领域的问题。网络技术的发展给传统的高校学生工作带来了新的挑战，同时也为学生工作提供了现代化手段，拓展了新的空间和途径。新形势下学生工作要转换教育观念，树立信息资源意识，主动超前介入网络教育平台，这是把握高校学生工作制高点的有效途径。网络的交互性、虚拟性、平等性、开放性等特点使学生教育管理工作也呈现新的特点，比如教育、管理方式的隐形化、个体化、咨询化和平等化等。学生工作进网络还是一个尚待深入研究的新课题，这不仅是学生工作某个方面或某个层次的创新问题，而且是互联网时代条件下高校学生工作的全面创新问题。其中至少应把握3个要义：①要找准学生工作进网络的立足点，用正确、积极、健康、科学的思想文化信息占领网络阵地，提高学生"接受正确、有益的信息，抛弃错误、有害的信息"的能

力；②探究学生工作进网络的切入点，采取与大学生心理需求、生理特征及成长规律相适应的生动活泼、喜闻乐见的形式和内容；③要把握学生工作进网络的融合点，"进"不是简单将学生工作的内容放在网上，也不是单一地把它作为技术性质的信息交换系统，而是要从本质上实现学生工作与网络的融合，达到内容和形式、科技与人文的有机融合，充分发挥网络在学生工作运用中的服务功能、教化功能、引导功能和管理功能，趋利避害，规范网络道德，培养积极、健康、科学的网络文化。

（八）不断创新教育内容、服务内容的管理理念

这是解决高校学生工作的具体工作内涵的理念问题。教育、管理、服务是学生工作的三大主题，但在新的时期这三大主题的结合方式以及它们三者自身的内涵就存在理念创新的问题。传统上不同程度地存在以管理为主的工作理念，而教育、服务功能被弱化、淡化，使工作一直停留在较低层次水平。面对新的形势：高校扩招，学生人数激增，学分制的推广，后勤社会化改革，学生的学习、生活的主要场所及方式都发生了很大变化等。传统的教育、管理已不合时宜，不符合青年学生的心理特征变化和他们的成长规律。高校学生工作要转变观念，逐步从管理型向教育型、服务型转变，转换工作职能。

1. 要创新教育内涵理念

教育是一个系统工程，不仅要加强对学生的文化知识教育，而且要切实加强对学生的思想政治教育、品德教育、纪律教育、法制教育等。要培养富有创新精神和实践能力的人才。对于高校学生工作的教育内涵来说，就是要进行以创新教育为核心、思想政治教育为基础的全面成才教育。而教育的方法主要是从说教式、灌输式的教育向启发式、引导式、激发创造式的教育转变。因为教育本身的要义就是要把教育内容内化为学生的内在需求，变以往学生被动的接受为主动的需要。

2. 要创新管理内涵理念

高校学生工作要从传统的以本本上的制度和手中的权力去管理的模式中走出来，注重"导向管理"。管理的内容要从点上的管理到整个层面的深层次管理；管理的对象要从个别管理到抓典型的管理；管理的依据要从校纪校规的管理上升到以法治校、民主治校的高度层次；管理的手段要变直接管理为主到以宏观和导向管理为主，变教师管理为主到以学生自主管理为主。总之，就是要从被动式、

强迫式的管理变为主动式、民主式的管理，从管理为主的工作模式走向以教育、服务为主的工作模式。

3. 要创新服务内涵理念

这是探讨学生工作服务目标及方法等。高校学生工作要从管理型的工作模式走向教育型、服务型的工作模式，要为学生的成长成才创造各种有利条件，优化校园软硬环境，最大限度地激发学生全面成才的内在动力。服务的内容要把握学生在学习、生活中不同层次、不同方面的合理需要；服务方式要在引进社区管理方式的同时，实现服务最优质化、物质利益的最小化。学生不仅是受教育者，也是教育的投资者和消费者，要为学生提供各种生活服务，改善生活环境，对学生社区进行物业化管理，健全社区功能，构筑集文化、休闲、娱乐、购物、健身为一体的文化社区；提供勤工助学服务，扩大勤工助学的网络与途径，帮助困难学生顺利完成学业；提供学习服务，指导学生考研、出国、创作发明等；提供就业服务，健全信息网络，加强政策、心理、技术各方面的指导等。

三、高校学生管理工作理念创新的重点方向

（一）高校学生管理工作应秉持开放理念

1. 开放理念在高校学生管理工作中的重要意义

开放的中国需要开放的高等教育。开放的高校学生管理工作是开放高等教育的一个重要组成部分。落实科学发展观，构建社会主义和谐校园，弘扬社会主义核心价值体系，对高校学生教育管理提出了新的要求。开放促进了高校内部管理体制、教学方式、管理模式的改革，在学生教育管理方面呈现出以下一些变化。①学分制的逐步实行，"同班不同学，同学不同班"情况人数增多，使学生由班内走向班外；②实践课程比重增大，理论教学课时相对减少，使学生由课内走向课外；③后勤社会化的实施，分散住宿范围扩大，使学生由校内走向校外；④法制观念的逐步强化，使学生维权行为时有发生；⑤大学国际化的推进，形式多样的国际合作办学增多，使学生由国内走向国外；⑥网络的普及和便捷，已成为与家庭、学校并列的第三种成长环境，使学生由现实世界走向虚拟世界。因此，高校学生教育管理工作，必须针对上述新变化，适应开放提出的新要求，审视开放带来的新挑战，采取扎实有力的措施，将教育管理的任务落到实处。

现在的大学生有崇尚自我、张扬个性的心理，面临着成才发展要求与教育教学以及学习、生活条件相对不足的矛盾，越来越强的维权意识、自主意识与自律

意识薄弱、抗挫折能力不足的矛盾，在日益开放和多样化的社会生活环境中自我价值的选择、取舍的矛盾。学生的教育管理工作应贴近学生的学习和生活，帮助他们解决成人感与孩子气、求理解与易闭锁、尚理智与好冲动、理想化与现实性、社会多样化与信念一元化等困惑，帮助他们在包容多样中形成思想共识，在理解变化中促进健康成长。只有这样，高校学生管理工作才能得到有效的改进。高校的学生教育管理工作是一个具有特定功能的组织系统，开放是其重要特征之一。高校学生教育管理目标的实现和任务的完成取决于学生教育管理系统内部要素的合理建构和与外部环境的物质转移、能量循环和信息交换。

高校学生管理工作的开放，一是指其系统内部的相互开放，即理性提升的教育系统、规范强化的管理系统、学习生活的服务系统等子系统有分有合，资源共享，互为利用，从而促进资源配置和利用效率的提高。二是指其系统的对外开放，即对社会开放。一方面接受社会辐射，积极扬弃，争取资源，为我所用；另一方面发挥高校思想高地的作用，影响社会，引领发展，增进和谐，促进学生教育管理水平的提高。因此，在改革开放的历史条件下，做好高校学生教育管理工作，需要强化开放的理念。

（1）开放理念是加强和改进高校学生管理工作的本质要求。"没有开放，就没有大学教育""培养什么人，如何培养人"始终是高校孜孜不倦地思索、追求、实践的根本问题。前者要求解决好教育的理想性和现实性相结合的问题。大学教育说到底是一种"完人"的教育，正如爱因斯坦所说的那样："当学生走出校门的时候，他应该是一个和谐的人，而不应仅是一名技术人员。"和谐的人应具有社会中的共生意识、发展中的合作意识、理政中的法治意识、交往中的宽容意识和建设中的生态意识。后者则要求处理好教育的规范性和开放性相结合的问题。教育的规范性是通过制度、传统、习惯、氛围等环节来体现，而教育的开放性则表现为教师与学生、学校与社会、有形教育与无形教育的互动，实现的途径就是以开放的理念推进学生教育管理开放，使大学教育成为终身教育体系的一个重要环节，成为学习型社会建构中的一个重要园地，成为与家庭教育、自我教育、社会教育相贯通的一个重要枢纽，成为学生社会化过程中的一个重要阶段。因此，推进高校学生管理开放，不仅是理性的自觉，更是现实的需要。

（2）开放理念是加强和改进高校学生管理工作的源动力。开放促进高校学生教育管理改革，推动高校学生教育管理创新。开放使高校学生教育管理工作视野由窄变宽，动力由小变大，要求由低变高，措施由软变硬，导向由虚变实，负荷由轻变重，节奏由慢变快，从而使高校学生管理工作呈现出3个鲜明的价值取向：①"三力"合一，同频共振。即国家的意志力、学校的执行力、学生的内驱力在具体工作理念层面实现有机统一，使学校的发展目标与国家的战略需求相同步，学校的教育教学要求与学校发展目标相协调，学生的教育管理举措与学校的教育要求相匹配，学生的内在需求与学生教育管理的举措相一致；②"三成"共举，协同俱进。即成人、成才、成功在具体工作目标层面实现有机统一，使学生真正地形成在淳朴中适应、在和谐中竞争、在厚实中创新的良好品格，使高校学生教育管理工作在促进全面发展与充分发展、课堂教学与实践锻炼的内在统一上尽责有为；③"三有"并行，交融渗透。即有情、有理、有效在具体工作操作层面实现有机统一，把爱的教育贯穿于高校学生教育管理的全过程，把理论学习、教育和实践作为高校学生教育管理的一项重要任务，把解决问题、启迪心智、引导发展作为高校学生教育工作的重要切入点。

(3) 开放理念是加强和改进高校学生管理工作的重要保证。开放的高校学生管理工作具有3个特点：①自觉性。高校学生教育管理工作的加强和改进是一个不断求真、崇善、尚美的过程。求真就是合规律，高校学生教育管理既要合教育内部的规律，还要合教育外部的规律，否则就会事倍功半；崇善就是合目的，高校学生教育管理要全面体现党的教育方针，做到让党放心、让人民满意、让学生喜欢；尚美就是合形式，高校学生教育管理要在构建社会主义和谐校园中作出更大的贡献。②自律性。开放的高校学生教育管理工作是对传统循规蹈矩、就事论事的工作方式的超越。开放不是放手不管，更不是放任自流，而是用开放的理念统揽全局，用开放的心态包容多样，用开放的举措推动工作。③自为性。开放的高校学生教育管理有利于争取更多、更好的教育资源，为我所用；有利于营造良好的环境氛围，为我所享；有利于促进教育管理队伍素质的提高，为我所为。

2. 高校学生管理工作中开放理念的基本要求

(1) 应突出高校学生管理开放的主导性。1) 要重视思想政治理论课教学在学生管理中的主渠道地位。"教学有法，教无定法，贵在得法"。应根据大学生的认知特点，不断丰富教学手段，加强实践教学的环节，强化课程研究，确保讲出新意和特色、说出深度和规律，讲出学生想听的和我们想说的，提高教学的针对性和实效性。

2）必须始终坚守思想政治教育这块学生管理工作的主阵地，坚持贴近实际、贴近生活、贴近学生的原则，把学生公寓建设成为融思想教育、行为指导、生活服务、文化熏陶为一体的"第二课堂"。加强思想政治教育主题网站建设，综合运用技术、行政和法律手段，全面加强校园网络管理，防止有害信息在校园网上传播。加强网络管理工作队伍和网上评论员的队伍建设，掌握校园网舆情，引导网上舆论。

3）要切实开展好党团组织活动、高品位的校园文化活动、大学生的社会实践活动、科技创新创业活动和体育活动，引导学生在活动中受教育、长才干、做贡献。

4）要重视学生管理工作的队伍建设。做好学生教育管理工作，光靠经验和热情是不够的，必须有一批从事学生教育管理的高水平的专家。应从制度、政策、人事编制、职务职称序列上鼓励一些德才兼备又有奉献精神的同志去从事学生的教育管理工作，让他们真正把这项工作当作一项事业、当作一门学问、当作一个可以建功立业的岗位去钻研和奋斗。

（2）应牢牢把握高校学生管理工作开放的方向性。

1）要坚持用邓小平理论、"三个代表"重要思想和科学发展观等马克思主义中国化最新成果武装学生头脑、指导学生实践、推动学生工作，牢牢把握学生教育管理的指导权、主动权和话语权。

2）要牢固树立中国特色社会主义的共同理想，引导学生自觉在党的领导下，走中国特色社会主义道路，为建设民主、富强、文明、和谐的社会主义国家而勤奋学习，建功立业。

3）要大力弘扬民族精神和时代精神。民族精神和时代精神是社会主义核心价值体系的精髓，只有大力弘扬民族精神和时代精神，才能使青年学生始终保持昂扬向上的精神状态。

4）要深刻认识社会主义荣辱观的科学内涵，真正弄清其与社会主义市场经济相适应、与社会主义法律规范相协调、与中华民族传统美德相承接的深层关系，科学把握其先进性导向、广泛性要求和群众性基础的内在统一，促进社会主义道德体系在学生心中扎根。

（3）应强化高校学生管理工作开放的基础性。大学历来是社会文明的源头，是引领文化潮流、传播科学思想、开创文明新风的地方，倡导和谐理念、培育和谐精神是现代大学精神的应有之义，大学应该担负起和谐社会首善之区的使命。在建设社会主义和谐校园中，要发挥高校学生教育管理工作的思想导向作用，奠定和谐校园建设的强大思想基础；要发挥高校学生教育管理工作的价值引领作用，倡导和谐校园的正确价值取向；要发挥高校学生教育管理工作的道德规范作用，构筑和谐校园的坚强道德支撑；要发挥高校学生教育管理工作的文化建设作用，形成促进和谐校园的文化环境。开放的高校学生教育管理工作必须坚持教书与育人相结合、教育与自我教育相结合、政治理论教育与社会实践相结合、解决思想问题与解决实际问题相结合、教育与管理相结合、继承优良传统与改进创新相结合。就管理而言，还应坚持从严管理和科学管理、民主管理和依法管理相结合。按照依法办学、依法管理的要求，建立起学生维权的工作机制，使思想教育与维护和保障学生权益工作相统一，提高学生的权利和义务意识，使学生的各种权益得到切实维护和保障，凡是办理有关学生事务，制定涉及学生切身利益的政策、规定、程序，都必须通过一定渠道听取学生的意见，做到公开透明，真正建立起维护和保障学生权益的服务体系，确保培养目标的实现。

（4）应增强高校学生管理工作开放的针对性。高校学生管理要从以下几个学生最关心、最直接、最需要、最现实的问题入手。①要引导学生学会学习，变"学会"为"会学"。更新学习观念，变革学习方式，创新学习手段，提高学习效率；②要引导学生学会自强，变"助我"为"我助"。进一步落实助学贷款，设立助学奖学金，建立与就业相结合的奖学金制度，组织好学生勤工俭学；③要引导学生学会创业，变"就业"为"创业"。把培养学生的创新精神、创业本领、实践能力放在重要位置，改革教学内容和课程体系。完善鼓励和支持高校毕业生创业的制度和措施，提供创业的优惠条件，加强对创业活动的指导和管理；④要引导学生加强心理健康知识普及教育，通过宣传倡导、教育引导、活动推导、家长督导等途径，做好心理健康教育工作。加强危机干预，消除潜在隐患。

（二）高校学生管理工作应秉持契约理念

1. 引入契约理念的必要性

在我国，随着高等教育大众化时代的来临，传统的凭借高校权威实施学生管理的模式，已不适应我国高等教育的发展。高等教育收费制度以及现代民主法制社会的建立，使高校与学生的关系发生了质的变化。学生开始缴费上学，虽然学生所交纳的学费并不足以抵消生均培养成本，但这已使高等学校与学生的关系由过去单一的纵向行政关系转变为包括花钱购买教育服务的消费关系在内的多重法律关系。学生的权利被强调和重视，学生已成为教育法律关系中独立的重要主体，这些都要求高校对学生的管理方式也应发生相应的变革。基于高校与学生法律关系在性质上的变化，契约式管理也应采取不同的形式，并严格遵守不同形式契约的原则。在校方提供教育服务和生活服务的过程中，高校与学生之间存在平等的民事法律关系。比如，高校与学生之间存在一定的民事合同关系。学生的报考和高校的招录，相当于合同缔结中的要约与承诺；学生入学，要向校方缴纳学费，作为回报，校方应提供一定质量的教育和生活服务。在学生付费，学校及其内部机构提供服务的领域，学校与学生地位平等，若有违约则必须承担法律责任。另外，学校的内部事务管理不能侵犯学生的财产或人身权利等。学生身份的消费者性质，要求高校，特别是公立高校，作为教育公共部门，要提供相应的公共服务及其物质条件，其中包括承诺的教育水准、充分的校园安全、足够的教学设备、良好的学习与生活条件等。在高校提供的生活服务领域，高校不应以管理者的姿态侵犯学生作为消费者的权利。

高校和学生之间的民事服务关系，是一种平等的民事契约关系。学生享有完全的自由、平等权利，有权要求学校提供高质量的服务。例如，高校在收取学生缴纳的诸如学费、住宿、生活用品、网络服务、餐饮等方面的费用后有义务按承诺提供相应的产品与服务。高校在特定范围内，特别是在确立、变更、终止民事权利与义务关系的领域，如高校提供住宿、学生缴纳费用，学生提供一定劳务、学校支付一定劳务费等，通过高校或高校职能部门与学生之间订立民事契约，达成一定目标，已成为世界各国普遍采纳的方式。从同为民事主体的角度来看，学校和学生之间应该是一种平等的关系，双方都对对方既有权利又有义务。学校在拥有对学生的管理权的同时，学生也拥有维护自己权益的权利。学校不再拥有绝对的权威，学生也不再是完全的被管理者，二者之间具有平等的地位。目前，很多高校已开始通过与学生订立合同的方式实施学生的宿舍管理、餐饮管理、网络使用管理、付费使用的校园资源管理等。然而，从大部分高校与学生签订的合同内容看，所谓的民事性质的合同大多流于形式。存在的问题主要是高校与学生签订的民事合同并未体现双方主体地位的平等，学生缺乏可选择性权利，仅规定学生的义务，缺乏学校义务性规定，高校与学生权利与义务的规定严重不对等；仅规定学生的违约责任，缺乏学校未提供合同承诺的服务的违约责任；合同的制订缺乏学生的参与，仅仅是学校职能部门意志的体现。

与此同时，在学籍、学位、考试评估、教育教学秩序维护等教育教学管理领域，高校与学生之间存在行政法律关系。依据我国法律规定，经法律法规授权的社会组织，可以成为我国行政关系中的行政主体，拥有一定的行政职权。高校就属于这一类行政管理者，依据有关教育法的授权，可以对学生进行教学管理，做出奖励或惩罚，并自主决定是否对学生颁发毕业证或学位证。在这些活动中，双方之间并不具有平等的地位，是一种强制性的命令与服从的关系。因此，从理论上可以认为，这种关系属于一种特殊的公法上的行政关系。

高校与学生行政契约关系的建立，使学生可以真正参与到高校事务中来，体现学生的主体地位，不仅可以减少潜在冲突的发生，而且可以改善高校与学生的关系，建立彼此合作、相互依赖、相互尊重、平等对话的良性互动关系和双方主体间的伙伴关系。契约的应用与缔结，使高校与学生在契约的维持下保持持续、稳定的协作关系，有利于学校秩序的稳固化。

2. 契约理念的基本要求

高校与学生之间契约的本质，既是高校用来维护教育教学秩序的手段，又是学生对高校权力进行限制的方式，这对高校以及高校学生管理工作者提出了新的要求。

（1）要求高校尊重相对人意志。把契约的自治精神引入教育行政，使学生有选择的权利，进行商议的过程也是其利益权衡的过程，选择是契约精神中的应有之义。通过选择建立沟通渠道，这也是行政契约最突出的优点和功能。而一般行政行为缺乏沟通功能。契约作为一种制度、观念、方法，已在行政运行秩序中得以建立、吸收和广泛应用。在行政法学中，我国学者对契约能否在行政权力行使过程中予以运用或许会有不同的看法，但对行政契约的存在、行政契约的特征以及行政契约的基本类型等问题的观点则大体一致。因此，考虑到教育行政的民主参与、教育行政方式的多样化和教育行政的目的等因素，应允许在高校学生管理中"讨价还价"和"议价行政"。

（2）要求高校平等对待学生。把契约的平等精神引入教育行政领域，让学生在与学校具有平等地位的前提下商议教育行政目标的达成，使教育行政减少不平等与特权性的因素。契约的基础是双方主体地位平等、协商一致，契约的形成过程是民主的过程，契约充分体现了民主的本质与特性。现代行政本质上以民主宪政为基础，强调公民权利、人格尊严、社会公正与社会责任，重视公民的参与，充分体现了契约的精神。现代教育行政在法律授权的前提下，具有裁量性和能动性，在学生管理中引入契约理念，不仅与依法行政具有相容性，而且可以凭借契约手段灵活应对学生管理中出现的复杂、动态和难以预见的问题。

(3) 要求高校重视学生的权利。在行政契约中同样有相对人——学生的权利。通过行政契约使高校更加尊重学生权利，同时通过学生权利的实现来制约高校的权力。考虑到高校权力制约的需要以及高校与学生之间的行政契约关系的特殊性，在高校与学生之间行政契约的缔结过程中，应有以下几个方面的限制：①职权限制。高校必须在法律赋予的职权范围内缔结行政契约，不得越权行政；②法律限制。高校缔结行政契约不得与法律法规的规定相抵触；③内容限制。行政契约的目标是实现公共利益，因而行政契约的内容不得违反社会公益。由于高校在行政契约的缔结中处于优势地位，可能会导致实践中滥用职权、违法行政的情形，如高校的行政契约与其行政命令同构化，强制与学生缔结行政契约，违反应有的合意；高校滥用选择权，"暗箱操作"，损害学生利益或国家利益。因此，必须限制行政契约的内容和目的。

在高校学生管理中强调契约精神，重视契约观念、契约手段以及契约制度，并不意味着完全以契约取代权力。高校的学生管理权力在教育法中仍然存在并发挥着应有的作用。由于契约意味着人性尊严、平等诚信、公正责任等，因而契约在高校学生管理中的引入，可以增强学校与学生的协作，提高学校教育服务的水准。

四、高校学生管理工作理念创新的途径

在全球化的背景下，传统的学生管理方法面临着严峻的挑战。随着学科的建设和发展，学生管理也应当形成自身科学的、实效的方法论。进行方法论的研究和创新已成为学科创新的当务之急。目前，我国高校学生管理队伍中普遍存在着工作观念滞后、思路滞后、方法滞后和手段滞后等问题，跟不上时代发展的需要。学生工作人员要善于运用现代管理的方法和信息手段，创造适合学生发展规律的、切合学生身心特点的工作方法，使学生工作更富感染力和实效性；要经常深入学生的学习和生活之中，重点关注学生中的特殊群体，使学生工作更富有说服力和艺术性；要深入挖掘和树立青年学生中的先进典型，树立可亲、可信、可学的道德榜样，使学生工作更富有吸引力和生动性；要定期进行学生状况的调查分析，为政策制定和方法研究提供可靠依据和参考资料，及时总结新做法，推广新经验，使学生工作更富有影响力和创新性。

1. 应借鉴相关学科的知识和经验，拓宽学生管理工作的研究视野

在继承党的思想政治工作优良传统的基础上，借鉴和吸收相关学科的研究成果和方法，是拓宽研究视野，深化理论认识，从而不断开创新形势下学生管理工作新局面的途径之一。更值得关注的是目前学生管理研究已不局限于对社会科学的借鉴，而开始关注自然科学系统论或生态学视野下的学生管理，尽管这一探索还需要实践去检验，但这种理论探索的精神还是值得我们拥有的。

2. 应注重以实证研究的方法检验学生管理理论的科学性

传统的学生管理研究方法主要是采用以思辨为基础的理论研究和逻辑研究。广泛地使用实证研究方法是对学生管理研究有益的补充。实证研究就是根据现有的材料进行统计、分析、实验，通过量化的、精确的测试得出结论，其中包括编制调查问卷、量化模型数量分析、矩阵概率数学方法等，以此客观真实地了解和反映大学生的思想现状与特点，坚持定性与定量方法相结合，真正实现学生管理决策的科学化。

3. 应关注国外学生管理的新方法，通过比较研究借鉴其中有益的成分为我所用

学生管理必须与时代主题紧密结合，大胆吸收人类文明中的先进的、有益的成分。通过了解国外学生管理的历史、现状和发展趋势，比较、鉴别、融合，推动我国学生管理学科的发展。美国学生管理模式具有隐蔽性和渗透性，注重道德实践，注重理论的科学性和可操作性等特点，我们可借鉴其中的合理成分，可以为我们改革和创新学生管理工作提供新的思路和视角。

第四节　中美高校学生管理理念比较研究

学生管理是高校教育管理的重要组成部分，无论是我国高校还是国外的高校都十分重视这项工作。在我国高校中，学生工作采取政治辅导员制度，主要由院系辅导员负责学生的思想政治教育与日常管理工作。而在美国高校，与我国学生工作相对应的术语是学生事务及其管理，即指高校对学生事务的计划、组织和领导，即学校承担的有关学生非学术性的或课堂外的工作。本节通过我国高校的学

生管理工作理念与美国高校的学生管理理念进行比较，进一步了解和借鉴西方国家高校的先进经验，以期促进我国高校的学生管理工作得以更好地发展。

一、我国高校的学生管理理念

我国现阶段的高校学生管理工作体制可以追溯到建党初期和解放区根据地的军政学校以及其他的一些培训机构。从严格意义上讲主要经历了两个发展阶段，即：

（1）第一阶段是从建国之初到20世纪90年代，这一时期的学生管理工作制度主要模仿前苏联，管理理念上以社会本位为指导，管理方法上以封闭式集中管理为主，侧重对学生的"管"。

（2）第二阶段是从20世纪90年代至今，随着社会环境的变化和高等教育的改革，高校学生管理工作逐步由封闭的集中式管理转向开放的综合式管理，学生管理工作从"管"学生向引导学生转变，从"管人"向"理事"转变。除了对学生行为纪律上的约束、控制和规范之外，还增加了对学生的服务。

然而，在实际工作中，这种转变很少真正落实，经常出现的问题是将学生的全而发展概念化，要求学生个人服从组织，抑制了学生的个性和创造能力；学校以"不出事"作为评价学生工作的标准，造成学生工作者"不敢越雷池一步"；各高校的管理模式和方法基本趋同，力求"管住"学生而不是激发学生的潜能，忽视了如何培养学生能力的全面性和满足学生需求的多样性。

二、美国高校的学生管理理念

在美国，从"替代父母制"到"学生人事服务"，从"学生服务"到"学生发展"理论的形成，都体现了美国学生事务管理中贯穿的学生发展理论，倡导"以人为本"，强调以"学生为中心""以服务至上"，重视学生的个性发展。在管理中把学生以独立个体和成年公民看待，处处为学生的学习、生活、身心成长与发展着想，强调学生事务管理工作的目的不是执行服务本身，而是积极为学生创造个性鲜明、全面发展的条件和机会。

三、比较分析

美国高校学生事务管理起源于宗教教育，有着较为悠久的历史。我国高校学生事务管理就其自接的承继关系而言，最早萌生于政治思想工作。由于两国文化传统、政治和经济制度等方面存在差异，中美两国的学生观和学生管理观迥然不同。美国的教育氛围较为民主,师生关系平等;而我国高校则倾向于把学生看作是受教育者和被管理者。在指导思想上,美国以"个人本位"作为价值取向,重视学生个体的发展,学生服务以学生发展理论为指导,关注自由、平等、个性,尊重学生的各种选择;我国则主要以"集体本位"为价值取向,学生工作侧重于宏观的要求,强调"德育首位"和培养社会主义事业的建设者和接班人,管理的规章制度缺乏严密,不够完善,学生管理参与面不宽。

第三章 大学生管理制度分析

毛泽东曾说过："新陈代谢是宇宙间普遍的永远不可抵抗的规律。依事物本身的性质和条件，经过不同的飞跃形式，一事物转化为他事物，就是新陈代谢的过程。"① 学生的成长与社会的政治经济环境息息相关，不同时代的大学生各有特点。高校学生的管理也应与时俱进，顺应学生发展变化的时代特征，不断对高校学生管理制度进行完善和创新。

第一节 大学生管理制度的演变

一、社会主义革命建设时期的高校学生管理制度（1949—1977年）

1949年10月1日中华人民共和国的成立，揭开了我国历史新的篇章。自1949年建国到1977年，我国基本完成了社会主义改造，开始全面建设社会主义，而此时的高校学生管理制度经历了从初创、形成到曲折发展的过程。本节将围绕这三个阶段的不同历史背景、主要内容和特征意义进行分析探讨，梳理和总结社会主义革命建设时期我国高校学生管理制度发展的一些基本脉络。

（一）高校学生管理制度的初创（1949—1956年）

从中华人民共和国的成立到1956年基本完成社会主义改造的7年时期，党和国家领导全国各族人民有步骤地实现了从新民主主义到社会主义的转变，迅速恢复了国民经济，开始了各项事业的有计划的进行。与此相适应的我国高校学生管理制度也在改造旧的教育制度和创建新的教育制度的浪潮中摸索前进，开始得以初步创立。

1. 背景分析

从1949年10月1日新中国成立到1956年，这个阶段是新中国国民经济恢

---

① 毛泽东选集（第1卷）[M]．北京：人民出版社，1991，323.

复和基本完成生产资料私有制的社会主义改造时期。在中国共产党的领导下，全国人民经过这几年的改革，在我国实现了从新民主主义到社会主义的改革和转变，使我国进入了社会主义初级阶段。

1949年9月，《中国人民政治协商会议共同纲领》（以下简称《共同纲领》）制定并通过实施，这是一部起着临时根本大法作用的宪法性文件。《共同纲领》从新的指导方向上奠定了新中国的教育方针："中华人民共和国的文化教育为新民主主义的，即民族的、科学的、大众的教育。应以提高人民的文化水平，培养国家的建设人才，肃清封建的、买办的、法西斯主义的思想，发展为人民服务的思想为主要任务；教育方法为理论与实际一致；给青年知识分子以革命的政治教育，以适应革命工作和国家建设的广泛需要。"[①] 这种内容的规定是实现新民主主义教育向社会主义教育转变时期开展高校学生教育管理工作的基本方针。

1950年6月教育部召开了第一次全国高等教育会议，此次会议着重讨论了新中国成立以来的高等教育方针、政策、任务和体制等问题。同年7月，中央人民政府政务院批准了这次会议提出的《高等学校暂行规程》，具体阐明了高等学校的办学宗旨、具体任务和办学形式。为进一步改革新中国的高等教育，教育部又相继颁布了《专科学校暂行规程》《私立高等学校管理暂行办法》等文件，同时也为新中国高等教育建设提供了重要的法规依据。

建国初期，针对高等教育所面临的问题，党和政府并没有采取强硬的管治态度，而是采取"接管、恢复、调整"的柔性转换方式。

2. 主要内容

1949—1956年是我国高等学校学生管理制度的初创时期，这一时期的学生管理工作是以"学生学籍工作"为中心展开的。

所谓的学籍，是指"经过入学考试合格，正式录取，按照规定办理入学手续，注册后所取得的学生资格"。而学籍管理是指"对取得学生资格的学生，从入学注册，成绩考核与记载，升、留（降）级，转系（专业）与转学，休学、停学、复学、退学，奖励与处分，毕业与毕业资格审查等方面，按照党的教育方针、教育自身规律以及学生身心发展特点，制定出相应的规章制度，实施管理"。

（1）入学与注册。在建国初期形成了以统一参加入学考试为基础、同时对

---

① 毛泽东选集（第2卷）[M]．人民出版社，1995，706.

于满足特殊政治原因的学生予以照顾的入学方法。主要涉及的文件有《高等学校暂行规程》（1950年）、《高等教育部关于华东区高等学校处理学生学籍问题的若干规定》（1953年）。

《高等学校暂行规程》第二章第十条、第十一条规定，"凡年满十七岁，身体健康，在高级中学或同等学校毕业或有同等学历，经入学考试及格者，不分性别、民族、宗教信仰，均得入学"；"大学及专门学院对于具有相当与高中毕业程度的下列学生：（一）具有相当工作历史的革命干部；（二）工农青年；（三）少数民族学生；（四）华侨学生，应予以入学及学习的特别照顾。"这是新中国成立后对于入学问题的最早规定。

1953年，在入学条件上，特殊政治原因予以取消，高考成为了唯一的入学方式。在《高等教育部关于华东区高等学校处理学生学籍问题的若干规定》中的"入学与注册"部分规定，"高等学校招考新生，于每年暑假举行。任何学生，均应依照高等学校招生规定（招生时公布）参加考试，合格后方准入学""统一规定之招生考试（包括统一抽调之干部入学）结束后，不再进行其他考试或个别吸收学生入学，并规定在高等学校内不招收试读、借读等学生""新生入学后，由各高等学校根据学生所缴高中毕业证书或高中毕业同等学历证件及有关证明（此项证件及证明于毕业时发还），审定学生学籍。"

（2）考核与成绩记载。这一时期以《高等学校课程考试与考查规程》为蓝本初步建立了涉及成绩评定、考试方法、成绩记载、补考、升级、留级等内容的考核与成绩记载规范体系。主要涉及的文件有《高等学校暂行规程》（1950年）、《高等学校课程考试与考查规程》（1955年）、《高等教育部复函关于高等学校课程的考试和考查问题》（1956年）、《中华人民共和国高等学校国家考试条例草案》（1956年）、《高等教育部复各校所提有关"高等学校课程考试考查规程"中的几个问题》（1956年）。

1955年高等教育部发布的《高等学校课程考试和考查规程》，这是我国建国以来第一部全面系统规定高等学校考核与成绩记载的文件。其中规定，"高等学校课程的考试和考查，是检查学生学习成绩的唯一标准。"

1956年，高等教育部在高等学校试行国家考试制度，通过全国统考的方式审查毕业生的学业程度是否符合教学计划以保证毕业生的质量，并颁布《中华人民共和国高等学校国家考试条例草案》规范试行。这是国家关于高等学校学生毕业考试问题的不成熟探索,因其政策与实际情况的脱轨、实际操作的困难重重,一年后夭折。

(3) 转专业与转学。这一时期对于转学与转专业的规定经历了从允许各高校暑期统一招考转学生到严格控制学生转学再到系统规范转学行为的发展过程。主要涉及的文件有《教育部关于高等学校1951年暑期招考转学生办法》(1951年)、《教育部关于高等学校学生转学问题的指示》(1952年)、《教育部关于华东区高等学校处理学生学籍问题的若干规定》(1953年)、《高等教育部关于处理学生复学、转学问题给东北师大的复函》(1956年)。

1953年,教育部发布《教育部关于华东区高等学校处理学生学籍问题的若干规定》,首先明确了对于转学问题的原则立场,即"今后对一般要求转学的学生,必须说服教育,使其在目前的学习岗位上安心学习,不得转学""在处理转学问题上,对一般水土不服、言语不通、选地区、选学校的学生,应耐心教育说服,防止对处理转学问题放任自流的现象";其次规定了"个别有正当理由的(如本校无适当专业者)"学生转学的程序,即"本人在学年终了前向学校申诉理由,经系主任提出具体意见,校长审核批准后,转由教务处将该生有关文件直接函商拟转入学校。"同时对于一些特殊转学情况给予了规定。如"师范大学或其他性质相同的高等学校等与夜大学学生不得要求互转""革命干部、工农青年具有一定业务基础及相当于高等学校肄业的同等学历愿意升学者,审批合格后编入适当专业及年级学习""原在国外高等学校肄业,最近归国的华侨学生,经审查合格后,编入适当专业及年级学习。"《高等教育部关于处理学生复学、转学问题给东北师大的复函》中规定,"对多子女干部学生因需照顾家庭要求转学到其爱人工作地区学习者,应尽量协助转学。"

(4) 毕业、结业与肄业。这一时期以专业主要课程的合格与否为标准将学生毕业情况分为毕业和修业两种。主要涉及的文件有《高等学校暂行规程》(1950年)、《高等教育部关于华东区高等学校处理学生学籍问题的若干规定》(1953年)、《高等教育部关于一九五四年暑期毕业学生的毕业证件问题的通知》(1954年)。

《高等教育部关于一九五四年暑期毕业学生的毕业证件问题的通知》,首先规定毕业情况,即"所学课程考试成绩及格或补考及格者,发给毕业证书";其次规定修业情况,即"有一至二门该专业主要课程不及格或缺修者,发给修业证书分配工作，工作一定时期后可申请补考一次，补考及格后换发毕业证书""有三门以上课程不及格、缺修或无成绩者，一律发给修业证书，以后不再补办或换发证书。"

3. 特征和意义

初创时期的高等学校教育主要面临着两个方面的现实状况，一方面是刚刚成立的新中国对于高等教育的首要任务即是完成对教育的接管和改造，另一方面在接管和改造过程中，缺乏管理经验的新中国，为了最大程度地稳定社会秩序、恢复生产、逐步走向社会主义道路，只有移植先进国家的成功模式。基于此毛泽东指出："在全国解放初期，我们全没有管理全国经济的经验，所以第一个五年计划期间，只能照搬苏联的办法。"处于社会主义初创时期的高校学生管理制度也必然与当时的社会发展情况密切关联，并呈现出当时社会背景影响下高等学校学生管理制度的特征。

（1）高校学生管理制度无集中体系，多以"指示""批复"为主。建国初期的高校学生管理制度，尚未形成全面、系统的制度体系，为加快高等学校秩序的稳定、教育教学秩序的恢复，在学生管理上多以教育部颁发的"指示""批复""复函"等为主，对于同类问题尚未形成宏观性、原则性的政策引导，规定性的文件过于零散，集中性的文件较为少见。

（2）高校学生管理制度内容较为单一，零散细碎。本阶段的高校学生管理制度主要以学生学籍管理方面为主，只是对入学、转专业、转学、休学、复学、退学、毕业等几方面作了规定，并没有详细指出学生入学后各个具体培养环节的要求，如新生入学未办理入学手续、不能按时报到、入学后的资格审查等。

（3）初创时期的高校学生管理政治色彩浓厚，效仿和照搬苏联模式。如在入学条件上，教育部1950年颁布的《高等学校暂行规程》中规定，"相当于高中毕业程度的具有相当工作历史的革命干部、工农青年、少数民族学生及华侨学生予以入学和学习的特别照顾"，具有浓厚的政治色彩。同时效仿苏联高等学校模式设置专业，全国高校由学分制改成学年制。

（二）高校学生管理制度的形成（1957—1966年）

1957—1966年这十年的时间是我国进入社会主义初级阶段的时期，开始全面建设社会主义的十年。伴随着我国各项事业的探索和实践的深入，我国的高等教育工作也迅速发展起来，高校学生的教育管理工作积累了丰富的经验，高校学生管理制度也在这一阶段不断形成和完备。

1. 背景分析

1957—1966年这十年的探索和实践中，中国社会在党的"左"倾错误的笼罩下，各项工作包括高校学生的管理制度，也经历了曲折、缓慢发展和初步形成的过程。

从20世纪50年代中期开始，毛泽东不断地批判学习前苏联出现的简单照搬，不结合中国实际情况的教条主义倾向，提出学习外国要同本国实际情况相结合，走符合本国国情的道路。1957年毛泽东在《正确处理人们内部矛盾的问题》中提出："我们的教育方针，应该使受教育者在德育、智育、体育几个方面都得到发展，成为有社会主义觉悟的有文化的劳动者和'百花齐放、百家争鸣'的方针。"[①] 1958年9月中共中央国务院发布《关于教育工作的指示》，进一步阐明现阶段的教育工作方针。中国开始探索走一条符合中国特点的社会主义教育之路。

随着社会主义全面建设的深入，党和国家在一系列问题上犯了"左"倾的错误，这就导致了反右派斗争的逐步扩大化，使得高校的学生管理制度也受到了消极的影响。随着形势发展的偏化，党和政府逐渐认识到在这一阶段所犯下的错误，1960年"八字方针"提出，1962年千人会议召开。全面总结这一段时间内的错误和不足，开展批评与自我批评，统一思想，端正认识。在教育领域，1959年初，教育工作会议在北京召开，针对当时在执行教育方针上存在的诸多问题给予剖析和讨论。1959年6月，中共中央批转共青团中央《关于对学生进行思想政治教育中的几个问题》，对于高校学生的教育管理提出了几点改进意见。直到1961年教育部按照中央的指示，于1961年草拟了《教育部直属高等学校暂行工作条例（草案）》（简称《高校六十条》），总结了中华人民共和国成立以来，特别是1958年教改以来的正反两方面的经验，高校的学生管理工作才真正出现了较大的转机。从这之后，高校学生管理制度开始逐渐完善和细化，并最终得以形成。

2. 主要内容

在这一时期，我国高校学生的管理制度不断摸索完善，在原有规程制度的基

---

① 毛泽东文集（第17卷）[M]. 北京：人民出版社，1995，102.

第三章　大学生管理制度分析

础上，在学籍管理的以下方面得以创立和形成。

（1）考核与成绩记载。这一时期在原有考核与成绩记载规定的基础上，以《教育部直属高等学校学生成绩考核暂行规程（草案）》为蓝本形成了涉及考核方法、成绩评定、补考、升级、留级等内容的系统性的考核与成绩记载规范体系。1962年，教育部发布《教育部直属高等学校学生成绩考核暂行规程（草案）》，其中规定，在考核方法上，"对学业成绩的考核，主要采取考试、考查的办法""对学生的政治觉悟、思想意识、道德品质的考查，主要采取做鉴定的方法""对生产劳动的考核，一般采用写评语的办法"；在成绩评定上，依旧采用"优秀""良好""及格"和"不及格"的四级计分法，"少数有特殊需要的课程，也可采用'百分制'计分"，考察采用"及格"和"不及格"两级；在考试方式上，"应根据课程的特点、班级的大小和教师人数的多少，分别采取口试、笔试或口笔试兼用的办法"；在考试评分上，"应以学期期末考试成绩为主，适当的参考平时成绩"；对于体育课的考查，"考查的要求不宜过高，对不同体质的学生应有不同的要求"；在补考上，"有三门或三门以下课程不及格的可以补考"；在升级、留级上，"每学期考试后办理一次""每学期学习四门或四门以下课程有三门不及格的学生，应予留级""有一门课程不及格而准其升级的学生，在以后任何一学期中，再有三门不及格时，令其退学或留级""如无特殊原因，本科生留级最多只能有两次"。

（2）转学与转专业。这一时期以《关于处理高等学校学生转专业、转学、休学、复学、退学等问题的规定》为蓝本形成了全面系统的转专业与转学规范制度。1960年教育部在原有草案的基础上，发布了《关于处理高等学校学生转专业、转学、休学、复学、退学等问题的规定》，该规定首先明确了对于转专业与转学问题的原则立场。"高等学校需经常注意教育学生热爱专业、热爱学校，如无特殊困难，一般不要转专业、转学；但在处理个别问题时，适当的照顾学生的合理要求，以解决他们学习、生活方面的具体困难和问题"；其次规定了转专业与转学的条件。"有某种疾病或生理缺陷；学校认为不适合现在的专业学习；本人或家庭确有特殊困难的""强调志趣不合等原因的，不应同意；照顾爱人关系的，也不应同意""第一学年未学完的和临毕业学年的学生，不得申请转学"；最后，规定了转学的程序。"由原校与转入学校洽商处理。转入学校应审查学生的政治、健康和学业成绩，合格者，办理转入手续"。

（3）退学。这一时期以《关于处理高等学校学生转专业、转学、休学、复学、退学等问题的规定》为蓝本形成了全面系统的退学规范制度。该规定中，首先明确了退学的条件，"学生患病经诊断认为难以坚持长期学习的，因家庭经济困难或其他原因不能继续学习的，经本人申请，可准予其退学""本人未申请，但学校认为不宜继续留校学习的，也可说明理由让他退学"；其次规定了退学的相关事宜，"学校在处理学生退学事宜时，应通知学生家长"；最后，对于退学学生的安置问题。"如果是调干学生，应按照国务院和当地人事部门的有关规定办理安置问题，其他一般学生的以后一切问题，学校概不负责"。

（4）毕业、结业与肄业。这一时期对毕业班不及格的学生的毕业、就业与肄业问题予以了细化规定。《教育部关于1962年高等学校毕业班不及格学生的处理问题的答复》中规定，"凡毕业论文合格的学生，如有一至二门非主要课程不及格，可以发给毕业证书；如有一至二门主要课程缺修或补考后仍不及格，应留校补修。留校补修有困难的，可以发给修业证书，允许在离校后三年内申请补考一次，合格后，换发毕业证书"

3. 特征和意义

这一时期的高校学生管理制度在继承和发展前期成果的基础上，得到了实质性的进步和更大程度上的提高，最终得以初步形成，并体现出了以下特征。

高校学生管理制度内容开始更加的细化和深入。这一时期的高校学生管理制度已不再局限于从1960年教育部出台《关于处理高等学校学生转专业、转学、休学、复学、退学等问题的规定》，学生学籍管理规定日趋细化。1961年9月，教育部颁布《教育部直属高等学校暂行工作条例（草案）》和1962年11月20日颁布的《教育部直属高等学校学生成绩考核暂行规程（草案）》开始涉及学生管理其他方面的内容，重点放在对学生的思想政治教育上。《高校六十条》第六章"教师与学生"第三十五条规定了对学生的奖惩，另有第八章将"思想政治工作"单列出来。从中我们可以看出，高校学生管理制度开始一步步走向正轨，稳定的、全面的和可操作的高校学生管理制度是其发展的方向。

中央集权特征明显，学校地位强势。这一时期的学生管理制度的改革一方面体现了国家的积极探索和初见成效，另一方面也体现了中央高度集权的特征，烙上了政治化的时代印记，在学校和学生的关系上体现出了明显的学校强势地位。如在《关于处理高等学校学生转专业、转学、休学、复学、退学等问题的规定》

的"关于退学"一项中,规定"本人虽未申请,但是学校认为不宜继续留校学习应当退学的,也可以说明理由让他退学"。也就是说,退学并无明确标准,只要"学校认为不宜",体现了当时学校对学生进行管理具有强烈的行政管理的色彩。

尽管这一时期的教育管理制度具有这样或那样的局限性,但其自身所体现出的时代特征和时代意义却依旧散发着巨大的光芒。高校学生管理制度开始初步形成,具有里程碑的意义。经历了建国初期的高校学生管理制度对于苏联模式的照搬硬抄,这一时期的制度建设开始逐步走向了与中国实际相结合的探索道路。不一味的模仿和苏化,中国的高等教育管理制度随着全面建设社会主义的深入,开始重新走上了稳步健康发展的轨道。可以说,这一时期的制度建设为后来我国高校学生管理制度的细化和发展奠定了最初的样式。

(三)高校学生管理制度的曲折(1966—1976年)

"文化大革命"十年间我国的高等教育陷于停顿,无论是在教育理念到教育实践,还是从政工干部到专业教师都受到了严重的损害。从1966年起,全国高等学校停止按计划招生达6年之久,高校人员星散,学校的正常教学秩序被破坏,原来实行的学生管理规定都失去了作用。在这十年里,高校学生管理制度没有发展,直到1976年"文化大革命"结束,1977年国家恢复高考制度,高校本科学生管理制度才得以恢复和重建。

二、社会主义改革发展时期高校学生管理制度(1978年至今)

"文化大革命"结束后,中国社会进入了全新的发展阶段。1978年12月,党的十一届三中全会的召开,拉开了中国改革开放的序幕,高等教育迎来了发展的春天。与此同时,中国的高校学生管理制度也经历了一个从整顿恢复到开始新的探索的发展过程。在思想解放运动的推动下,在中国社会改革创新大浪潮的引领下,新时期的高校学生管理制度开始了崭新的局面。本小节从高校学生管理制度的改革和发展两个阶段入手,分析相应时间断点内高校学生管理制度的历史背景、主要内容和特征意义,全面展现了这一阶段的高校学生管理制度。

(一)高校学生管理制度的改革(1978—1989年)

党的十一届三中全会以后,一个经历了十年浩劫的社会,在不断的自我苏醒和重建中开始寻找科学、完备和先进的理念与制度模式,我国高等教育也进行了一系列的拨乱反正,逐步回到了正确的轨道。伴随着高校招生全国统一考试的恢复，高等学校要保证有正常的教学、生活秩序，就必须有健全的规章制度来予以维护。为此，改革"文化大革命"前的高校学生管理制度，并在实践中不断完善各项规章制度以适应高等教育发展的新趋势，是这一时段我国高校学生管理制度发展的主题。

1. 背景分析

这一时期，高校学生管理制度得以改革发展主要是在以下历史背景的影响下开展起来的。

(1) 党的十一届三中全会的召开，为高校学生管理制度的改革创造了基本前提。1978年12月召开的中国共产党十一届三中全会，开始了我党历史上具有深远意义的伟大转折。会议全面地、认真地纠正"文化大革命"及其以前的"左"倾错误，把党的工作重点从"以阶级斗争为纲"转移到社会主义现代化建设上来，使党的工作走上健康发展的轨道。1981年6月，党的十一届三中全会通过了《中国共产党中央委员会关于建国以来党的若干历史问题的决议》，完成了党在指导思想上的拨乱反正。在思想解放运动的推动下，推翻"两个估计"，澄清教育战线的一些是非界限，整顿教育秩序；在防止和克服"左"和"右"的两种倾向的过程中，恢复和加强学生教育管理，开始新时期学生教育管理科学化的探索。

(2) 高等学校的恢复和增设。"文化大革命"期间一批高校被裁并，更多的高校以各种名义被撤消。1971年召开的全国教育工作会议，通过了《关于高等院校的调整方案》中确定：原有417所高等学校，保留309所，合并43所；撤消45所；改为中专校17所；改为工厂3所。整个"文化大革命"期间，共被搬、并、迁、撤106所高等学校。粉碎"四人帮"以后，开始着手恢复高等学校工作。1978年12月28日，教育部发出通知，经国务院批准，恢复和增设169所普通高等学校。其中工科院校46所，农林院校13所，医学院18所，师范院校77所，财经院校10所，体育学院3所以及艺术学院2所。这一批高等学校的恢复和增设，为现代化建设提供了大批的专门人才。高等学校设立起来后，即面临加强学校管理的紧迫工作，而学生管理制度首先需要恢复和建立。

(3) 高考制度的恢复。1966年"文化大革命"一开始，就在批判"分数挂帅""智育第一""资产阶级政治挂帅""违反党的阶级路线""为资产阶级造就接班人"的错误路线的指导下，砸烂所谓"旧的统一招生制度"，高等学校本科按计划招生工作因此而中断了6年。1972年起，大多数学校开始恢复招生，主要招收具有2年以上实践经验的初中毕业以上文化程度的工农兵学员，取消了文化考试，实行"自愿报名、群众推荐、领导批准、学校复审"的办法。但这种招生办法降低了学生的文化程度，造成高等学校不能按照正常的要求对学生进行教学工作。1977年恢复全国高校统一招生考试制度，提高了高等学校新生的质量，全国有570万青年报考，高等学校共招收新生27.3万人（包括1978年初增招的新生6.2万多人）。1978年招收新生40.2万人（包括扩大招生10.7万人），成为建国以来高校招生人数的第三个高峰。随着大批新生进入高校，开始接受高等教育，高校也迫切地需要建立有序的、正常的教育教学秩序，对学生从入学开始的在校各个环节进行规范。

2. 主要内容

这一时期教育部总结、吸取"文化大革命"前高校学生管理的经验，改革制定了一系列的学生管理制度。1983年，教育部在对1978年颁布的《高等学校学生学籍管理的暂行规定》进行总结完善的基础上，颁布了《全日制普通高等学校学生学籍管理办法》。该办法确立了我国高等学校学籍管理制度的基本原则和基本方法，它是对多年来我国高校学生学籍管理实践的总结，是我国高校学生管理制度建设的重要成果。

(1) 入学与注册。首先改革了入学程序。"新生持录取通知书和学校规定的有关证件，办理入学手续""因故不能按期入学者，向学校请假。假期一般不超过两周；超过两周不报到者，取消入学资格"。其次规定了复查程序。"学校在新生入学三个月内进行复查，合格者取得学籍；不合格的，由学校区别情况，予以处理，直至取消入学资格；凡属徇私舞弊者，一经查实，取消学籍，予以退回，情节恶劣的，须请有关部门查究"。再次规定了新生保留入学资格的内容。"新生进行体检复查，患有疾病者，经医疗单位证明，短期治疗可达到健康标准的，本人申请，由学校批准，可准许保留入学资格一年。学校复查合格，方可重新办理入学手续。复查不合格或逾期不办入学手续者，取消入学资格"。最后规定了注册程序。"每学期开学时，学生必须按时到校办理入学注册手续。未经请假逾期两周不注册的，按自动退学处理"。

(2) 考核与成绩记载。首先改革了考核成绩评定标准，"从原有的百分制或四级制改为百分制或五级制。即优秀、良好、中等、及格、不及格5个级别"；

其次改革了补考要求,从原有的三门以下不及格允许补考改为学生每学期不及格的课程均可补考;再次增加了允许跳级的内容,"主要课程成绩达到'良好'以上水平、其他课程及格的,经本人申请,学校批准,允许跳级";最后改革了升级、留级的规定,"学生在一学年不及格课程学分总数达到学年所选学分总数的1/2者,经学校批准,可编入下一年级。"

(3) 转专业与转学。首先强调了个人意愿在转学转专业中的作用。"学生确有专长,本人申请,由所在系(专业)推荐,经转入系(专业)考核证实,转入该系(专业)更能发挥其专长者,准予转学。"其次增加了禁止转专业、转学的硬性条件。即"有下列情况之一者,不予考虑转专业、转学:①新生入学未满一学期者;②由一般院校转入重点院校者;③由专科转入本科者;④本科三年级(含三年级)以上或专科二年级(含二年级)以上者;⑤师范院校(学校认为不宜学师范者除外)转入其他院校者;⑥无正当理由者"。最后细化了转专业与转学的手续流程。

(4) 退学。首先全面系统地规范了学生退学的相关条件。即"①学期考核成绩不及格课程经补考后,仍有三门主要课程或连同以前各学期累计四门(含四门)以上课程不及格者;②实行学分制的学校,在一学年中不及格课程达到和超过所选总学分的1/2者;③本科学生在同一个年级里须第二次留、降级者;④本科学生不论何种原因(含休学、保留学籍),在校学习时间累计超过其学制两年(如四年制的不得多于六年),专科学生超过其学制一年者;⑤休学期满不办复学手续者;⑥经复学复查不合格不准复学者;⑦经学校动员,因病该休学而不休学,且在一学年内缺课超过总学时1/3者;⑧经过指定医院确诊,患有精神病、癫痫、麻风等疾病者;⑨意外伤残不能坚持学习者;本人申请退学,经说服教育无效者""一学期旷课超过50学时(旷课一天,按实际授课时间计)和在校学习期间擅自结婚而未办退学手续的学生,亦作退学处理。"其次全面系统的规范了学生退学的善后问题的相关管理。即"①退学学生之前有单位的回原单位安排,无单位的回家长或抚养人所在地落户;②有疾病的由原单位接收,按照国家对待职工的劳保规定处理,其他的由家长或抚养人负责领回;③退学学生发给退学证明;退学的学生不得申请复学"。

(5) 毕业、结业与肄业。增加了关于对毕业生服从国家统一分配的要求。"学生毕业后必须服从国家统一分配,按规定时间到所分配的单位报到。对不顾国家需要，坚持个人无理要求，经批评教育拒不服从分配，从学校公布分配名单之日起，逾期3个月不去报到者，经地方主管调配部门批准，由学校宣布取消分配资格，限期离校。"

3. 特征和意义

在"文化大革命"动荡结束后，遭到极大破坏的高校学生管理体系能够得以恢复和重建，这本身即是这一时期高校学生管理制度的最大特征和最重大的意义。然而，这种恢复和重建又在整个的高校学生管理制度史上极具时代性和鲜明特征，表现如下。

（1）对于教育教学秩序的重整和规范性特征明显。在"文化大革命"结束后，满目疮痍的高校面临着教育教学秩序恢复的迫切诉求。而管理制度的再塑和形成则成了挽救教育教学秩序的最有效的良方。为此，高校本科学生管理制度在这一阶段侧重于对学生的学籍管理，对学生在专业课程上的学习进行了严格的规定，如留级、降级、退学、转专业、转学等均规定了具体的情形，使在读学生明了了学习要求，保证了学校正常的教学秩序。

（2）全面育人原则的初步体现。这一时期的学生管理的规章制度在自身制度条件严格的同时，还对学生的政治觉悟、思想意识和道德品质等方面进行考察，促进学生在德、智、体诸方面的全面发展。要求学生必须坚持四项基本原则，要努力做到遵纪守法、勤奋学习、文明礼貌、团结同学、关心集体、爱护公物、热爱劳动等，对学生奖惩也有明确的规定，对学生全面发展起到了积极的促进作用。

（3）高校学生管理制度在这一时期的改革创新，因其所处时代环境的特殊性，因此显得尤为重要和意义深远。其最重要的意义在于为人才的培养提供了更为完备的制度上的保障。经历了十年来人才培养的断层和人才塑造模式的缺失，中国的高等教育在对于人才的塑造上显得慌乱、错杂。由此，高校学生管理制度的恢复和建立使学生有了明确的学习目标和行为规范，为高校的人才培养提供了制度保障。

（二）高校学生管理制度的发展（1990年—至今）

随着我国改革开放和市场经济建设的不断推进，中国社会的法制化和现代化步伐加快，我国的高等教育改革也随之深化和发展。1990年1月20日原国家教育委员会颁布的《普通高等学校学生管理规定》开启了我国高校学生管理制度法制化进程的开端,我国高等学校学生管理工作从此形成了比较完整、规范的管理制度,高校学生管理进入了法制化和全面建设的新阶段。

1. 背景分析

20世纪90年代初期,一系列学生管理的配套文件的出台使我国的高校学生管理走向了初步法制化的阶段,而其背后则有着深刻的经济、社会、政治背景因素的影响。

(1) 社会主义市场经济发展的深入推进。1984年党的十二届三中全会作出了经济体制改革的决定,中国社会逐步由计划经济转向市场经济。1992年10月,党的十四大提出了建立社会主义市场经济体制的目标,全社会开始了由计划经济体制向社会主义市场经济体制的转变。由此,市场经济所要求的竞争意识、民主意识、平等意识、参与意识、效益意识及法律意识等,为我国思想政治教育注入了新的内涵,从而有力地推动了我国高校学生教育管理工作的健康发展。

(2) 中国法制化进程的加快。随着国家法律制度的健全与不断完善,公众和大学生自身维权意识的增强,高校学生管理工作面临着新的挑战。原有的管理思想、管理模式、管理方法已不适应形势发展变化的需要。因此,对高校学生管理制度的法制化趋势是时代发展的客观要求,是当前依法治教、促进高教事业全面、协调、可持续发展的迫切需要。

(3) 教育体制改革的推动。1985年5月27日中共中央公布了《中共中央关于教育体制改革的决定》(简称"决定")。《决定》指出,教育体制改革的根本目的是提高民族素质,多出人才,出好人才。对高等教育体制的改革要求是改革高等学校的招生计划和毕业生分配制度,扩大高等学校办学自主权。这样高校长期以来全部按国家计划统一招生的现状开始改变,除了国家计划招生,用人单位委托招生、国家计划外自费生等开始试点和推行,对学生管理工作提出了更高的要求。

(4) 改革开放深入发展所引发的校园氛围动荡。20世纪90年代初期,社会上"脑体倒挂""分配不公""知识贬值"等非理性因素不断渗入大学校园,导致校园中一度存在"经商风""厌学风",在不同程度上与大学生培养目标发生冲突,给大学正常秩序造成混乱。

高校历来还是各种思想文化激荡的场所。随着改革开放,西方文化也同步涌入,部分大学生对西方文化良莠不辨,照单全收,片面地、不恰当地追求自我设计、自我奋斗、自我实现成为部分大学生的价值取向，造成校风、学风的波动和涣散，使加强学生管理摆到了突出重要的地位，高校本科学生管理制度迫切需要进一步的完善。

2. 主要内容

这一时期的高校学生管理制度处于法制化、现代化和体系化的发展阶段。2005年教育部重新制定颁布《普通高等学校学生管理规定》，这是教育部自1990年发布旧的《普通高等学校学生管理规定》以来对该规定所做的第一次正式修改。内容涉及学生管理的方方面面。具体变革内容如下：

（1）学籍管理。学籍管理在此时改革和细化了诸多内容。

1）在入学与注册上，增加了"家庭经济困难的学生可以申请贷款或者其他形式的资助，办理有关手续后注册"的内容。

2）在考核与成绩记载上，加大了各学校的办学自主权，在成绩考核方式、重修补考方式、留级跳级等方面准予学校自行规定。

3）在休学与复学上，简化了相关手续办理的硬性规定，休学次数、休学期限、休学学生医疗费用等由学校自行规定。

4）在退学问题上，明确规定了符合退学条件的情形。"①学业成绩未达到学校要求或者在学校规定年限内（含休学）未完成学业的；②休学期满，在学校规定期限内未提出复学申请或者申请复学经复查不合格的；③经学校指定医院诊断，患有疾病或者意外伤残无法继续在校学习的；④未请假离校连续两周未参加学校规定的教学活动的；⑤超过学校规定期限未注册而又无正当事由的；⑥本人申请退学的。"对于学生的退学处理，由校长会议研究决定；在毕业、结业与肄业上，增加了"学校应当执行高等教育学历证书电子注册管理制度"和"毕业、结业、肄业证书和学位证书遗失或者损坏，经本人申请，学校核实后应当出具相应的证明书。证明书与原证书具有同等效力"的内容。同时，对于"结业后是否可以补考、重修或者补作毕业设计、论文、答辩，以及是否颁发毕业证书"等问题，规定由学校自行规定。

（2）理想信念与校园文化。2005年教育部发布《高等学校学生行为准则》，其中规定了八项学生行为准则，分别为"志存高远，坚定信念；热爱祖国，服务人民；勤奋学习，自强不息；遵纪守法，弘扬正气；诚实守信，严于律己；明礼修身，团结友爱；勤俭节约，艰苦奋斗；强健体魄，热爱生活。"

(3) 权利和义务。2005 年《普通高等学校学生管理规定》中首次专章规定了学生的六项权利和六项义务,第五条规定"学生在校期间依法享有下列权利:参加学校教育教学计划安排的各项活动,使用学校提供的教育教学资源;参加社会服务、勤工助学,在校内组织、参加学生团体及文娱体育等活动;申请奖学金、助学金及助学贷款;在思想品德、学业成绩等方面获得公正评价,完成学校规定学业后获得相应的学历证书、学位证书;对学校给予的处分或者处理有异议,向学校、教育行政部门提出申诉;对学校、教职员工侵犯其人身权、财产权等合法权益,提出申诉或者依法提起诉讼;法律、法规规定的其他权利。"第六条规定,"学生在校期间依法履行下列义务:遵守宪法、法律、法规;遵守学校管理制度;努力学习,完成规定学业;按规定缴纳学费及有关费用,履行获得贷学金及助学金的相应义务;遵守学生行为规范,尊敬师长,养成良好的思想品德和行为习惯;法律、法规规定的其他义务。"

(4) 校园秩序与课外活动。1992 年,国家教育委员会试行《普通高等学校学生安全教育及管理暂行规定》(以下简称《规定》),《规定》分为"总则、安全教育、安全管理、事故处理和附则" 5 个部分;2002 年,教育部出台《学生伤害事故处理办法》,明晰了事故发生后的处理程序、赔偿责任、事故责任者的处理等内容;2005 年,《普通高等学校学生管理规定》中专章规定了"校园秩序与课外活动"的内容,提出"学校应当建立和完善学生参与民主管理的组织形式""学生应当自觉遵守公民道德规范,自觉遵守学校管理制度;鼓励学生成立学生社团和参加社会实践活动""学校应当建立健全学生住宿管理制度。"

(5) 资助与帮扶。2007 年,教育部、财政部联合印发《普通本科高校、高等职业学校国家助学金管理暂行办法》,详细规定了国家助学金的资助标准与申请条件、名额分配与预算下达、申请与评审、助学金发放、管理与监督等内容。其中规定"国家助学金主要资助家庭经济困难学生的生活费用开支。国家助学金的平均资助标准为每生每年 2000 元,具体标准在每生每年 1000~3000 元范围内确定,可以分为 2~3 档。中央高校国家助学金分档及具体标准由财政部商有关部门确定,地方高校国家助学金分档及具体标准由各省(自治区、直辖市)确定。"

3. 特征和意义

20 世纪 90 年代以来,我国的改革开放和现代化建设进入了一个新的阶段。

第三章 大学生管理制度分析

随着经济体制、政治体制和科技体制改革的深化，高校学生教育管理体制也在不断加快着改革的步伐。法制化和现代化无疑是这一时期高校学生管理制度的最大特征。

1990年1月出台的《普通高校学生管理规定》是一部具有法律效力的行政规章，是近年来司法审查高校学生与学校纠纷的重要依据，也标志着学生管理的初步法制化。

2005年3月25日教育部以第21号部长令的形式发布了新修订的《普通高等学校学生管理规定》，该规定自2005年9月1日起施行，原国家教育委员会发布的《普通高等学校学生管理规定》（国家教育委员会令第7号）、《研究生学籍管理规定》（教学〔1995〕4号）同时废止。新规定适用于普通高等学校、承担研究生教育任务的科学研究机构对接受普通高等学历教育的研究生和本科、专科（高职）学生的管理，高校学生管理开始朝向法制化积极迈进。

高校学生管理制度的法制化进程的深化和完善，有着重要的意义。高校学生的管理开始逐步走向国家意志的合法化方向，开始可以寻求来自真正制度本身的优越感和保障性，法律的认可和保护使得高校学生管理以更加坚实厚重的姿态走进了学生人才培养和教育教学秩序的构建中去。中国的高等教育逐步规范、理性和法制化。

第二节 高校大学生管理制度的功能及原则分析

一、高校学生管理制度的基本内涵

明确"高校学生管理制度"的概念首先要清楚"高校学生管理"的含义，"高校学生管理"是高等教育的学术研究术语，在不同的历史时期有着不同的称谓和内涵，曾使用过"学生思想政治教育""学生工作""学生事务工作""学生事务管理"等概念。根据不同的管理领域，学界对高校学生管理有两种定义。

一种定义是非学术性事务和课外活动领域的管理。一些研究者认为高校学生管理是指在高等学校在非学术性事务和课外活动领域中，通过合理地组织人、财、物、时间、信息等，对学生施加教育影响，促进学生成长成才的组织活动。另一种定义是包括教学、科研和学生事务相关的各种领域的管理。高等学校通过思想道德教育、教学、非学术性事务及课外活动等方式对学生施加影响，以教育、管理、指导和服务学生，促进学生学习和全面发展的组织活动。

无论哪种定义，高校学生管理的目标都是一致的，即全面促进学生成长成才。本研究通过对已有观点的对比分析，认为高校学生管理是高校按照教育方针的要求，遵循教育规律，在一定教育价值观的指导下，运用科学的方法，有目的、有计划、有组织地对学生施加教育影响，并指导、规范和服务学生，促进学生成长成才的组织活动。高校学生管理的主要内容包括思想政治教育、学籍管理、行为规范和奖惩管理四部分。

对于"高校学生管理制度"的概念界定，很多学者从不同的视角给出了自己的观点。有的认为高校学生管理制度是指高校以及国家有关的法律法规，为了保障学校教育教学工作的正常进行，为全体学生提供良好的教育教学秩序而制定的一系列在全校范围内具有普遍约束力的各种规定、办法、制度等①，需要高校依据国家现有的法律法规，遵循法治的原则和指导思想，结合自身的情况，把原则性的规定具体化，转化为学校内部的管理制度，使之在本校的具体管理领域具有实践性和可操作性，规范学校的学生管理工作。有的认为高校学生管理制度是由高等学校作为主体，依据国家有关法律法规和部门规章以及经过教育行政机关审核的本校章程制定的，调整有关本校学生的教育教学活动和生活秩序，确定学生管理的规则和办事程序，在本校具有普遍约束力的制度，它体现学生享受权利和履行义务的统一。②还有的认为高校学生管理制度是调节和控制大学生学习、生活及与之相关的各种社会关系的准则和规范的总称，目的是通过制度的运行，把学生教育和培养成德、智、体、美全面发展的人。③从这个视角出发，高校学生管理制度不应是高校单方制定并用来规制、惩罚学生的工具或者手段，而应该是高校管理者、教师、学生等相关力量沟通而形成的一种契约，其核心是围绕如何发挥育人功能，实现育人的价值。在这个方面，尹晓敏认为高校学生管理制度是高校为了维护正常的教学、工作和生活秩序，保障学生身心健康，促进学生全面发展，按照一定程序制定的，对全校范围内的学生具有普遍约束力的条例、规

---

① 宋宇亮．浅析高校学生管理制度的性质及法律效力［J］．中国管理信息化，2012 (12)．
② 谢华汉．高校学生管理制度中的学生权利保障［J］．重庆工学院学报，2008 (2)．
③ 詹明鹏．高校学生管理制度的育人取向［J］．广州大学学报，2012 (5)．

定和办法等规范性文件的总称。① 高校学生管理制度是我国教育法律体系的有益补充,学生管理制度建设是高校法制工作的核心内容。

通过对制度、大学制度和高校学生管理的定义的分析,结合研究现状,本研究认为高校学生管理制度是现代大学管理制度的重要组成部分,是高校调节和控制与学生相关的各种关系和个人行为的规范体系。在表现形式上,高校学生管理制度不仅包括各级教育管理部门和高校所制定的各种规定、条例、章程等正式的规则,也应当包括相应的工作机制和非正式的规则。一般而言,正式规则通常以制度文本的形式表现,非正式的规则通常以校园文化等形式表现,而工作机制则往往蕴涵于文本或者非文本的制度之中。

在本研究中,高校学生管理制度主要指以制度文本形式表现的正式规则。

二、高校学生管理制度的功能

高校学生管理制度既是促进高校发展的一个重要因素,也是高校学生管理工作的标志性成果。制度的优劣对高校发展的影响巨大,很多高等学校在发展中存在的困境,不仅在于经费的匮乏,更表现为优良制度的缺失。高校学生管理制度对高校学生管理工作的开展主要具有以下功能。

(一) 高校学生管理制度在学生管理工作中的协调与规范功能

民主科学的高校学生管理制度,对于高校学生管理工作具有重要的协调规范功能。高校学生生活在社会大系统中,也生活在各种关系中,如与社会、家庭、学校、班级的关系和与各种组织、群体、个人的关系等。而要处理好这些关系,除大学生自身的努力外,需要发挥高校学生管理制度的协调功效,这样才能创造出良好的学习氛围。规章制度可以使高校管理者和教育工作者的各项管理职责分明。高校学生管理是高校管理的一个组成部分,高校学生管理制度是高等学校的行政法规,是学生的行为规范,是维护和稳定学校教育教学秩序的重要保证。教育部发布的《普通高等学校学生管理规定》,对高校学生从入学、注册、考核、成绩记载、纪律考勤、休学、复学、退学、奖励、处分、毕业、结业与肄业等各方面的管理都作了相关规定,各高校根据国家教委的有关规定,结合高校自身实际制订高校学生管理制度。制度订立后,首先应向学生进行讲解,然后组织学生

---

① 尹晓敏. 高校学生管理制度建设的理性程序思考——基于正当法律程序的视角 [J]. 现代教育科学, 2005 (5).

进行学习讨论，最后执行，力求通过高校制度管理中的措施，形成严谨有序的生活秩序和学习环境，形成必要且合理的压力，使学生产生一种奋发向上的动力。高校学生管理制度设立的目的不是为了"限制""惩罚"学生，而是为了指导学生的学习和成长，鼓励学生在成长的基本轨迹上不断前进。这既体现了党和国家的教育方针、政策，督导学生努力学习奋发向上，保证培养目标的实现，又维护了广大学生的学习权利和切身利益。由此可见，高校学生管理制度不仅是高校学生管理工作中一种重要的教育手段，也对于促进学生身心健康发展和激励学生早日成才具有重要的协调和规范功能。

（二）高校学生管理制度对学生发展的导向功能

高校学生管理制度致力于为大学生打造积极向上的内心世界服务，同时缔造一个安定和谐的外部环境，用来支持专业教育的顺利实施。高等学校的办学理念对高校的发展影响巨大，从观念层面决定了一所高校的发展方向和办学策略，这种决定作用虽然是深层次的、内在的，但是也具有一定的间接性。理念要从思想变为行动，转化为物质力量，还必须借助制度所特有的中介作用。制度有助于促进思想与行为之间的相互转化。制度安排是特定组织内在精神与理念的外在表现形式，同时，它反过来又培育和营造了组织内部所特有的文化氛围，进而内化为组织中个体的精神人格、价值诉求、信念和行动取向，例如对高校学生进行成才教育，使他们端正学习态度，树立正确的学习规律，努力完成自己的学业；又如结合班级管理制度，依靠班级活动，向学生进行集体主义教育，让学生正确处理个人与集体的关系，自觉遵守班级的各项规定，培养学生的集体荣誉感，促进班级各项工作的顺利开展；再如结合学生生活管理制度，对学生进行德育教育，使他们树立艰苦奋斗的观念，养成健康的生活习惯，遵守公共生活的准则；再如结合学生违纪处分制度，对学生进行适当且生动的法律教育，使他们从违纪案例中吸取教训，实现遵纪守法。对于违纪的学生，在严格执行校纪的同时，要认真做好违纪学生的思想引导工作，帮助他们真正找出犯错误的根源，帮助学生改正错误，使学生成为适应社会发展需要的人才，这是教育与管理相结合的具体表现。

党的教育方针对学生的成长成才是一种需求和一种引导的规定性。教育要为国家培养出具有实践能力和创新精神的复合型全面人才，这应当成为学生努力奋斗的方向。但是，要将这一目标变成学生的积极行动，为了实现这一切，必须有各种制度作为保证。教育方法更能体现党的教育方针，导向功能更强。在当下，高校的管理人员集中精力搞教育，为学生成才创造了宽松的环境，这是党的教育方针在高等教育领域的具体表现。要实现目标，其根本也在于有制度作为导向。并且为了有效弥补改革给学生管理带来的不便，依然要靠制度来制约。所以说，高校学生管理制度对学生发展具有导向功能。

（三）高校学生管理制度对于高校学生的服务功能

高校学生管理工作的主要功能是服务，高校学生管理制度的建设则无疑要为学生在校的学习生活做好服务工作。高校学生管理制度侧重于为学生的成长和成才创设良好的氛围，提供保障和支持，以促进学生在社会、职业、情感、道德以及精神等方面的发展，从而完成直接服务于高校培养人才的使命。高校学生管理制度规范、指导、服务于大学生学习和生活的方方面面：设立导师制度，明确导师的职责是指导学生的大学学习理念和方法，服务于学生学习需要，配合班主任开展学生工作；设立学生党建工作制度，按照党章的指导，联系实际细化党支部活动的内容和形式，制定预备党员培训措施，完善学生新党员培养、审查和批准程序；设立班级管理制度，组织制定新生年级的班级公约、文明规范、综合测评规定、班级干部职责规定、寝室公约等管理规定，从制度上保障良好班风的形成等。

高校学生管理制度不仅为大学生成长成才提供了制度层面的保障，同时在维护学生权益等方面有着不可忽视的作用，为其身心健康发展提供了必不可少的支持。在高校学生管理制度的设计中，在兼顾以"以人为本"为引导与充分发展和尊重大学生个性发展的同时，也要增强学生管理的弹性和柔性：尊重学生的个性发展；给予学生自主学习的权利；给予学生选择教师、专业和学习方式等各方面的自由，尽可能满足学生个性化和多样化学习的需要。用制度的方式推动服务行为，引导学生自觉地沿着信仰、理想、审美的方向前行，真正做到服务学生，使学生能够自我管理，从而提高管理效率。

（四）高校学生管理制度的思想政治教育功能

自《普通高等学校学生管理规定》发布以来，在高校的学生管理工作中，将高校学生管理制度的构建和完善应用到高校学生管理工作和思想政治教育工作之中，教育者运用制度的法制约束力，并通过思想政治教育晓之以理，通过学生管理引导和规范学生的行为，充分体现了高校学生管理制度的重要作用。在高校学生管理制度的保障下，思想政治教育才得以卓有成效；在思想政治教育的影响下，高校学生管理制度才切实发挥作用，使学生管理工作立竿见影。可见，高校学生管理制度和大学生思想政治教育是相辅相成的辩证关系，两者的协调发展保证了高校培养目标得以实现。

不断完善高校学生管理制度，有助于夯实高校思想政治教育基础。健全高校学生管理制度，有助于提高高校学生管理工作的效率，为思想政治教育的顺利开展提供了保障。在我们的社会主义大学里，用马列主义、毛泽东思想、邓小平理论指导的思想政治教育无疑处于学校各项工作的主导地位，要是思想政治教育能够行之有效，必须与多种教育方法相结合，其中通过建立、健全规章制度，坚持学生管理是开展思想政治教育的重要途径。高校应严格遵循《普通高等学校学生管理规定》，结合自身实际情况制定相关的管理制度，对学生进行有效的管理，维护和稳定学校教育教学秩序，并促进思想政治教育工作的开展。高校学生管理制度建设的目的并非为了限制学生的发展，恰恰相反，而是通过制度的手段，指导、帮助学生的学习和成长，督导学生努力学习奋发向上。由此可见，高校学生管理制度有力的促进了学生身心的健康发展，激励了学生早日成长、成才。教育工作者应当引领学生学习学校的各项规章制度，从而为思想政治教育工作的开展打下良好的思想基础。

（五）高校学生管理制度对于依法治校的促进功能

高校学生管理只有通过法治化的形式，实现人文与法治的建构和对接，转换为一种规范化、制度化、程序化的法律保障，才能真正保护学生的合法权益，实现其教育功能。

根据《中华人民共和国高等教育法》的规定，高等学校具有法人资格，在民事活动中依法享有民事权利，承担民事责任。因此，高等学校一方面要明确自己的法人地位，懂法守法，依法办事，用法律保护学校权益；另一方面也要积极实行民主化、法制化的管理。管理具有一定程度的强制性特点，因此必须以高校学生管理制度为方法，对学生进行严格管理，才能使学生自觉服从学校管理，例如学生中的旷课、考试作弊、打架斗殴等不良行为，无论多么深刻的思想教育，都会有极少数学生漠视校纪校规，屡教不改，这些学生在学生群体中形成了不良的影响，损害群体利益。因此，思想教育不是万能的，必须辅以严格规定管理学生，而管理制度是有形的教育方式。近年来，我国高等教育法制建设的步伐明显加快，作为高等教育法律体系重要补充的高校学生管理制度，必然需要适时作出调整，以便与国家法律、法规和行政规章制度的"立、改、废"保持一致，以此保证与法律体系的协调统一性，改善高校的法制环境，保证法律、法规和行政规章在高校的贯彻实施。所以，要真正实现依法治校，必须加强高校管理的制度建设，建立一个统一协调、体现法治精神的规章制度体系。

三、高校学生管理制度的原则

高校学生管理制度并不是一成不变的，在其发展过程中需要遵循一定的原则来指导和完善制度，使其适应于高校学生管理工作并真正为高校学生管理工作服务。在把握高校学生管理制度概念和内涵的基础上，认为在高校学生管理制度的构建、改革和实施过程中应遵循以下原则。

（一）坚持以学生为本的原则

学生是学校的主体，以学生为本是高校学生管理制度的核心原则，强调在高校学生管理制度的构建和实施中要始终把学生的利益诉求放在第一位，要在规章条款和奖惩措施等方面细致入微地为学生考虑，能够通过高校学生管理制度的规定和实施切实地解决学生所遇到的具体问题和困难，能够与高校学生管理工作相结合，起到人文关怀的作用。以学生为本的原则强调学生的主体性地位，主张通过制度激励广大学生参与到学生管理工作中来，让自我管理成为管理的前提。高校管理制度的制订要充分征求学生的意见，考虑学生的需求，从而体现"以学生为本"的管理原则。现阶段我们正处在改革开放的重要时期，这是一个矛盾和机遇并存的时期。

高校中时刻存在一些不安定因素，比如后勤服务、安全问题、心理教育等各方面问题。管理中的薄弱环节也增加了工作的难度，部分高校由于后勤管理服务不到位、办学不规范等问题导致学生突发事件有逐渐增长的趋势。日益增多的学生出现心理问题，而学生的安全稳定与否势必会影响到学校的教学秩序。因此，学生的安全、纪律和心理教育作为高校管理工作的重头戏摆到了议事日程上来。这些都需要从事学生管理工作的领导、辅导员、教师、后勤服务人员等在制定管理制度中，充分考虑到学生的实际情况，让学生们参与到制订规章制度工作中来；学生也要熟悉这些制度的制订过程，尤其是要熟悉突发事故的应急处理程序。学生的安全法规意识得到提高，就会有备无患。只有做到为学生着想，才能成为一名合格的学校管理工作者。遵循以学生为本的原则，通过高校学生管理制度营造一个平等、宽松、和谐有序的氛围，让学生管理工作真正做到能够为广大学子排忧解难。

（二）坚持公平公正的原则

正义和公正是制度人本性诉求的核心价值，是高校学生管理制度所必须坚持的原则。高校学生管理制度的建设，不仅关系到高校学生管理工作的开展，更关系到高校学生的切身利益，它不仅制约着学生在学习和生活中的各项行为活动，更是学生维护自身权益的基本手段。高校创建学生管理制度的目的之一，是为了维护国家、学校、家庭、大学生个人乃至具体到用人单位的根本利益，完成教育任务，实现教育理想，所以高校学生管理制度的设计应当体现对以上几方权利、义务和责任的合理分配与承担，遵守或违背公平公正原则的行为，应当在制度中予以肯定或者否定，予以认可或追究。换言之，制度中的所有规定，都应当做到"合情、合理与合法"。

制度公正可以规定为"以权利与义务为核心的人们之间的相互关系在现时代的合理状态，是公民在平等基础之上的权利、义务、责任的统一"，这是制度建设的核心问题。如果制度环境公正，就会使学生心悦诚服，相反，制度构建和实施中不公正，就会使秩序动荡，不能为学生营造一个和谐的环境。比如有的高校对学生干部规定，根据学生工作职务的高低会在德育测评中予以加分，学生干部只能说明学生在学生集体中的角色，并不能说明其道德的好或坏，这是一种"官本位"思想，对普通学生是不公平的；再如有的高校对考试违纪或作弊的学生，剥夺其重修的权利。高校学生管理制度的制定和实施过程中，必须坚持公平公正原则，保证学生的权利，发挥制度的实际功能。只有让学生感受到学生管理制度的公正性、正义性，并认同管理制度，才能将学生的行为引导到正确的轨道上来，真正让高校学生管理制度的制定有意义。

（三）坚持依法治校的原则

高校在制定学生管理制度时，要以制度的合法性为前提。高校在行使管理权、惩戒权时应当严格遵守以法律为准绳、以事实为根据的原则。高校学生管理制度是高校为了维护正常的生活和学习秩序，依据国家的法律法规政策，对在校学生制定的一种具有约束力的，要求所涉人员必须共同遵守的事务文书。根据《中华人民共和国教育法》和《中华人民共和国高等教育法》的规定，高校有权制定本校的内部管理规章制度，但是在制定制度时，不能逾越法律的规范，要把握法律的原则和精神，若与相关法律产生矛盾冲突，势必导致高校管理学生的行为欠缺法律依据，学生管理工作过于随意，不利于教育目标的实现。高校学生管理工作必须将法制原则融入到对学生的各项管理之中。高校学生管理制度的合理性直接影响到校园的和谐，如果学生管理制度过于宽松，就不利于良好风气的形成，不能体现校园的和谐；如果过于严格，义务性或禁止性规范强调过多，过分的对学生管制和约束，必然会压抑学生的自主性，从而淡化学生的基本权利。因此，高等学校制定的管理制度只有在法律的规范内，并且不与法治精神相矛盾的前提下，才能在制度的实行中，使其真正为高校学生管理工作所服务，提高管理的效率，减轻管理的负担。

（四）坚持激励、约束相结合的原则

对学生的教育管理应当坚持以激励为主、处罚为辅，不仅要对学生行为进行制约，更要对学生的思想加以引导，坚持鼓励与约束相结合，充分发挥高校学生管理制度的功能，促进高校和谐发展。和谐校园的构建需要学生自主意识的觉醒，从这方面来说，高校学生管理制度建设应该以调动和激发学生的积极性为立足点，充分肯定大学生在个性发展中的主体地位，在通过制度约束保证其身心和谐、发展等不受损害的前提下，引导大学生进行自我教育、自我服务和自我管理。高校在建立和健全制度时，应力使制度成为学生行为的根据，充分发挥制度管理的鼓励导向作用，实现学生从被动接受到主动自我教育、管理和服务的转变，这是构建和谐校园的学生管理工作的理想目标。高校学生管理制度是学生参与到大学生活中的保障，也是最起码的制度约束，合理的制度在对学生行为起到约束的同时，更能使学生在思想上认同和拥护制度的精神，这就要求高校管理者对不良行为和现象制定约束措施时一定要尽量防范，不要遗漏问题点，同时对问题点要分清轻重和处理权限，对危害集体的行为一定要态度鲜明、措施明确，要给予相应的处罚，起到教育警示作用，约束大学生行为，保障大学生生活学习秩序；同时也要相信大学生、爱护大学生、鼓舞大学生，激励大学生争优创先、奋发向上，特别是要鼓励大学生进行自我教育、自我管理、自我监督、自我服务、自我发展。高校学生管理制度在遵循约束与激励相结合原则时，要注意结合校情，高低要适当，目标过高容易挫伤大学生进取的信心，目标过低，则失去激励的意义。

（五）坚持民主化、程序化的原则

坚持民主化、程序化原则来创建高校学生管理制度不仅是现代民主政治发展的时代要求，也是实现高校人性化、法治化管理目标的要求。高校管理者应动员更多的师生参与到制度建设中去，用公开透明、少数服从多数的管理方式决定管理目标与要求，能够使制度深入人心，得到大家更好地理解、认同与执行。无论是条款的提出、讨论、表决、通过还是公布，都要遵守民主的原则，因为民主参与和信息公开是促进学生自觉遵守校规的最好方法。在制定学生管理制度的过程中，要允许学生参与制定过程，充分体现学生意见和建议；在校规校纪的内容上，应当制定明确、操作性强的条款，如学生评优程序等。

在制定学生管理规章制度的过程中，往往都是由学校单方面制定，导致管理者和被管理者的权利和义务设定严重失衡，尽管在法律上，学生没有参与校规校纪制定的权利，但从民主管理的角度出发，应当让学生参与讨论制定与学生生活密切相关的校规校纪，这样可以使学生意见和建议通过正当途径得以表达，在制度实施的过程中，得到学生的支持，减少实施的阻力，提高学生遵守校规校纪的自觉性。高校学生管理制度程序化要求严格依照"调研、起草、清理、论证、修改、审议、公示、通过、备案、公布"等程序进行制度建设，确保制度的完善与科学。在依法治校的前提下，高校拥有在其特定职能范围内自主管理、自定规章的权利。但同时，在构建高校学生管理制度的过程中，学校必须坚持并维护这些程序的公正实施，这样才能保障高校学生管理制度的实效性。例如，有些高校规定一些模糊的条款，而这些条款将高校置于支配地位，迫使学生处于从属地位，增加了惩戒权行使的不可预测性，使学生无规律可循。在制度构建中没有遵循民主化和程序化原则，学生无法预测违反校规所要承担的后果。因此，要维护高校学生管理秩序，制度的规定应当尽可能科学、具体，并且增强适用性。

第三节 高校大学生管理制度存在的问题

一、管理程序不规范或缺位

高校在法律层面究竟是怎样的角色，看似简单的问题却难以回答，这也直接导致高校在进行学生管理实施过程中处在尴尬的地位。高校本身不是法律制度的仲裁部门，本身不具备法律处分权力。高校遵循和制定的学生管理制度应该属于行政管理的范畴，但是在当今政治体制改革呼声很高的情况下，高校的去行政化呼声也很强烈。在这样模糊混乱的高校定位条件下，高校在学生管理过程中开出的"罚单"究竟具有多强的效力成为人们质疑的问题。这主要集中在管理权限不清晰、管理程序不规范,从而引发学生与学校管理之间的纠纷,甚至最终运用法律手段得以解决的案例,而往往以学校败诉为结果,其原因就在于学校管理执行上由于程序不合法缺乏法律效力。

二、管理交叉或管理缺失

由于当前我国高校学生管理制度仍然处于建设阶段,在很多方面还存在不健全的地方,导致的后果就是缺乏有效合理的指导。在具体管理过程中人们往往依据自己的主观判断来断定这件事情是否在自己的职权范围内,这主要是由权限不明造成的。每个部门的工作人员都有自己的权限要求,在程序管理、程序执行的具体操作中,往往容易产生合作不力即各管理部门之间的职权范围不明确,在当前学生问题向着复杂性和综合性发展的趋势下,单独依靠某一部门已经很难彻底解决学生的实际问题,但实际上相关部门联动运作的少,互相推诿的多,未能从根本上达到服务学生的宗旨。这主要是学校学生管理工作缺乏统一的组织协调,缺乏借鉴管理学上的组织经验,各部门缺乏对学生管理的工作交流。

三、重管轻教影响学生人格培养和全面发展

长期以来我国教育理念集中在严抓严管,从严治教的管理理念当中,对学生的个性化发展缺乏关注,对学生的引导性教育也缺乏理论支持,所以学生长期在一种高强度的环境下被管理,也造成了一提到"管理"就有不好的印象的现状。这种重管理轻教育的管理模式是由历史上我国教育管理理念的缺失和落后造成的。在传统教育理念中,往往以严厉的管教作为教育的主要理念,认为只有严格要求才能真正的学到知识,记住应该遵守的学习法则。但这种灌输式的传统教育理念已经不适合当今社会的时代发展,而在我国教育管理工作中还存有部分残余,这种残余的表现形式不是明显的表露出来,而是在改革和向现代教育理念变化的过程中,由于原有教育理念的根深蒂固和新教育理念实行初期的不适应导致残余传统理念的流露。表现为在制度实施过程中,主要依靠制度规定中关于作某件事情的处罚措施加以管理,而不是通过制度保障,让学生在发生问题之前或之初,通过心理疏导等方式对其进行问题干预,做到及时纠正和及时教育。

四、缺乏完善的制度实施监督评价激励机制

制度实施的结果是通过完善的监督、评价、激励机制来实现的。制度实施状

况分析是一个动态的监控过程，只有在实施的过程中动态的进行监督，才能在第一时间发现问题并作出判断。监督作为较为被动的制度实施保障措施，目的在于尽量不出现问题或是在出现问题之时进行解决，主动的制度实施保障措施旨在调动制度实施的参与者，引导他们向着正确的制度实施方向发展。主动式制度实施保障措施包括制度实施评价和制度实施激励。制度实施评价是阶段性的对制度实施的方式、方法、效果进行综合评估评判。国家中长期教育改革和发展规划纲要中指出，要完善督导制度和监督问责机制，强化对政府落实教育法律法规和政策情况的督导检查。建立督导检查结果公告制度和限期整改制度。

第四节 完善大学生管理制度的主要对策

一、高校大学生管理制度完善的理念选择

高校学生管理服务于高校学生人才培养目标，只有清晰要培养什么样的人，才能明确怎样培养人。它与国家政治经济大环境息息相关。建国初期，为巩固社会主义制度，中央提出坚决贯彻执行："教育为无产阶级政治服务、教育与生产劳动相结合和百花齐放、百家争鸣的方针。"明确高校的学生培养首先要强化学生的政治素质。

1961年，出台《教育部直属高等学校暂行工作条例（草案）》，第一次正式提出要在高校设置政治辅导员，同时指出高校学生管理的主要任务是负责学生的政治思想教育工作，高校学生管理队伍要"当好学生的政治领路人"。那时的高校学生管理以政治引导为行动指南，高校学生管理制度的制定与实施要服务于学生政治素质的培养。20世纪90年代，高校毕业生分配制度发生了改变，部分地区由国家"包分配""包学费"转向"供需见面、双向选择"，并逐步建立了人才市场，方便高校毕业学生自主择业。

2000年教育部提出高校毕业生就业采用"不包分配、竞争上岗、择优录用"的机制，停止使用《全国普通高等学校毕业生就业派遣报到证》和《全国毕业研究生就业派遣报到证》，开始使用《全国普通高等学校本专科毕业生就业报到证》和《全国毕业研究生就业报到证》。"市场需要什么样的人，我们就培养什么样的人。"这是很长一段时间高校的人才培养目标。相应的，高校学生管理的理念也逐步发生了变化，关注学生个体能力的培养，关注学生成长。特别是2005

年，教育部出台新的《普通高校学生管理规定》，取消了一些违反国家相关法律，侵犯学生权益的条款，使高校学生管理制度日趋科学、合理。

2006年，党的十六届三中全会提出"坚持以人为本，树立全面、协调、可持续的发展观，促进经济社会和人的全面发展"，落实到高校学生管理工作上，就是要尊重教育规律，树立以学生为本位的管理理念，了解学生个体成长需求，助力学生成长。这是新时期对高校学生管理工作提出的新思路，也是最科学的高校学生管理理念。

马克思曾说过："每个人的自由发展是一切人自由发展的条件。""以人为本"的科学思想正是源于马克思主义中人的自由全面发展的理论，它是科学发展观的核心，是中国共产党人坚持全心全意为人民服务的党的根本宗旨的体现，它是科学的、必须坚持和贯彻的指导思想，以人的发展为本位。而教育的主体是人，教育的目的是培养、发展人。马克思认为教育首先是对"真正人"的培养，而不是单纯的"劳动力"，《世界人权宣言》第26条在阐述教育目的时这样说："教育的目的在于充分发展人的个性并加强对人权和基本自由的尊重。"这都与"以人为本"的科学思想不谋而合。实践证明，"以人为本"的高校学生管理理念是顺应时代发展要求、符合高校学生人才培养目标、推动学生成长成才的科学思想。高校学生管理工作要树立"以人为本"的管理理念，高校学生管理制度的完善也应在"以人为本"科学思想的指导下开展工作。

二、高校大学生管理制度完善的实现路径

所谓政策执行是指政策执行者通过建立组织机构，运用各种政治资源，采取解释、宣传、实验、协调与控制等各种行动，将政策观念的内容转化为实际效果，从而实现既定的政策目标的活动过程，这是一种动态的过程。而高校学生管理制度作为国家用来规范高校学生行为的准则，它的完善过程也必然是一个动态的执行过程，并且是一个自上而下执行的过程。普瑞斯曼和威戴夫斯基指出："像实施这样的动词必须跟一个像政策这样的宾语。""政策实施是一个自上而下的过程，上级制定政策，指明需要解决的问题，规定必须达成的目标。"而下级在接到上级指令之后，付诸行动。因此，探讨一项政策的可操作性或者一项政策完善的执行路径能够有效的保障制度的推进。本节着重就高校学生管理制度完善的实施路径进行探究，以高校学生管理制度的参与主体为线索，根据它们在高校学生管理制度完善过程中所扮演的角色、承担的任务进行具体分析。

(一) 国家主导

探究国家在高校学生管理制度完善中的地位，首先应明确国家与高校的关系。《中国教育改革和发展纲要》规定："我国实行的是以中央统一的宏观管理和地方分权的具体管理相结合，以地方政府管理为主的教育管理体制。"明确说明我国高校由国家政府进行管理。虽然按照出资方性质，高校可分为公立高校和私立高校。但我国的公立高校是国家的事业单位，国家政府依法对高校实施管理。私立高校是国家私学观的外化和具象，是国家依法行使教育公权的活动，同样由国家政府进行宏观管理。因此，高校学生管理制度作为规范高校学生行为的规范性文件，理应由国家进行主导。

《中国教育改革和发展纲要》（2010—2020 年）指出："教育要发展，根本靠改革。要以体制机制改革为重点，鼓励地方和学校大胆探索和试验，加快重要领域和关键环节改革步伐。"因此，在高校学生管理制度的完善上，针对高校现行管理制度上的完善，国家政府就应身先士卒，做好表率。首先，政策制定要依照相关法律法规制定规章制度，切忌与法律相抵触、相违背。其次，政策制定要秉承"以人为本"的高校学生管理理念，了解新时期学生成长变化，使政策的制定更加科学化、人性化。最后，政策制定要抓大放小，要抓主要矛盾及矛盾的主要方面，不能事无巨细的对所有学生管理事项统一规定，要明确各高校之间存在差异，给予高校一定的管理自主权。明确了这几点，高校学生管理制度的完善才能在顶层设计上做到合法、科学、人性、适度。

(二) 高校推进

高等学校泛指对公民进行高等教育的学校，与大学词义相近；大学是指综合性的提供教学和研究条件和授权颁发学位的高等教育机构。从字义可以看出，高校的主要职责是对学生进行高等教育。但《普通高等学校学生管理规定》（2005年）明确指出："高等学校要以培养人才为中心，按照国家教育方针，遵循教育规律，不断提高教育质量；要依法治校，从严管理，健全和完善管理制度，规范管理行为；要将管理与加强教育相结合，不断提高管理水平，努力培养社会主义合格建设者和可靠接班人。"明确高校有责任对学生的行为进行规范，实施管理。此外，《普通高等学校学生管理规定》（2005年）附则第十八条指出："高等学校应当根据本规定制定或修改学校的学生管理规定，报主管教育行政部门备案（中央部委属校同时抄报所在地省级教育行政部门），并及时向学生公布。"明确高校在学生管理制度完善中的地位，各高校要在国家政府的主导下修正学生管理制度，并推进其发展。

高校推进学生管理制度的完善要做到：了解国家政策的内在含义，结合学校实际，制定适宜本校学生管理的高校学生管理制度；深入贯彻"以人为本"的高校学生管理理念，紧跟时代步伐，尊重教育规律，了解学生诉求，制定服务学生发展的高校学生管理制度；要细化学生管理规定，确保学生管理制度的执行有法可依，有章可循；在执行过程中，要严格执行高校学生管理制度，在管理方式上要注意工作方法，培养高水平的高校学生管理队伍，实施科学化管理。

（三）学生参与

《中国教育改革和发展纲要》（2010—2020年）要求："要以学生为主体，以教师为主导，充分发挥学生的主动性，把促进学生健康成长作为学校一切工作的出发点和落脚点。"按照《中国教育改革和发展纲要》的精神，学生是高校教育的主体，是学校一切工作的出发点和落脚点。高校学生管理制度作为高校学生的行为准则是以规范学生的行为为主要目的，学生是高校学生管理制度的对象，是主体，因此学生的参与是高校学生管理制度完善的必要条件。

学生的参与不仅指出高校学生管理制度主体是学生，要求学生要自觉的遵守高校学生管理制度的相关规定，并且要求学生针对高校学生管理制度的制定、执行和反馈提出建设性的意见，辅助高校学生管理制度的完善。首先，在政策制定的环节，学生是高校学生管理制度实施的对象，要秉承"以人为本"的高校学生管理理念，就要开展科学的调研，了解新时期大学生的教育背景、成长规律、发展特点、思想状况、心理状态及行为特点，制定出科学可行的高校学生管理制度。其次，在高校学生管理制度的执行环节，学生是制度的具体参与者，高校学生管理制度要对学生的行为进行规范，还要教育学生自觉的遵守制度的相关规定，鼓励学生自我管理。最后，在高校学生管理制度的反馈环节，要畅通反馈渠道，鼓励学生对管理制度的各方面进行评价，提出有建设性的建议，进一步完善高校学生管理制度。

（四）社会支持

高校学生管理工作是一项系统而复杂的工程，高校培养学生的目的是为了将学生推向社会，培养出德智体美劳全面发展的中国特色社会主义事业的合格建设者和接班人。社会是高校学生就业的出口。随着市场经济的深化改革，专业分类日益细致，市场对高校学生的要求也随之提高。这对高校的管理模式、管理方法提出了新的要求。因此，社会的需求是高校学生管理的方向。此外，高校学生管理有没有违背相关法律法规的规定，有没有损害学生的合法权益，有没有科学的开展工作都需要在社会的监督下实施，有了第三方的监督，制度的制定和执行才能更有保障。因此，高校学生管理制度的完善需要社会的支持。

第四章 大学生管理模式的多样化发展

高校学生管理涉及大学生的方方面面,包括大学生的思想、心理、身体、学习、生活等诸多方面,对学生知识的摄取、品格陶冶、个性发展有着深刻的影响。但是,随着近年来高校的扩招、教学管理模式的改革、学生公寓管理的社会化等一系列高校改革政策的实施,一方面使大学生的思想行为等发生一系列的变化;另一方面给高校的学生管理工作也带来了新的挑战。因此,探索适应新时期、新挑战的高校学生管理模式成为必然。

第一节 高校学生人格化管理模式

综合各国对于新时期人才的要求,我们可以发现,现代的人才需要更多的能力和素质,肩负了更多的使命。例如,要具有良好的社会责任感,要树立明确可行的生活目标,要具有学习能力和创新能力,要具有不断适应时代需求的能力等。上述一系列能力的培养都需要一种现代的、注重学生内涵培养的管理模式。人格化的管理模式注重对大学生内涵的培养,巩固、发扬已形成的良好的内涵,革除不好的甚至是劣质的品质,开创新的精神,这对于大学生的成长、对于大学文化的繁荣都有重要意义。

一、人格化管理模式的内涵

所谓人格化管理就是在管理过程中充分注意人性要素,以充分挖掘人的潜能为己任的管理模式。

人格化管理是一种"以人为本"的管理方法,就是从管理的指导思想到具体的管理原则和方法,都是从人出发,以人为核心的管理:它的实质在于充分尊重和理解被管理者的个性和创造才能,充分调动他们的主动性、积极性和创造性,并使其更好地投入到工作中去,更有效地实现组织目的。至于其具体内容,可以包含很多要素，如对人的尊重、充分地激励、给人提供各种成长与发展机会。

同一所大学的学生往往有着一定的共性。例如，清华大学的学生务实严谨、北京大学的学生浪漫民主，很多大学的学生因其大学的底蕴等方面的不同，形成了不同的"学校人格化"。同一班的学生也会有一定的共性，呈现出各个班级不同的风貌，形成不同的"班级人格化"。这种状况也出现在大学宿舍里，形成"宿舍人格化"。大学校园还存在其他很多方面的人格化，这些"人格"都是从心理学角度定义的，指的是这一类人的内涵。这一系列的人格化与大学生能否顺利步入社会，积极参与竞争，收获事业、生活有很大关系。

二、"学校人格化"管理的实施

"学校人格化"的管理工作要从以下几个方面实施。

（1）强化规章制度的管理。

（2）确保良好的学习环境和学习氛围。

（3）形成良好的精神风貌。

"学校人格化"管理属于学生管理的高级层面，掌握着整体的动态，起着统筹、规划、指导的宏观作用。这类管理要从领导层面出发，在学校的基础设施、师资力量、学术建设等方面投入更多的人力、物力、财力。制订相关的工作计划，树立长远目标，要务实求真，不可急功近利，只图表面功夫。

三、班级、宿舍人格化的实施

班级、宿舍作为学校管理的基层单位，起着非常重要的基础作用。基层人格化要从以下三个方面努力。

（一）个别学生发挥人格力量

在一个班级中，总会有在领导方面有突出能力的学生，这些学生的人格力量影响着"班级人格化"。个别学生人格力量的发挥会引导、带动其他学生，对"班级人格化"起到调动作用。但个别学生的人格力量又有积极、消极之分，积极的人格力量会对班级和其他学生起积极作用；反之，会带来消极的影响。因此，学生人格力量的发挥需要辅导员的控制，辅导员要把握尺度，引导、鼓励积极人格力量的传播，化解消极人格带来的不良影响。

（二）教师、辅导员等教育工作者发挥人格魅力

对学生尤其是新生而言，教师、辅导员等教育工作者代表了权威，在他们心

中形成了一种特殊的地位。学生对他们崇拜的教师、辅导员会特别地尊敬并存在模仿的现象。辅导员是"班级人格化"管理的组织者、策划者、调控者和实施者,教师则是管理最主要的辅助者,这两者在"班级人格化"管理中发挥着重要作用。因此,辅导员要树立良好的工作态度、生活态度和办事作风,以便更好地感染学生;教师要有严谨的治学态度,感染学生树立良好的学习态度和工作态度。教师和辅导员要给学生树立榜样,促使"班级人格化"向良好的方向发展。

(三)"宿舍人格化"管理要注重细节

辅导员要选那些热心、负责任、宽容大度、积极为同学办事的学生担任宿舍长,用他们的能力管理宿舍,用他们的行动感染宿舍的其他学生;还要建立良好的宿舍环境,搞好宿舍卫生,形成和谐的舍友关系,创建多彩的宿舍文化等。"宿舍人格化"的形成为其他方面的人格化奠定基础,为学生的生活创造良好环境。

第二节 高校学生社区化管理模式

随着高校社会化改革的不断深入,高校学生社区化管理也应加强重视。学生社区应该成为培养德、智、体全面发展的"四有"人才及"管理育人、服务育人"的重要阵地,应该是影响大学生成长、成才的重要环境和学校精神文明建设的窗口。因此,高校学生社区化管理应该成为高校改革的重点,有些传统的管理模式已不能适应高校的发展,学生社区化管理势在必行。从高校社区化管理的发展方向来看,不断完善学生社区的教育管理机制,积极探索学生社区管理的新思路、新办法,建立与传统的班级管理模式差距较大的新型大学生社区管理模式是今后发展的方向。

一、高校学生社区化管理产生的背景及科学内涵

(一)高校学生社区化管理产生的背景

1. 适应学生群体特征

加强和深化高校思想政治工作,需要一种更切合实际、具有实效的教育管理新模式。高校学生思想政治工作者,必须根据变化了的情况,及时调整工作思路,作出应对之策。面对高等教育的日趋现代化和国际化,特别是教育教学改革的不断深化,高校改革向纵深发展的新形势,高校学生社区管理如何坚持社会主

义办学方向，如何坚持姓"教"的宗旨不动摇，是一个值得认真研究和探索的重大实践课题。近年来，很多高校在开展党建与思想政治工作以及日常教育管理工作方面，与时俱进，不断创新，探索出了一条符合形势发展要求和高校实际的学生教育管理新路子，即高校学生社区化管理。高校学生社区化管理是加强和深化新时期高校学生思想政治工作的需要。

2. 中国高等教育现代化和国际化发展趋势需要一种符合高校学生教育管理的新模式

为了克服高校持续扩招带来的后勤设施不足，中国高校借助国外发达国家高校后勤社会化的管理体制，或引进社会资金，或集资联建，或贷款与集资相结合，大力兴建学生公寓，并推行了后勤社会化管理，较稳定、快速地解决了学生的住宿、餐饮、娱乐等一系列学习、生活、文化活动设施存在的经费短缺的问题。但后勤社会化却带来了高校管理的"二元化"问题，即对学生的学习实行的是与西方高校不同的传统教学行政管理，而对大学生的生活却推行了类似西方大学的社会化管理，在教学计划行政管理与社会化管理事实上存在着"两个体系"。高校学生工作面临的挑战是：怎样将"行政管理"与"社会化管理"两个体系合二为一，从而达到对学生人格教育的统一。在这种新情况下，高校实行社区化管理势在必行。

3. 中国高等教育改革和发展不断深化需要改革传统管理模式

面对高等教育的改革和发展的现实情况，尤其是高校学分制改革的逐步深化，传统的班级概念趋于淡化，以班级作为思想政治教育基本组织形式和主要工作渠道的情况正在改变，社区越来越成为大学生学习、生活的重要场所。同时，随着高校后勤服务社会化步伐的加快，学生社区的环境氛围、社区的文化设施和社区管理服务的质量如何，以及社区管理模式怎样，这些都对传统的高校学生工作提出了新的问题。因此，高校社区化管理被提上了议事日程。高校学生社区化管理是适应高等教育改革与发展的时代要求的。

（二）高校学生社区的科学内涵

随着我国高校改革的进一步深入，以寝室为单位的学生社区的地位日益突出。学生社区是社区概念在学校管理中的反映，学生社区是大学生在校学习、生活、休息的基本活动场所。社会学研究表明，社区是一种地域上的存在，同时，"它的实质是人的聚居与互动"。就第一层意思而言，社区的特点是居民的共同居住；第二层意思则表明社区具有文化功能。学生社区也是一个社区，就一所高校而言，它指这所高校的所有寝室和周边环境（学生公寓）以及这种环境所能达到的最大的育人功能。

与社区概念相对应，这一概念也包含两个内容，一个内容是指区域环境，另一个内容是指文化功能。区域环境即是指：一方面，学生社区是校园的区域组成之一，是校园内的地理分区，是学生的居住区；另一方面，学生社区也是学校的一个重要管理区，就社会组成结构来讲，它是组成学校管理的结构之一，学校与学区存在某种程度上的隶属关系。不过，在完全学分制实施的背景下，学生群体间专业、班级甚至年级的界限日益模糊，作为学生的居住区其地位也应随之上升，以满足学生以居民身份与学校以及相关社会机构进行实质性对话的要求。文化功能更多地表现为社区人文环境与居民生活的相生相融，成为社区居民接受文化教育的主要阵地。学生社区在文化功能上还要承担更多的责任，要确保"文化为了教育，教育为了学生"，它具有更加鲜明的目标和内容指向。

高校学生社区的主要功能，就是要使学区成为高校德育工作的一个有效的有机环节。它承担的主要任务是为未来社会培养合格的社会公民，从社区角度出发，即要培养适应社区生活，与社区和谐相处的居民。一个社会的现代化归根结底是人的现代化，是人的意识和人的才能的现代化。社区作为社会构成的单元部分，它的现代化更离不开其居民即社区成员意识的现代化。因此，培养具有社会意识的现代人必然成为现代教育的任务之一。学生社区作为社区的特殊形态，同样要求其居民（学生为主体）以社区理念处理社区事务。从这一角度来讲，学生社区承担向居住期间的不同年龄、不同性别、不同生源、不同专业的学生灌输现代社区意识，将其培养成为积极参与社区事物、能适应并完善未来居住环境的合格居民的任务。因此，学生社区更像一个准社区，就如同学校向各行业输送人才一样，它负责向未来的社区输送高层次的居民。

由此可见，区别于城市一般社区和农村社区，学生社区是附属于学校的，由定期流动的学生和相关管理人员组成的，在具备相应的物质功能同时，还应形成其相应的育人功能的一类特殊形态的社区。它不单有显而易见的区域含义，同时也具有育人的功能，即通过整个学生社区成员（主要指学生）的积极参与和依靠学生社区的创新精神来完成其育人功能。同社区一样，"学生社区"一词也有一种温暖的劝说性的意味，它是一种情感力量，让学生具有对物质环境的归属感。在同一学区里，不同学生的关系建立在相互依存和互惠的基础之上，这种互惠和相互依存是自愿的、理性的，是通过自主参与实现的。学生参与是学区存在的反映，只有通过学生的参与才能使学生的多样性以及他们归属学区的不同方式具体表现出来。

（三）国内高校学生社区的分类

从1999年高校的扩招，到2001年开始在全国各地迅猛发展的大学城，大学生社区目前在我国已普遍存在。就现存的全国各地大学生社区的现状来看，目前主要存在三类管理模式的大学生社区。

1. 跨省（市）的大学城社区

这类学生社区的特点是规模大，入区的学校多。从入区大学所在的省（市）来划分，既包括大学城所在地的大学，也包括外省（市）的大学；从入区大学的性质来划分，既包括理工大学，也包括综合性大学和专门大学；从入区的学校层次来划分，既包括研究型的本科大学，也包括专科学校和职业技术学院。这类大学城社区管理体系有待加强。

2. 同省（市）的大学城社区

这类大学城社区的特点是规模较大，入区的高校多的有数十所，少的也有几所到十几所，入区的大学属于本省（市）的大学。如重庆市的虎溪大学城，其入住的学校就有重庆大学、重庆医科大学、重庆师范大学、四川美术学院以及重庆科技学院等11所高校；上海市的松江大学城，入住的有复旦大学影视学院、东华大学、上海外国语大学、上海工程技术大学、上海对外贸易大学、华东政法学院以及立信会计学院等7所高校；广州市的广州大学城有中山大学、华南理工大、华南师大、广东工业大学、广州美院、星海音乐学院、广州大学、广州外国语学院、广州中医药大学以及广东药学院等10余所高校；南京市的仙林大学城有南京师范大学、南京中医药大学、南京财经大学、南京邮电大学以及南京森林公安高等专科学校等10余所学校；武汉市的黄家湖大学城也是一个规划占地约40平方千米，规模达到20万学生的大学城。

3. 由一所具有一定规模的大学构建的学生公寓式社区

这类学生社区的特点是，在原学生宿舍区的基础上，进行管理模式上的改革，即对原有计划经济条件下的学生宿舍式管理模式，实行后勤社会化改革，实现社区式管理；随着学校规模的扩大，对新建的学生宿舍实行社区化的管理。这类由单个学校构成的公寓式学生社区目前全国也不少。以重庆为例,重庆交通大学、重庆邮电大学、重庆工商大学等,其学生公寓式社区即是这类社区。

二、高校学生社区化管理的现状

（一）高校学生社区化管理面临的机遇和挑战

全面实施学生社区化管理已经迈出了我国高校学生思想政治工作中具有代表意义的一步。在国内,各高校先后进行的各种形式的理论研讨和实践探索,解决了部分理论和操作问题。但是全国高校地域分布广,地域和办学特色不一,教育环境和教育条件参差不齐等因素决定了任何一种管理模式的完善都要经历一定的过程。社区化管理在实践探索过程中仍存在许多的具体挑战,表现在以下几个方面。

（1）内部机构关系和运作方式尚欠科学和完善,构建并处理好教育、教学、招生就业三大平台之间的关系,需要进一步处理好教学管理与教育管理、社会化服务管理与教育教学管理之间的关系,科学分析和分配学生教育管理平台内部机构间的权重等。

（2）对实施学生社区化管理的后继问题的重视程度和研究不够,前瞻性理论探索较少。例如,随着改革的进一步深化,政治、经济、社会、文化、教育等诸多方面将会出现许多新的变化,学生社区的管理如何适应这些变化?对这样的问题就缺乏研究。

（3）急需提升学生社区的价值,即使学生社区在学校机构设置、运行体制、社会效益、育人过程中体现出更大的效度和影响力。

（4）在跨省（市）大学城和同省（市）多所大学集聚的大学城,存在着学生社区管理不统一的问题。由此可能导致一些不稳定因素从管理的薄弱环节滋生,有可能酝酿成影响全局稳定的因素。

（二）高校学生社区化管理实践

1. 单一院校学生社区管理模式

这类学生社区管理学生来源单一,规模相对较小,管理容易到位。因此,通过社区党总支、支部、学生党员接待室、社区团组织、社区学生会、心理咨询室等的构建,就形成了从学校党委行政到社区学生寝室的完整管理体系,使各类社区管理中容易发生的问题能得到及时、有效的解决。这类管理模式总的来说比较成功。

2. 跨省（市）大学城与同省（市）集中多所高校的大学城社区的学生管理模式

跨省（市）大学城与同省（市）集中多所高校的大学城社区的学生管理的特点是城区规模大、学生人数多、基础设施可以得到有效利用、在生活管理上可以取得相应的效益。但与之相对应的是，正是由于学生人数多、涉及的学校多，因此在管理上也容易出现某些漏洞，这种管理的漏洞主要不是寝室管理的不规范，或者教学设施使用上的混乱，事实上，一个大学城在学生寝室的管理上是完全可以统一规范的，其教学设施也可以更好地充分利用。这里的管理漏洞，往往更多的是指各个地区、各个学校对学生管理要求的不一致、不统一，因而就可能出现这样的情况，有的学校管得严，有的学校管得相对松，这一严一松中，就可能出现管理信息上的不完整，问题就可能从薄弱部分反映出来。用管理学的术语来表述，就是"木桶效应"，即木桶里的水会从箍桶板中最短的一块木板中漏出来。教育部新颁布实施的《普通高等学校学生管理规定》，根据宪法精神和国务院《宗教事务管理条例》这一要求在第四十三条规定，"任何组织和个人不得在学校进行宗教活动"，各高校都应当坚决执行。但如何将这一规定严格认真执行则是一个管理工作者需要研究的问题，因为过去个别高校曾经出现过非法传播宗教的活动，往往是秘密进行的，如果我们的大学生社区管理不到位，这种非法开展的宗教活动就可以从管理薄弱的大学生社区入手，待时机成熟之后，再扩大规模，如果那时我们再来制止，就会花上更大的力气。从管理学上说，制止的成本就会更大；从政治学角度说，就会产生不良的政治影响。因此，跨省市大学城管理上需要解决的问题是如何在发挥规模效益的同时，避免由不同省（市）、不同高校在学生管理制度上的非一致性而产生的薄弱环节。

与跨省（市）大学城一样，单一省（市）大学城充分利用基础设施、扩大管理效益的优势也是明显的，但同样存在各高校间学生管理不一致的问题。这种不一致，不仅源于各高校之间的专业特色，也源于各高校的定位：有的是研究型大学，有的可能是教学研究型大学，有的是教学型大学，有的是综合型大学，有的是多科型大学，有的是专门的学院（如医科、工科、农业和教育等），有的是职业技术学院等。同时，还存在着不同高校对学生管理的认识不一致的情况。有的非常重视，可能在管理上就做得比较细；有的认识可能不到位，管理就有疏漏。这种管理上的不一致，将可能导致大学生社区出现一种"东方不亮西方亮，黑了南方有北方"的现象，使一些看似不起眼的小事因信息反馈的不及时，管理的不到位而酿成工作失误，甚至造成不利于稳定的群体性突发事件。

与单一高校组成的大学城出现工作失误造成的影响不一样，跨省（市）大学城和同省（市）中由十余所高校组成的大规模学生社区，如果出现了失误，所产生的影响与后果将会比规模小的单一高校大学生社区严重得多，因为人数达10万甚至20万的大学城，如果爆发学生群体性突发事件，不仅仅会影响到这个大学生社区的教学与正常生活，同时在转型时期，由于各种矛盾凸显交织，这种事件如果处理不好，有可能引起连锁反应，波及附近的市民与工业企业，导致社会不稳定甚至发生动乱。因此，如何加强与细化这种规模大的大学城学生社区的管理，是一个值得认真研究的重大问题。

三、高校学生社区化管理的对策和成效

（一）优化高校学生社区化管理的对策

1. 社区化管理的关键是完善运行体系、解决机制问题

机制是不可或缺的软件，建设好学生社区需完善三大机制，即学生社区运行机制、学生社区志愿者参与机制和学生社区的内部激励机制。

学生社区的运行机制是学生社区得以正常运转的前提。运用学生社区公共设施和相关权力，以满足服务需求为目标，不断提高服务质量，保持服务的功能成本，长期维持服务的再生产，这种周期性的进程状态即是学生社区的运行机制。这一机制本身说明学生社区组织的非营利性，或者说非营利性是学生社区行为的特征之一，是学生社区自我服务、自我调节功能的体现。不断地实现这一机制良性运转的关键是服务质量，服务质量同样也是确立学生社区形象的基础，是学生社区存在必要性的证明。

学生社区的志愿者参与机制是培育学生社区人文生态环境的深层次社会文化问题。在西方发达国家，社区的志愿行为是社区存在的基石。在学生社区中建立一支具备一定数量和质量的志愿者队伍不仅是一种管理现象，更是一种文化现象。事实上志愿者本身即是社区意识的内在有机组成部分，是社区成员积极参与社区事务的显性表现。在学生社区，志愿者的行为是建立一个"以人为本、文明互助、共同参与"的和谐学生社区的重要途径。

学生社区的内部激励机制是学生社区凝聚人心、发挥作用的保证，学生社区的非营利性能否像企业一样产生关注效率的动力呢？这是一个复杂的问题。其

一，非营利性组织的动力主要在于获得居民的满意和社会的认可，这是一种深层次的心理需求。市场经济导致人们为利而动，在这种情况下，为他人和社区努力工作的人尤其会得到他人和社会的尊重。其二，个人运用社区职能通过解决社区矛盾进而解决个人问题，是个弥补个体力量薄弱无法对抗集团侵害的有效途径。一个发育良好的学生社区环境通过事务公开化、透明化，将工作者的各种努力、困难、成绩和失误显现出来，靠来自外部的反应去推动自己努力改进工作，从他人眼中看到自己的状态从而调整自己的行为，进而完善自我，即学区的内部激励机制。

2. 借鉴国内外高校学生教育管理模式，不断加强实践探索和理论创新

传统的学生工作观念一直轻视寝室的育人功能，将寝室当作完全的物化性存在，因而在实际工作中只重视学生对生活环境的维护与保持，没有自觉地发挥学生寝室作为学校育人工作环境之一的应有作用。同时，由于工作视角单纯停留于单个寝室，而未能将以寝室为单位组成的学生社区纳入视野，我们也很少注意学生社区育人功能的发挥。再者如前文所说，学生社区不仅有区域概念，同时也具有育人功能，然而对于这一功能的隐性特征，我们未能加以准确地把握。以上种种观念、观点的误区导致我们未能认真地思考学生社区的作用，自然不会进一步去考虑如何建设好学生社区了。

在高校，学生的专业教育一般由各个教学系（院）来完成，学生的思想政治工作则由学校和学院具体的学生工作机构来完成，学生的物质生活需求由后勤部门来满足，而对学生进行未来生活训练，培养其成为遵守社区规范，具备相应社区意识的文明公民的教育任务却没有一个成型的组织来承担，这无疑是大学教育的一个疏漏。从这个角度讲，建立大学生社区，完善学生社区管理是完善高校育人职能，优化高校育人环境的必要举措，是当前高校学生工作迫切需要解决的问题之一。只有意识到了这一点，自觉地将学生社区建设纳入到学生管理工作中去，并给予其应有的地位，学生社区培养社区现代公民的育人功能才有实现的可能。因此，要加强理论建设和创新一定要贯彻开放办教育的理念，不断增强学习意识与开放观念，不断加强理论建设。高校学生社区化管理需要改革者的开放观念和博大胸怀，通过不断比较发现差距，促使在社区化管理的过程中自觉主动地探索理论，积极准备改革所需的条件，应提倡各高校之间的交流与合作，互促互进，在实践中不断积累宝贵经验，应夯实理论基础，加强理论建设创新，为高校

第四章　大学生管理模式的多样化发展

学生社区化管理向纵深发展而共同努力。

3. 教育管理结构和"管""教"关系的调整和平衡

学生社区建设是一项系统工程，必然需要对原有学生社区管理结构进行调整，科学处理教育和管理的职责权关系。首先必须结合高校实际对原有学生工作进行结构性调整，并建立健全相应的规章制度，要从根本上解决这些问题，还需要处理好管理载体、教育平台、育人方式等全方位的问题，头绪纷繁芜杂，加之无成型的经验可借鉴，面临的问题和难度都还较大。但以结构调整作为切入点，是一个比较可行的思路，但需要处理好以下几个关系。

（1）处理好校学工部门、团委与学生社区总管理委员会的关系。学生社区总管理委员会（以下简称"学生社区总管委"）是校学工部的职能部门之一，是学生社区管理中最具有实权的管理层次，尤其在实现学生社区的维权功能方面，其作用更加明显，学生社区主要通过总管委实现与相关部门的平等对话，解决实际问题。团委介入学区管理，主要体现在对学区成员的思想教育与严格管理方面。各学院的学生工作办公室的主要负责人一般也是学院的团总支书记，因此共青团这条线的介入有利于加速形成一支由各院（系）团总支专职干部、各学生辅导员组成的宿舍思想教育、纪律管理、寝室内务管理的队伍，有利于各项活动的协调，保证宿舍后勤管理的顺利开展。同时，团委是学生思想政治工作与校园文化工作的主角之一，团组织又直接指导各级学生会组织，有利于将寝室文化活动纳入整个校园文化建设中去综合考虑，从而引导寝室文化向高层次发展。

（2）处理好校学工部门与社区的关系。对于单一高校组成的学生社区而言，这层关系可以体现某种专业特色。以专业安排学生寝室的高校，可使整片宿舍区基本上也成为一片专业区，很多基层工作需要这一层面来组织和解决。高校学生工作部可以通过本校学生会来协调与支委的关系，这其实也是将基层学生工作重心由班级向寝室转移的一种方式，从而使学区成为校园内各项学生活动展开的活跃区域之一。对于多所高校组成的大学城而言，这种关系还必须增加一层关系，即各学校学工部门与大学城管委会之间的协调关系，各类管理工作与活动除了考虑本校的相关特色外，还应与大学城管委会协调，通过管委会与大学城内其他高校协调，使其活动或管理产生更大的规模效应。

（3）各级学生社区与社区总管理委员会之间的纵向关系。各学生社区管理委员会在人事安排上是一致的，都是根据三大职能安排负责人。学生社区总管理委员会由专职政工组成,负责相关政策的制定、处理学生社区与校内外各社会机构关系、领导学生社区等工作。各分委的工作重点落实在学院一级,它依托学生专业而保持相互之间的独立性,同时与总管委保持一致性。各支委是学区管理的基层组织,它直接与楼层和寝室发生联系,同时也可在力所能及的范畴内与相关单位交涉学区事务,因此也应具备相对的独立自主能力。

(4) 制度和机构设置要同步。为了学生社区工作的顺利开展,制定诸如《学生社区居民公约》《学生寝室管理条例》《学生社区安全保卫制度》《干部教师联系学生社区制度》等相关制度是必需的。但从目前学生工作的状态来看,能否保障学生社区管理委员会具有相应的学区管理权利,能否保障学生作为学区居民与学校、后勤等部门具有平等对话的权利以及能否保障学生通过民主渠道参与学区乃至学校相关事务是影响学区生命力的决定性因素。

(5) 根据学生社区职能,设立相应的管理机构。从人事角度处理,在大学城管理总委、分委、支委上各自安排人员以执行这三大职能。学生社区管理支委设学生社区区长一名,副区长一名,志愿者队长一名,也可根据实际情况适当增加管理人员数量,从而形成学生社区区长、志愿者队长、楼长、寝室长为主的学生社区管理基层机构。校院级学生社区管理机构可在原有学生寝室管理机构(例如寝管会)的基础上合理增加或加强学生社区的相应职能(例如学生权利维护等)。这种管理方式并未对原有的学生管理结构作大幅度的调整,从而使其更具有现实的可行性。学校、学院、楼层(或公寓)三级管理有助于发挥三者的不同优势,校学工部、院学工办和院学生会的介入使学区工作顺利的纳入原有学生工作的轨道,从而保证原有学生工作的连续性,方便学校相关部门对学区工作进行帮扶指导。当然这种管理布局也不是适合所有院校,对于学分制下学生打破专业界线随机生成寝室成员的高校,这种方式便不适用了。对此,还有一种更加彻底的解决办法,即在学生会组织直接设立在各个学区之上,由校学区管理委员会和校团委直接指导各个学生社区的工作。

(6) 细化管理规章,解决管理的薄弱环节。这对于多所学校组成的大学城管理尤为重要。一定要通过管理规章的细化与统一,解决不同学校在管理上的疏漏,杜绝那种利用不同学校管理体制上的疏漏而达到使某种不合理现象得以生存发展以致酿成大事故的现象发生。

现阶段,各地的学生社区建设面临许多新问题:学生社区规划问题、党的组织问题、学生社团活动如何与学区管理结合、学区矛盾与纠纷是否应用法律手段解决等,这些问题都会现实地摆在我们面前。但无疑实行学区管理是符合高校教育规律的,它体现了思想政治教育与规律工作相结合,融于学生具体生活实践的德育原则,提高了学生工作的规律层次,有利于学生自立、自主、自强意识的培养,有利于为社会培养具有现代人文意识、现代生活观念的社会主义新型公民。

(二) 高校学生社区化管理取得的成效

实践表明,实施学生社区化管理不但可以较好地应对高校后勤社会化改革与教育教学改革给高校学生教育管理带来的新机遇、新挑战、新任务和新问题,而且使学生党建与思想政治工作的着力点更明确、体系更完善、育人机制更健全,对学生的教育管理成效也更明显。其主要作用表现在以下几点。

1. 有利于优化服务和成才育人环境

在以社区党总支为核心的管理体系中,综合利用好各种服务机构,加强统一指导,能为学生的成才提供一个更加完整、科学、有序的体系和空间,使社区的管理和服务更加快捷、完备。社区化管理可以科学整合各种资源,增强教育管理合力,在社区管理体制下诞生各种健全、富有活力的社团组织,为社区创造了丰富多彩的科技文化氛围,为学生素质的拓展提供了更加立体的空间,对学生个体知识结构的完善、个性的培养和素质的拓展发挥了积极作用。从管理和经营角度提出社区的统一管理思想和教育理念,为学生的成才和教育机构的育人提供了更加优化的内外环境,能够有效保证高校连续扩招后教育管理质量和学生素质的稳步提高。

2. 有利于贯彻"以人为本"的管理理念,更加优化育人效果

社区化管理营造出了以人文素质、健康成才教育等为主要内容的德育氛围。在这个氛围中,学生真正成为了学校服务的对象和主体,自始至终坚持把学生的成才放在第一位。如果要在整个教育过程中真正地贯穿这一主旨,就必须为学生的成长与发展提供良好的物质条件,在此基础上创造良好的"求知、求真"的学术氛围,营造出一种以人文素质、健康成才教育等为主要内容的道德文化育人氛围,给予学生一种积极的引导,使学生在良性的德育氛围的感染熏陶下主动去锻炼、提高自己,最终培养学生良好的生存适应能力。

3. 有利于增进各学校、各级组织与学生之间的交流和情感联系

近几年不断出现的学生与学校间的法律纠纷一度成为整个社会关心的热点问

题，专家指出发生这些问题的一个很重要的原因是学生与学校之间缺乏必要的平等的交流与沟通，因此引发出学生、家长、社会与学校之间的诸多矛盾。而社区化管理改变了师生以前对社区化管理改革的消极认识及评价，通过政工人员和学生社区中的党团组织机构与心理咨询机构的工作，缩短了学生与组织间的空间距离和心理距离，进一步体现出思想政治教育应具备亲和力和感染力的特点，师生之间、学生与组织之间、学生与学校间的关系也更加自然和谐。

四、高校学生社区化管理的发展方向

（一）人性化管理趋势

人性化管理源自企业管理范畴，指以情服人来提高管理效率。通俗地讲，人性化管理的实质就在于充分尊重被管理者的自由和创造才能，从而使得被管理者愿意怀着满意或者是满足的心态以最佳的精神状态全身心地投入到工作当中去，进而直接提高管理效率。人性化的管理是情、理、法并重的管理，而不是放任管理。这种管理精神对高校的学生社区化管理同样适用。

人性化管理的核心是以人为本，充分相信学生的自我管理能力，尊重学生的权益，鼓励学生的自主和创新，不能把学生当作没有思想甚至没有自主能力的群体。高校学生社区化管理要实现人性化，管理者首先要看到每个学生身上的闪光点和个性，以亲和的态度去了解他们、关心他们、教育他们，进而管理他们。比如可以推进高校政工干部进入学生社区。学校选派优秀的学生工作干部进驻社区，与学生同吃、同住、同生活，社区老师经常深入寝室，了解学生的生活状况和思想动态，帮助学生解决实际困难，把解决学生的思想问题与解决实际问题密切结合起来。政工干部进社区，对转变政工干部的观念和学生的认识，加强学生与辅导员之间的沟通，拉近与学生的距离具有实效，能够真正做到使思想政治教育工作贴近学生学习、贴近学生生活、贴近学生心理，确保思想政治工作的有效开展。同时，社区管理者以身作则，也可以强化管理者的人格魅力。

人性化管理将对教育管理者提出更高的要求。要求放下管理者以上令下的特权，抛弃先入为主的视角，重新审视师生关系，科学处理制度与人的作用间的关系。人性化管理拒绝以制度和惩罚措施"吓人"，而是以管理者自身的人格魅力去教育人，去说服人，构建一种深层次的管理者与被管理者间的和谐关系。具体来说，学生工作部门和具体执行者要首先严格要求自己，做到制度制定的合理性、科学性和可操作性，制度执行的一致性和公平性，以及针对特定情况的灵活性；

在接触到具体管理对象的时候要以人性的关怀和理解为管理动力，寻求二者间的良性互动，从而达到思想政治工作需要的效果。

（二）智能化管理方向

管理智能化，就是借助信息技术手段，建设学生生活网络和社区管理服务网络，用计算机等现代科学技术进行科学的管理和服务，体现高效管理，实施高效服务。将几幢学生宿舍形成的社区实行联网管理，学生进出公寓进行红外刷卡管理，减少管理人员，杜绝外来人员的进入；对社区内部的床位、电费、水费管理等都实行智能化管理系统；在此基础上增设学生社区BBS、公寓管理员信箱和住宿信息、电话号码、火车时刻、住宿费、超额水电费、卫生考评等网络查询功能，将现实世界、书本世界和虚拟世界有机结合，通过网络服务平台为学生提供更加方便快捷的生活网络服务。

学生社区的智能化管理就是建立智能社区，进行各方面的管理，促使管理模式的合理化、管理方法的科学化。智能化社区的建立，对学生公寓的安全管理，尤其将学生进出、消防报警、用电负载识别等上升到一个全新的层面。广泛运用计算机平台的自动化技术和智能化技术开展这些工作，可以大大提高管理效率的准确性、可靠性和安全性，还可以解决许多单靠人力不能解决的问题。通过实时微机管理，随时了解入住学生的基本情况和日常动态，形成服务方与学生之间的双向联系，形成社区管理信息的流通，推进管理科学化、智能化的进程。

（三）转变服务观念，构建服务型社区

所谓服务型社区，就是在几个公寓形成的智能小区内建立新型的现代化的学生社区，为学生提供社会化的服务经营管理，并且成为社区的主要管理内容。学生生活社区是学生的生活区域，按照学生社区的管理模式，采用社区化的管理服务办法，着重在为学生提供优质服务上下功夫，形成新型的服务型学生社区。新型的学生社区建立后，富余出来的管理人员全部投入到学生社区中，为学生提供全方位的服务。在社区内设立各类服务网点，设立小型的超市、书店、洗衣间等配套服务设施，使学生在社区内部就可以获得多种服务。在社区的网点内设立学生勤工助学点，为学生提供社会实践机会。

学生社区建立的同时，要有基本的学习生活设施，要健全社区生活指南，以各种文体活动为载体，加强学生社区的文化建设，全面推进学生素质的发展。在学生宿舍内外建造和张贴由学生自己设计制作的各类人文景观及人生格言、警句、艺术作品等；在学生社区内设立学生阅览室、广播台、宣传橱窗、文体活动中心及由学生参与勤工俭学的超市、书报亭等勤工助学基地；还可以在各社区内举办各种学生自编、自导、自演的大型文艺晚会、音乐会，主办篮球赛、演讲比赛、寝室设计大赛等丰富多彩的文化娱乐活动，寓教于乐。通过这些活动的开展，提高社区的文化氛围，提升学生的综合素质，使得学生社区不仅成为学生学习的园地、生活的社区，还成为开展思想政治工作和培养学生成才的坚实阵地。

第三节　高校学生宿舍管理模式

高校学生宿舍是大学生日常生活与学习的重要场所，是培养和锻炼大学生自我管理、自我教育、自我服务能力，有效地开展大学生的思想教育工作的重要阵地。因此，大学生宿舍的管理是高校管理中的重要组成部分，是观察学校整体管理水平的一个窗口，务必高度重视。

一、高校学生宿舍的地位和作用

（一）高校学生宿舍在学生生活中的地位

学生宿舍是学生日常活动的主要场所，在大学生活中具有重要地位。扩招后，高校的办学资源改善步伐相对滞后，教室、阅览室比较紧张，其他文化、体育、娱乐活动相对不足，学生的课余时间很大一部分是在学生宿舍度过的。学生宿舍的设施是否完备、安全，环境是否整洁、优雅、舒适，服务是否周到，生活氛围是否和谐，社区文化活动是否丰富多彩，管理是否科学、规范，将直接关系到学生的日常生活质量，影响到学生生理、心理的健康成长和良好行为习惯的养成。因而，加强宿舍建设对学生的日常生活至关重要。

（二）学生宿舍在学生教育管理中的重要作用

1. 学生宿舍是展示校风学风建设的窗口

一所高校的校风学风如何，不仅反映在教室、图书馆、实验室里，同时也反映在学生宿舍里。因为学生的学习态度、劳动观念、组织纪律观念、集体观念在许多情况下都反映在占他生活时间三分之一以上的寝室里面。正因为如此，学校要协调学生思想教育与管理、后勤服务、安全保卫等各方面的力量，积极探索学生宿舍中学校教育、管理、服务工作的结合点，加强学生宿舍的管理服务和思想疏导工作，既为学生创造一个宁静整齐、文明清洁的环境，也是消除学生因受其他不良影响而产生的抵触情绪的一项有力措施。针对此特点，宿舍管理必须从管理育人、服务育人出发，努力挖掘潜力，积极改善住宿生活条件，把学生视为服务的对象，让学生得到应有的尊重和关心，这是维护学校稳定的重要举措，也是创建良好校风、学风的前提，对学生的全面发展、成长成才十分关键。

2. 学生宿舍是思想政治教育和科学管理的结合点

学生宿舍作为学生在校生活的集中场所，在学生的基本道德修养、学校的教育培养目标完成方面起着重要的作用。学生在宿舍中的表现，往往与社会对人才培养的要求，与学校教育管理目标相联系。就当前大学生的精神与学习生活而言，主要存在以下一些倾向。

（1）在学生的自我意识、个人价值观念方面，比较注重追求与大学教育层次相适应的知识结构和文化娱乐，而忽视从社会的需要出发来完善自己。

（2）对一些水平高、影响大的活动感兴趣，也喜欢对一些深层次的社会现象、个人价值观念进行探讨，但却忽视个人劳动观念、清洁卫生习惯的养成和自我教育、自我管理、自我服务意识的培养。

（3）在宿舍建设中，比较注重为自己营造一个安乐窝，而不能与整个宿舍的管理保持协调一致。

（4）在宿舍人际关系方面，注重自我个性发展完善，而忽视宿舍作为一个整体应加以完善和提高。

（5）同学之间交往密切，言谈举止不拘小节，学校的一些管理规章制度在宿舍成员的相互默认中得不到严格的贯彻执行，甚至有些消极的东西，如学习风气淡漠，组织纪律涣散，轻视劳动，不服从管理，挖苦先进、标榜落后等反常现象，也时有发生。

因此，学生宿舍是培养学生良好的道德行为规范，实现其德、智、体、美全面发展和实施学校教育科学管理目标的一个结合点。通过学生宿舍这个点，可以把深入细致的思想政治工作与严格的科学管理有机地结合起来，深入实际地了解学生的所想、所感、所为，真正地把握学生的思想动向。

3. 学生宿舍影响着学生正确人生观、价值观的树立

学生宿舍不只是单纯意义上的休息场所，而是一个重要的育人园地。来自不同地区有着不同家庭背景和生活习惯的学生，构成了宿舍的人文环境，这是学生情感和思想比较自然、真实流露的地方。学生在宿舍里交往必将对各自的思想情

感产生影响。在他们的交往中，或探讨人生、憧憬未来，或交流学习、谈古论今，必会有各式各样的社会思潮、信息观点等方面的交汇，并由此产生互动影响。所以，必须正确地把握学生宿舍里的思想动态，及时地给予正确的启迪和引导，并通过多种方式和渠道，积极开展教育活动，引导学生明确方向，明辨是非，树立科学的世界观、人生观和价值观。

二、高校学生宿舍管理的内容与方法

（一）高校学生宿舍管理的内容

高校学生宿舍管理具有服务、管理、育人等三个主要功能。从宿舍管理的功能就可以明白学生宿舍管理应包括宿舍内务及卫生管理、宿舍区的治安管理、宿舍纪律与秩序、宿舍设施管理、宿舍水电气管理、宿舍电视及网络的管理等方面的内容。

（二）高校学生宿舍管理的方法

学生宿舍不只是单纯意义上的休息场所，而是一个重要的育人园地。良好的宿舍环境是高校实施学生素质教育，促进学生德、智、体、美全面发展的物质保障。科学合理的规章制度会对学生起到良好的导向、规范、协调和激励作用。因此，对学生宿舍实施科学有效的管理十分重要。就目前而言，大学生宿舍管理大致有以下几种方法。

1. 行政方法

行政方法是学校根据学生宿舍管理工作的需要，设立专门的管理机构，配备相应的管理人员，根据学校的校规校纪和学生宿舍管理制度、条例等，通过学生宿舍管理人员、服务人员及学生干部，用强制性行政命令、规定，直接对住宿学生进行宣传教育，增强住宿学生执行规章、制度、规范的自觉性，使宿舍管理有章可循，依法办事。行政方法是高校学生宿舍管理普遍采用的方法。为了提高学生宿舍管理行政方法的有效性，应科学运用相应的管理方式。

（1）行政命令管理方式。行政命令管理方式是凭借行政职权与权威，通过口头或书面等方式，发布必须执行的规定、决定、指示，它具有明显的强制性、权威性、直接性。对贯彻执行制度、条例、规则的职责范围、处罚规定要明确具体；对不服从管理的要有相应的纪律、制度、惩处规定与执行程序作保障，以保证管理规章制度能贯彻执行，实现有效管理；对违反条例的处理要一视同仁，对管理条例的执行要做到公开、民主、公平、合理。学生宿舍管理制度、条例、规则、规范的制定要科学,既要符合国家法规、条例,又要有学生的认同,这就要求规章制度的制定,不仅应有管理人员、法律专家、主管领导,还应有规章制度的针对人——学生或学生代表参与,这样的规章制度才会有牢固的群众基础,才能得到更好的执行。在具体实施行政管理方法时,要做到制度化、规范化、程序化管理。根据高等教育规律,高校管理目标、基本原则、管理程序和学生宿舍自身规律,应制定一套包括《学生宿舍管理办法》《学生社区管理委员会工作条例》《学生宿舍公约》《各级工作人员岗位职责》《文明宿舍建设实施细则》等完整、系统的规章制度,管理服务规范和学生宿舍日常工作处理程序,并采用多种方式向学生进行宣传教育,使学生一进宿舍,就知道应该做什么,不该做什么。明确做好了按何规定受到何种奖励,违反了按何种程序哪条规定接受何种处罚。使管理服务人员和学生,都有纪可守,有章可循,建立和谐的人际关系,提高工作效率。

(2) 激励方式。激励,是教育的一种方式。激励的直接着眼点在于激励学生的感情,产生良好的行为。公寓管理人员应掌握激励的艺术,不断创造条件,变换激励方式。同时,在激励过程中,开展思想品德教育活动,以对学生起到感化作用,解决思想认识问题,巩固激励成果。在学生宿舍管理工作中,其激励方法可以采用以下几种类型:①参与管理激励。吸收学生参与管理,成立宿舍管委会,对学生宿舍实行民主管理,以激励住宿学生共同管理好宿舍的积极性和主动性;②目标激励。每学期公布学期、学年评选文明寝室,个人标兵的数量、条件、奖励方法,以激发学生达到某一目标的驱动力;③荣誉激励。对积极主动配合宿舍管理工作,并作出贡献的个人或集体,授予相应的荣誉,出光荣册、光荣榜,记入学生档案,为其他学生树立榜样,明确方向;④物质激励。对建立良好宿舍环境做出贡献的个人、集体,在运用上述几种激励方式的同时,要辅以物质激励。如按原定并已公布于众的标准、比例发给奖金、奖品等,激发学生参与和配合做好宿舍管理的积极性;⑤情感激励。宿舍管理人员、学生社区辅导员要注意观察住宿学生的情感变化,对学生生活中的实际问题要帮助解决。如对经济困难的学生提供勤工俭学的机会,对有病的学生在医疗、饮食方面给予关怀,对某些有错误思想行为或失误行为的学生有针对性地给予关心、爱护、帮助,使其树立信心。

(3) 疏导教育方式。疏导,就是疏通、引导。疏导,就是要创造条件形成某种疏通机制,让大学生的某种情绪得到宣泄,就是要循循善诱,将偏差的思想、情绪引导到正确的方向上来。鉴于目前有些大学生对加强学生宿舍管理的意义不理解,有少数学生在宿舍开展经商活动,引来亲友、同学住宿,有的学校还发生过异性同宿的现象,学校虽然采取行政措施,强化学生宿舍管理,但有的学生持"无所谓""管不着""我愿意"等错误态度,校方对个别严重违反学生宿舍管理条例的学生,应按校规给予严肃处理。但对大多数学生,只能在强化行政管理,加强思想教育的同时,适时采用疏导教育方式,倾听学生的意见和想法,掌握学生的心理,运用启发、商讨建议等方法,在疏导的同时进行教育,以提高学生接受宿舍管理规定、条例的自觉性。学生的合理要求要尽量满足,或者创造条件分步骤实施;对学生的无理要求或者违纪行为,要严厉批评。既不能强制压服,也不能放任自流,应采取积极疏导教育的方式。对后进学生要消除心理"防线","晓之以理",促进转化,以便做好学生宿舍管理工作。

(4) 学生参与管理方式。现代管理理论认为,管理的核心是做好人的工作,充分调动人的积极性,使每个管理人员明确整体目标、自己的职责、工作的意义、相互的关系等,使其能积极、主动、创造性地完成自己的任务。根据管理心理学对"参与"和"认同"行为的研究成果表明,让普通成员以不同形式参与领导和管理,可以增加成员的心理满足,增强工作动机,减少对抗,增强责任感、义务感,由于"认同"而产生关心、支持和主动帮助的行为。高校学生宿舍的住宿对象是具备一定知识和技能的大学生,校方应积极组织以学生为主体的学生宿舍楼管委会,设层长、寝室长,吸收大学生参与决策学生宿舍管理模式,制定学生宿舍管理目标,参与决定问题、处理事件的活动。这样,可以提高学生在学生宿舍管理工作中对自我价值和重要性的认识,增加对宿舍管理决定的认同,从而提高向心力,增强自觉性,做到紧密配合,协同工作。同时,又可以使学生在参加宿舍管理过程中,提高组织管理能力。

学生参与管理是提高宿舍管理效能的有效途径,也是育人的需要。学校学生宿舍管理部门应从战略高度提高认识,积极支持,并要因时因校制宜,实行民主管理。条件成熟的学校可让学生自我管理,行政给予指导、支持和帮助。学生参与学生宿舍的管理,一般有三种方式。第一种是咨询参与。对学生宿舍的管理模式、重大的管理改革措施、改革方案、规章制度建设等提出意见和建议。第二种是决策参与。对学生宿舍管理中学生关心的重大问题,选派学生代表组成调查研

第四章 大学生管理模式的多样化发展

究小组，在调查研究和系统分析的基础上，直接参与决策。第三种是行政参与。即通过学生代表参加的校学生宿舍管理领导小组或学生宿舍楼管委会，对学生宿舍进行日常行政管理。

2. 经济方法

经济方法是经济组织利用物质利益来影响所属人员行为并使之与组织目标相一致的一种管理方法。随着教育体制改革的深化，学生宿舍管理应加强高校经济核算，提高教育投资效益，对学生适当采用经济方法进行管理，如对学生收取学杂费、住宿管理费等，同时变助学金为奖学金、贷学金。入学时学生先交费后注册，不交费或严重违反宿舍管理规定的，学校不准其在学生宿舍住宿；将住宿学生在公寓的表现作为道德操行，实施考评德育分与评奖学金挂钩；在宿舍日常管理中，核定水、电用量，超指标加价收费，减少水、电浪费；为防止损坏公物，学生住宿时每人交一定数额的押金，损坏公物扣款赔偿等都是宿舍的经济管理方法。

总之，适当运用经济方法有利于完善学校及学生宿舍管理职能。但经济方法不是万能的，作为国家主管主办的高等学校，不能过分强调以经济制裁为手段进行宿舍管理。对学生的收费要适度，对损坏公物要酌情赔偿，对违反规定的处理要合情合理，严格控制，避免处理过当。

（三）大学生宿舍管理的心理咨询方法

大学生正处于青年时期，存在着青年的特点和青年知识分子的特点。学习竞争的激烈，就业形势的严峻，爱情问题上的不如意，因与同学交往产生障碍而导致的焦虑，部分同学经济上存在的压力和家庭教育的不平等，都导致了当前高等院校部分学生在心理上存在这样那样的问题。有的导致精神分裂症，有的甚至因绝望而自杀轻生，不一而足。对学生管理工作者而言，这类问题是决不可轻视或忽略的。对此，校方有必要选聘有经验的、学生信得过的中老年教师、心理医生在学生宿舍开设咨询室，用社会学、心理学及医学知识、生活经验等开展心理健康咨询等，帮助学生解除困惑，培养积极的心态，使他们适应环境变化，树立信心，这对搞好学生宿舍管理是一个有效的辅助管理方法，也是学生宿舍管理人员参加教育过程的有效措施。

学生宿舍心理咨询方法的特点是学生由被管理的被动地位转为主动地位，而管理者（教师、医生和管理人员）由主动地位变为被动地位。学生心甘情愿地向管理者诉说自己的"遭遇""苦衷",以求得对方的同情、理解和指导,从而使焦虑、郁闷、孤独、压抑得到某种释放和宣泄,保持心理平衡。

心理咨询方法对帮助心理有障碍、行为受挫折的学生消除消极的心态,树立信心有重要的作用。学生认为对方是自己的师长、父辈,"救命"的医生,是信得过的,心理上消除了"防卫"和"戒心"。因此,对他们阐述的道理、行为规范、健康知识能听得进去,又能双向交流感情,商讨问题,有较强的针对性,利于师生关系建立友谊,激发学生的潜能和消除自卑、自弃心态。

学生宿舍管理中运用心理咨询方法有各种不同的方式。一般来讲,单独面谈,或约几个知心朋友一起谈,或采取书信、网上交流等方式回答问题、交换意见都是可行的。也可以针对学生中普遍感兴趣,或带倾向性的问题,举办研讨会,或开设咨询课,或请有名望的专家、教授、医生做专题讲座,并当场回答学生的问题,引导学生健康成长。

三、高校学生宿舍管理的体制

(一) 高校学生宿舍管理体制的概念

管理"就是在特定的环境下,对组织所拥有的资源进行有效的计划、组织、领导和控制,以便达成既定的组织目标过程"。管理不仅为实现组织目标服务,同时它还要运用组织中的各种资源来实现目标。管理工作的过程是由一系列相互关联、连续进行的活动所构成的,也是在一定环境与条件下进行的,所以管理工作离不开特定的政治、经济、文化环境和条件,离开了特定的物质和政治文化条件来空谈管理,是不可能产生管理效果的。所谓体制,是指"国家机关、企业、事业单位等的组织制度"。

我国的大学生宿舍管理体制,是指在中国特色社会主义市场经济体制的现行教育体制和办学模式下,为了实现高校学生宿舍的科学管理,为学生提供良好的生活、学习环境,通过对学生实施教育、管理、服务,实现育人目的而设立的学生宿舍管理机构,在宿舍管理过程中,明确学生工作部门、后勤服务(物业管理)部门、安全保卫部门、学生政治辅导员、宿舍管理人员之间的职责和权限的划分,以及学生宿舍管理的有关规章制度、管理决策程序等。

(二) 大学生宿舍管理体制的类型

随着我国改革逐步深化,尤其是高校后勤社会化的推进,学生宿舍管理体制也在不断地发展变化。就目前而言,高校学生宿舍的管理体制主要有以下几种

第四章 大学生管理模式的多样化发展

类型。

1. 学生自我管理体制

学生自我管理体制是人本化管理在高校学生管理体制中的具化。人本管理思想是针对20世纪初泰勒的科学管理过于强调对一切作业活动的计量定额，强调严格的操作程序，而忽视了对人的管理而提出的一种人性化管理。"人本管理在知识经济时代的立足点与核心是人的知识、能力的提高和创造力的培养，它要求管理者始终坚持以人为本的观念，建立起让每一位成员都有机会施展才能的激励机制，努力营造尊重、和谐、愉快、进取的气氛"，激发人们参与管理的热情、想象力和创造力。具化到学生管理体制上，就是学生自我管理体制。学生自我管理体制通过从住宿学生中公开选聘学生宿舍管理机构的工作人员，从事管理、服务工作，从而制定相应的学生宿舍管理制度、条例、工作程序、考核及奖励办法。同时，成立学生宿舍民主管理委员会，制定民主管理制度，使民主管理委员会的民主职权与学生宿舍管理机构履行的管理职能同步，相互制约，以提高学生宿舍管理水平。学校为学生住宿提供必要条件，配备相应的设施、设备，为有效地开展学生宿舍管理工作创造条件，授予职权，给予指导，积极理顺关系，做好服务工作。学生自我管理的形式有两种：一种是学生宿舍完全由学生负责经营，自我管理、自我教育、自我服务，学校给予支持、指导。如深圳大学、华侨大学就是这种形式。另一种是学生宿舍管理由学校提供支持、帮助，保证学生宿舍管理服务正常运行的同时，学生实行自我管理、自我服务。

2. 行政管理体制

这种学生宿舍管理体制由后勤部门为学生提供住宿条件，学校用行政方法集权领导，分散管理，管理方式、收费标准等都由学校领导决定。在管理过程中，学生工作部门、安全保卫部门、后勤服务部门按具体的分工各负其责。行政管理体制虽是行政集权，管理有力度，但由于分散管理口多，往往出现各自为政、互相脱节的现象，管理人员与学生之间容易产生对立情绪。诚然，这种管理体制在一定的时期内曾起到积极作用，可在提倡民主、和谐的时代，存在不少弊端，有待于进一步探讨、完善。

3. "主辅"管理体制

此种管理体制以行政管理为主、学生参与管理为辅，其形式主要有两种：一种是选聘或有关部门推荐学生直接担任学生宿舍管理机构的副职或助理，协助中心主任（或科长）做好学生宿舍管理工作并由他们负责学生宿舍楼楼委会的有关工作；另一种是由学生代表参加组成学生宿舍管委会，协助学校做好学生宿舍管理工作。"主辅"管理体制既可充分听取学生的意见和建议，锻炼学生的组织能力，又利于管理人员与学生之间沟通信息，交流感情，承认并支持学校采取的管理决定和措施。

四、高校学生宿舍管理模式

（一）学生宿舍管理模式的含义

学生宿舍管理模式是指学校对全体学生宿舍进行管理活动时，所采取的组织形式和管理方式。学生宿舍管理模式是对学生宿舍进行系统管理的前提，它要受到社会制度、学校规模和学校管理体制等多种因素的制约，管理模式是否恰当，对能否充分发挥学生宿舍管理效能，全面实现管理目标有着重要的影响。因而，各高校都十分重视对学生宿舍管理模式的探索。

（二）我国的学生宿舍管理模式

在我国，目前各高校所采用的学生宿舍管理模式大致可分为以下4种类型。

1. 学生自主管理模式

这种模式要求学生自己组织起来，自己负责宿舍的安全、水电、公物维修、作息制度、卫生制度的制定和执行监督等，学校只给予学生理论上、方向上的指导和适当的经济补贴。这是充分体现学生宿舍民主性管理原则的一种模式。实现学生自主管理的主要机构是学生宿舍自我管理委员会，该委员会的成员由广大同学推举产生，报经学校批准。该委员会负责宿舍各种宣传、各种规章制度的贯彻落实、各项工作的检查评比、各种违章行为的批评处理、各种服务设施的使用及维修等一切宿舍管理活动。学生自主管理模式具有宿舍管理的针对性强、灵活性大、范围广、效益高等优点，在理论上值得推崇和肯定，但实际推行起来却因学生群体的自觉性不够，同时缺乏大批得力、过硬的学生干部而困难重重，因而只是在理论上加以肯定，在实际学生宿舍管理工作中却不常用。

2. 学生工作系统主管模式

这是以学生工作系统为主来管理学生宿舍的一种模式。此模式由各院（系）分管学生工作的党总支副书记或副主任、团总支书记、政治辅导员和班主任组成的学生工作领导小组，全盘兼管学生宿舍的安全、水电、卫生、维修等管理工作，后勤部门只提供物质保障。学生工作系统主管模式针对性、灵活性较强，有利于加强对学生的思想教育工作，促进学生的全面发展。但由于学生工作领导小组成员精力有限，教学、科研、宿舍管理工作很难兼顾，往往忙得团团转，却顾此失彼。因此，这种管理模式也逐渐不再采用。

3. 行政分工管理模式

此种模式是我国传统的学生宿舍管理模式，由学校各部门按其工作职能，分别负责某一单项的学生宿舍管理工作。如后勤服务部门提供宿舍、设备及维护环境卫生等；校团委负责学生的思想教育工作；校保卫部门负责学生宿舍的安全。行政分工管理模式把整个学生宿舍管理工作分解成若干部分，划分细致，职责明确，有利于各专职部门形成对自己所从事工作的制度化和规范化。但是，随着学生宿舍管理工作的日益复杂化，行政分工模式越来越不适应实际工作的需要，它日益暴露出政出多门、推诿扯皮、协作性差、形不成合力等缺点。所以，它在当今学生宿舍管理中已逐渐被其他更先进、更合理的管理模式所取代。

4. 综合管理模式

所谓综合管理，就是以后勤服务总公司或学生工作部（处）为主管单位，学生宿舍管理科或学生宿舍管理中心为主要责任方，后勤部门、安全保卫部门、思想品德教育和学生工作部门，相关院（系）部及参加学生宿舍管理工作的学生工作干部、管理员、保安人员等，按职责分工，相互配合，共同做好学生宿舍的管理工作。在宿舍管理过程中，行政管理、思想政治教育、经济、咨询疏导等方法和手段应交错使用，以提高学生宿舍管理的整体效能。管理的内容包括学生宿舍的卫生、治安、秩序、日常维修等，使学生宿舍内整洁美观，公共场所清洁卫生，房屋、设施、水电供应始终保持正常状况，宿舍秩序井然、舒适、文明，管理人员、服务人员、治安保卫人员积极治理宿舍环境，主动做好防火、防盗工作，及时预防和妥善处置突发事件，实现教育、管理、服务一体化。学生综合管理模式目前在我国高校学生宿舍管理中较为普遍。在新形势下，伴随着高校后勤社会化的逐步完善，学生宿舍如何更有效地发挥好教育、管理、服务三项功能，不少高校进行了有益的探索。重庆交通大学的学生社区管理模式就是其中的典型，在全国产生了较大的影响，形成了学生教育管理、物业管理、安全保卫、饮食服务"四位一体"的管理模式。

第四节 高校学生社会实践规范化管理模式

高等学校对人才的培养途径是多种多样的，正确引导学生参加社会实践就是其中重要的一种。在早期的大学里，人才的培养主要是通过在课堂上系统地传授理论知识来达到的。随着社会生产力的不断提高和发展，对教育和人才培养也提出了新的目标，这种仅仅靠传授理论知识的方式已渐渐显得不适应。因为现代化的生产过程不仅要求人才掌握大量的理论知识，而且还应该具有较强的动手和创造能力，具有科学的社会观和责任感，具有较高的道德素质和心理素质，这些方面仅仅靠课堂教学是难以完成的。所以，现代工业产生后，社会实践就作为一种重要的教育方式被引进大学的教育过程，其重要作用日益引起人们尤其是教育工作者的重视。

一、高校学生社会实践的科学内涵

高校学生社会实践是一种以实践的方式实现高等教育目标的教育形式，是高等学校学生有目的、有计划地深入现实社会，参与具体的生产劳动和社会生活，以了解社会、增长知识技能、养成正确的社会意识和人生观的活动过程。大学生社会实践是高等学校教育活动的重要环节，它与课堂教育相辅相成，共同完成高校的人才培养任务，实现学生的全面发展。

高校学生社会实践对大学生的全面发展具有重要的意义，具体来说主要表现在以下几个方面。

（一）社会实践是大学生树立科学世界观的需要

世界观是人们对世界的一般看法和根本观点。任何正常的人在其生活的过程中都会形成自己的世界观，但由于个人生活环境、所受的教育和影响不同，人的世界观也有很大差异。总的来说，世界观有正确和错误之分，而将正确的世界观理论化、系统化就成为科学的世界观。大学生树立正确的世界观需要靠两个方面的努力：一方面是大学生要经常与社会接触，不断突破事物的表面现象，深入事物的本质，从而不断校正原来从现象上获得的肤浅的或错误的认识，使自己的认识符合事物的本质及规律；另一个方面是要对大学生进行系统的思维训练，通过学习前人正确的世界观理论，了解人们在世界观上容易走上歧途的种种可能，让大学生对自己的世界观进行经常的反思，并不断地充实新的科学的内容。因而社会实践对大学生建立科学世界观很有必要。

1. 参加社会实践活动是建立科学的人生价值观的需要

正如马克思主义哲学原理教科书中所指出的,"共产主义世界观和人生观又不是仅仅在书斋里、课堂上所能完全树立起来的,还要在生活实践中经受各种锤炼"。马克思、恩格斯的人生观转变不是在课堂上,而是在社会实践中。刘胡兰、王进喜、郑培民、任长霞等英雄人物的人生观也不是仅仅从书本上学到的,当代大学生的人生观形成也是如此。通过开展大学生社会实践活动,我们发现社会实践活动对大学生形成科学人生观至少有如下的作用:①它可以帮助大学生摒除理想中不符合实际的因素,使他们正确对待个人与社会的关系,培养踏踏实实的工作作风;②它可以帮助大学生树立坚强的意志,培养无私奉献的精神;③它可以帮助大学生接近群众,深入群众,为走与群众相结合的道路打下良好的基础。

2. 参加社会实践活动是培养社会主义信仰的需要

大学生在不久的将来,就会踏上工作岗位,成为祖国的栋梁之才,肩负起全面建设小康社会和实现中华民族伟大复兴的历史使命。因此,在当今西方敌对势力加紧实施"和平演变"的新形势下,培养大学生的社会主义信仰是大学生思想政治教育的首要任务。而对社会主义的感情仅靠读书是得不到的,必须通过对社会主义给中国带来的巨大变化、给广大人民带来的实惠中亲身感受和体验。

3. 参加社会实践活动是大学生确立唯物主义历史观的需要

大学生正处于青年时代,可塑性很强,是世界观、社会历史观形成的关键阶段。大学生系统的专业知识学习和思维训练,对于形成唯物主义历史观固然是大有帮助的。但就目前情况看,在校大学生年龄普遍较小,接触社会的机会不多,社会经验不足,大部分同学对社会的看法简单化、片面化、理想化,这对大学生形成正确的历史观十分不利。克服这一不利的根本途径就是让大学生走出校门,深入社会生活,在社会实践中了解社会,从实践中发现真理,在实践中发展真理。这样,才能使他们的历史观与现实生活相符合。

当然,社会实践中接触的都是具体的社会事物,不可能通过一两次实践就改变了对社会历史的看法。不过,处在形成过程中的大学生的历史观是容易发生变化的,一旦接触了较多的社会事物,加之正确的引导,就会使他们的历史观发生转变。我们知道,只从政治理论课上学习历史唯物论只能学到"知识",而要使知识转化为信念,使所学的理论真正转化为学生的历史观,必须通过社会实践。

(二) 社会实践是大学生社会化的需要

社会化是指个人与社会生活不断调适，使个人由"自然人"发展为"社会人"的过程。大学生正处于社会化的最后阶段，显然，在许多方面已趋向成熟，但为了适应社会生活，仍需进一步学习。社会实践可以增强大学生的社会责任感。很多高校组织学生到基层开展社会实践活动，使同学们提高了对改革的复杂性、艰巨性的认识，增强了他们的社会责任感。在社会实践中，越来越多的大学生认识到，社会需要的不是冷漠的旁观者，也不是抱有同情心的捧场者，而需要的是热情的、直接参加这项伟大建设工程的人。通过社会实践，许多大学生克服了原来自视清高的习气，自觉并充满激情地投入到学习、生活和工作中。社会实践可以推进大学生实现社会角色转变。社会实践活动能够帮助大学生找到自己和社会要求之间的差距，看到自身知识和素质上的缺陷，启发学生对自己进行重新认识和正确估价，促使学生从过去的"唯我独尊"的幻想回到现实，重新确立自我价值实现的基点，在纷繁复杂的社会中找到个人和社会的最佳结合点。社会实践可以促使大学生与长辈们沟通代际关系。由于当前一些大学生图安逸怕吃苦，自视清高；反过来，却认为他们的父辈过于保守、正统。两代人之间形成了一层无形的隔膜，究其原因，主要在于有些大学生缺少对他们父辈的了解，他们看不起父辈们那种思维方法和生活方式。在社会实践中，大学生以普通劳动者的身份，直接参加社会财富的创造活动，培养了他们尊重劳动成果、尊重父辈们的思想感情。总之，在社会实践中，两代人之间可以相互沟通和相互理解，彼此消除对对方的偏见，进而有效地促进两代人之间的有机结合。

(三) 社会实践是提高大学生能力的需要

当代大学生在一定程度上存在着眼高手低、忽视社会实践、脱离群众、动手能力弱等不足，而积极踊跃地参加社会实践活动，有利于弥补大学生的这些不足。当代大学生绝大多数是在学校的围墙中长大的，而且越来越"小龄化"，大都走的是从小学到中学再跨入大学的升学之路，从而造成他们的社会阅历浅，社会经验少，实践经验匮乏等弱点。受片面追求升学率的思想影响，许多学生只注意书本，不注意社会实践，"高分低能"的状况比较严重，这严重影响了他们在各项建设事业中发挥作用，延缓了他们成才的进程。怎样才能缩短这一距离呢？实践是其唯一的桥梁。只有通过实践活动，才能使书本知识与实践操作合二为一。事实证明，通过开展社会调查、科技咨询、信息服务、义务劳动等社会实践活动，不仅可以使学生的智力资源得到直接的、有效的开发，达到分数与能力的统一，书本知识与实践的结合，还可以使个性不同的学生通过实践活动各获所求，各取所需，"缺什么，补什么"，从而有效地完善了现行的教学方法，弥补了大学生自身的弱点和不足。

（四）社会实践是知识分子与工农群众相结合的需要

回顾历史，凡是有所作为、有所创造的青年和知识分子无不投入到轰轰烈烈的社会实践中。许许多多的政治家、经济学家、教育家、军事家、文学家等都是在社会实践活动中茁壮成长起来的。他们在实践中身体力行，为我们提供了光辉的典范。可以断言，如果列宁同志、毛泽东同志不深入工农群众，不投入革命实践，他们就不会创新马克思主义，使无产阶级革命首先在资本主义统治薄弱的国家取得胜利，也不可能在半封建半殖民地国家取得新民主主义革命的胜利。所以，只有广泛、深入参加社会实践活动，和广大工农群众相结合，才是大学生健康成长之路。

（五）社会实践是全面建成小康社会、实现社会主义现代化建设的需要

当代的大学生，将成为 21 世纪初期我国社会主义现代化建设的骨干力量，按照党中央制定的"十一五"规划和到 2020 年的奋斗目标，我们国家的社会主义建设任重而道远。大学生参加社会实践，可以在社会主义物质文明、精神文明、政治文明建设中大显身手，在专业知识、社会实践和树文明新风的社会实践中促进经济、政治、文化的平衡发展，从而为全面建设小康社会起到积极的推动作用。

二、高校学生社会实践的具体实施

（一）高校学生社会实践的内容

1. 社会调查

深入城镇、乡村，开展社会调查、考察；深入城乡各地、部队、科研院所、企事业单位开展社会考察和社会调查活动，从而引导学生了解社会、了解国情，同时对社会和企业的发展献计献策。社会调查和考察的直接目的是了解社会的实际情况，认识社会现象的本质及其发展的客观规律，是一种搜集和处理社会信息的方法，在现代社会具有越来越重要的作用。当前，大学生社会调查逐渐向专题化、重效益、重应用方向转化。社会调查的内容很多，例如，可通过走访工农群众、干部、军人、知识分子等，开展对社会现状的调查；也可通过了解城乡经济

发展现状，开展国情民情考察；也可通过了解科技对经济和社会发展的影响，开展依靠科技进步及科学管理发展经济的专题调查等。并且社会调查方式也比较灵活，有文献调查法、访问调查法和问卷调查法等。

2. 文化服务活动

深入城镇社区和贫困乡村，开展文化培训、科普讲座、法律宣传和咨询活动，服务社区和乡村的两个文明建设。

3. 科技服务活动

科技服务活动面向经济建设主战场，面向城镇社区、县乡的中小型企业、乡镇企业，结合所学专业，发挥技术特长，在教师的指导下开展科技攻关、工程设计、科技成果推广、科技咨询和技术服务等活动，使科学技术为现实生产服务。

4. 信息服务

信息服务是指通过一定的途径把人才、工农业、科学技术及社会生活等方面的信息资源的开发利用情况提供给被服务单位，并把被服务单位的信息传递出去，以期取得一定的人才效益、社会效益和经济效益。大学生通过在校的学习，掌握了一定的专业知识，可以通过开展信息服务把信息资源的开发过程及成果传播到各个领域，进一步加以利用，在信息资源的开发利用之间架起了一座桥梁。

5. 互动活动

大学生党员与城市社区党员、农村基层党员、企事业单位党员在建立党的先进性教育长效机制中的互动活动。

6. 教学实习

教学实习是教学计划内的社会实践，是在教学计划规定的时间内进行的，要求每个学生必须参加并取得学分，是实现专业培养目标、保证人才品格质量的必修课。教学实习，包括认识实习、生产实习、毕业实习等，是理、工、农、医等专业大学生社会实践的主要形式，是把生产劳动引入教学，对大学生进行思想政治教育、职业道德教育、专业教学和职业训练的基本环节。

7. 勤工助学

勤工助学对学生个人和国家都有重要的意义，对个人，它有助于学生个人的成长和成才；对国家，它有助于国家高科技人才的培养，有助于国家教育制度的改革和教育的不断发展。在假期，通过做兼职教师、推销员、打字员、秘书以及酒店服务员等工作，一方面，可以在一定程度上解决贫困生的经济问题；另一方面，也是高校开展社会实践活动、培养学生自立自强精神的有机组成部分。

8. 公益劳动和文明共建活动

具体说来主要包括校内公益劳动，校外社区服务活动，与企事业单位、部队、科研院所、乡村、居民委员会等单位开展其他形式的文明共建活动。

（二）高校学生社会实践的形式

1. 活动型社会实践活动

这种社会实践活动以文化、科技、卫生下乡为主，通常做法是学校与某地联合，在某地以学校为主，组织一台甚至几台文艺演出，动员群众前来观看，或组织大型的科技咨询、文化宣传、医疗服务活动，场面宏大，气氛热烈，影响也较大，但投入多，组织复杂，参与学生也不是很多。目前这种社会实践活动已成为学生社会实践活动的主要形式，但值得改进。

2. 参观型社会实践活动

这种社会实践活动通常是组织学生到风景名胜、工厂参观考察、座谈了解，虽然对学生能起到一定的教育作用，但与现在的公款旅游有些类似，除了增进学生之间的友谊，加深学生对祖国大好河山的了解以外，能真正达到受教育的目的的可能较少。于是学校就把这种社会实践活动作为对优秀学生或学生干部的奖励，组织少量学生参加，但花钱较多取得的效益却不大。

3. 课题型社会实践活动

学校以老师牵头，各相关年级学生参加，组成课题小组，承担政府或企业的课题，通过广泛深入的调查宣传活动，对课题进行攻关。这种社会实践活动，学生参加的积极性比较高，而且能得到一定的社会资金的支持，也能长期开展下去。

4. 生产型社会实践活动

这种社会实践活动以高年级学生、研究生、博士生参加为主，他们参加生产活动的某一环节，成为其中的一员。一方面，既利用自己已有的知识促进生产的发展；另一方面，又在实践中学到了书本上没有的知识，相得益彰。这种社会实践活动花钱不多，但效果实在，达到了帮忙不添乱的目的，有较强的生命力。

5. 挂职型社会实践活动

这种社会实践活动主要是以组织的形式到机关、社区、乡村挂任各种职务的助理，做一些社会工作。这种社会实践活动受到机关、社区、乡村的欢迎，但目前参加的人数较少。

6. 互动型社会实践活动

这类实践活动的参与者既有大学生（含大学生党员），又有城乡基层的市民、农民（含党员）。在活动中，他们互为参照对象，通过相互学习、相互帮助，不仅双方共同获得进步，同时也促进了社会主义物质文明、精神文明和政治文明建设。

7. 学生自发型社会实践活动

学生在假期，通过参加社会招聘活动、上门自荐活动等形式，参加到各种社会生产活动中去，除体验社会生活活动中的酸、甜、苦、辣外，还能利用自己所长，在为社会服务的同时，取得一定的报酬，补贴学习或生活所需。这种社会实践活动除参加的学生较多外，学校支出也不是很大，应该进行鼓励。

三、高校学生社会实践的制度化建设

高校把大学生社会实践活动纳入整体教育计划，通过制定短期规划、长远规划和配套文件，形成一套完善的大学生社会实践制度。它对实践活动的指导思想、方针原则、目标要求、形式内容、方法途径、时间要求、成绩考评、工作量计算、奖励办法、组织领导以及有关政策都作了明确的规定，并随着学校体制改革不断加以修订，使活动贴近学校发展实际，使活动有章可循。一个成功的实践制度，应包含以下内容。

（一）社会实践活动领导小组制度

学校应成立由分管学生工作的党政领导和教务、科研、总务、学生处、团委等部分单位组成的学生社会实践活动领导小组，负责对全校社会实践活动进行统筹安排，制订计划，组织落实，各院、系、部成立由分管学生工作的党总支、副书记、副主任、团总支书记与辅导室主任等参加的社会实践领导小组，负责本系学生社会实践活动计划的制订与实施。同时，也可吸收校外人士，如地方政府负责领导，地市团委同志及企业负责同志共同组成社会实践活动领导小组，建立友好关系，以便于高校社会实践在地方、企业的顺利开展。

（二）完善两种不同类型的社会实践基地建设制度

随着大学生社会实践活动不断走向成熟，社会实践基地建设制度也成为了一种趋势，相对于实践初期的分散、随机活动，基地活动可以有长远的计划，为培养人才制定完备的方案，同时，也有利于基地方与校方建立长期互惠关系，使社会实践在双方自愿的基础上健康发展。社会实践基地制度建设包括两个方面的内容：一方面是为教学研究服务的社会实践基地的制度建设。这类基地建设包括城市工商企业、农业生产单位等。另一方面是思想政治教育和党建社会实践基地的制度建设。这类基地包括城市社区、农村基层组织、各类爱国主义教育基地（包括革命纪念馆、革命博物馆和烈士陵园等）。

（三）实行两种不同类型社会实践的指导教师队伍建设制度

开展大学生社会实践活动的经验证明，实践活动要取得成效离不开教师的积极参与。因此，必须建立社会实践指导教师制度。两种不同的社会实践需要不同的指导教师，为教学研究服务的社会实践由专业教师或相关专业的技术人员作指导教师；思想政治教育类的社会实践，由政治辅导员、政治理论教师或校外政工干部作指导教师。借助指导教师在人格、理论、知识、专业上的优势，增强社会实践的生命力，完成在实践过程中全方位育人的功能。制定社会实践指导教师制度一般要考虑以下因素：①基地的性质（教学研究服务的社会实践基地与思想政治教育的社会实践基地，两种不同的社会实践基地对教师的要求有所不同）；②学校的有关政策；③教师的地位和作用；④实践过程中的组织领导；⑤纪律要求；⑥地点的选择和安排；⑦职称评审和职务晋升；⑧工作量的计算。当然要注意与由学校相关职能部门及分管学校领导组成的领导小组协调进行。

（四）社会实践考核与激励制度

考核激励是提高社会实践活动成效的有效方式之一。对大学生参加社会实践活动定内容、计学分；对教师定任务、计工作量；院、系、部、教研室制定规划和考核措施；对社会实践活动情况要做到"八个挂钩"，即：与学生德、智、体综合测评成绩挂钩；与奖学金挂钩；与评选先进个人和集体挂钩；与团员民主评议、推优入党和推荐免试研究生挂钩；与评选优秀党团员挂钩；与大学生的学分挂钩；与单位和个人经济利益挂钩；与教师工作量和干部业绩的奖惩挂钩。这样，才能调动大学生、广大教师干部以及社会各界、各单位参与社会实践的积极性、主动性，使社会实践形成有机运作、自我驱动、有轨发展的动力机制。

四、高校学生社会实践的发展趋势

（一）实践组织的科学化

作为系统工程的大学生社会实践活动，要获得最理想的效果，不仅取决于实践活动的社会化程度和实践制度的规范化程度，还取决于实践组织过程中的科学化程度。大学生社会实践活动，作为高等教育的重要组成部分，社会将会对它提出越来越高的要求。而实践组织的科学化，正是要通过不断地研究社会实践的基本规律，并严格遵循规律组织实践活动，来动态地满足社会的要求。因此，实践组织的科学化，就成为社会实践活动发展的必然趋势，它将贯穿于社会实践活动的全过程。而具体实践组织过程中实践组织的科学化，又依赖于实践活动有机组织系统的确立和科学组织理论的指导。

1. 实践目标设定和方案优选的科学化

实践目标设定和方案优选实际上是实践活动的设计过程，它将确立的是整个实践活动的蓝图和指南，因而也是整个实践系统工程释放最大量最优化工程的基础环节。要使实践目标设定和方案优选科学化，就必须做到以下几点。

(1) 实践目标设定基本科学。所谓实践目标设定基本科学，应包括3个方面的内容：①要求实践目标的切实性，即实践目标的设定决不是组织者一时意志冲动的结果，而是在对社会、学校、个人三方面要求深入调查的基础上做出的，通过努力可以达到的；②要求实践目标的层次性，这个目标又包括两个层次：第一个层次是总体目标，即培养社会主义事业的接班人，第二个层次是具体目标，它既是总体目标的具体化，又是总体目标的分解，规定具体实践活动所要完成的任务；③要求实践目标的发展性。由于教育活动周期较长的特有规律，实践目标的设定不仅要以现实为基础，还要以未来对人才需求的趋向为依据。

(2) 实践方案优选基本科学。实践方案优选的好坏，不仅关系着活动目标能否完成，而且决定着整个实践能否成功。一般来说，实践方案优选：首先，需要遵循方案设计的广泛性原则，即要从多方面、多角度的设定方案。其次，实践方案优选还要遵循方案选择的民主性原则，即优选方案应征求实践组织者、实践参加者的意见。最后，实践方案优选需要遵循方案确定的最优化原则，即优选方案必须考虑到活动时期社会的需求，参与实践者的客观条件与主观性限制等。

2. 实践方案实施的科学化

实践方案实施的科学化，就是要尽量减少方案实施的阻力，以更好地完成已设定的实践目标。因此，要求实践组织者在实践活动本体运行前，必须注重实践客观条件的准备和实践主体的调适，像资金的落实到位，实践基础的准备情况，实践指导老师的确定等；在实践活动本体运行中，必须注意对反馈信息的收集、整理、分析，并在此基础上对实践方案、实践活动本体、实践活动主体进行调控。

3. 实践成果总结的科学化

要达到社会实践培养社会化大学生的目的，就必须认真做好总结、消化、吸收工作，从而进一步深化社会实践的成果。

加强社会实践活动各环节、各方面的考核，即：①要考核大学生在实践中的表现，包括参加社会实践的时间长短、态度好坏、所在单位的评价；②要考核大学生实践的收获，着重看学生认识国情、了解社会、认识自己的思想觉悟的提高和知识、智力、技能的提高；③要考核调查报告、心得体会的写作质量。同时，上级组织者还要考核下级组织者各方面的组织情况。

扩大成果，将单个的社会实践成果转化为大学生共同的精神财富。要举办社会实践心得交流会，让学生谈体会，交流实践感受；要举办实践成果展览，让更多人受到启迪教育；要举办跨校成果评比交流，让实践成果在不同高校间流通。

升华思想，把感性认识上升到理性认识。要重点抓大学生对坚持社会主义道路、树立为人民服务人生观、走与工农相结合道路重要性的认识；要重点抓大学生对艰苦奋斗重要性、改革开放重要性、解放思想重要性的认识。

在实践中体会和总结组织理论，并运用理论进一步指导社会实践。各级实践组织者，要通过实践组织理论的研讨、交流，进一步深化社会实践管理经验，使社会实践在广度、高度、深度上进一步发展，更好地为培养社会化大学生服务。

（二）实践制度的规范化

实践制度规范化的目的，是为了使社会实践活动做到有章可循、有据可依，保证社会实践活动持续有效地开展。实践制度规范化的标志是富有权威、系统全面、切实可行并具有自我发展机制的实践制度体系的建立。

1. 实践制度的规范化是社会实践活动发展的必然趋势

人的思想认识不能代替规章制度，没有完善的、系统的规章制度，不注意实践制度的规范化，只凭各级实践组织者的临时决策组织实践活动，决策正确，则可促进实践成果的取得；决策失误，往往会阻碍实践的深入。因此，要保证社会实践持续稳定的发展，必须改变人治局面，完善实践制度。当前加强实践制度的规范化工作，不仅非常迫切，而且非常必要。加强实践制度的规范化工作，有利于促使全社会的力量来共同关心、组织大学生社会实践活动，形成全社会组织大学生社会实践活动的强大"合力"；加强实践制度的规范化工作，有利于实践组织的科学化。

由于现实的实践基础已经存在,加强实践制度的规范化工作已成为可能。当前,各级党政群团组织、各个高校已开始了社会实践工作,不少企业也为实践活动的开展提供了资金、基地和其他各种方便,且近年来已制定了一些关于社会实践活动的规章制度,这些有利因素为强化实践制度的规范化奠定了较为坚实的基础。

2. 实践制度规范化的标志是实践制度体系的建立

在各级实践组织者对实践制度正确制定和共同协调的基础上,实践制度必然逐渐趋于规范化,而实践制度达到规范化的标志,是富有权威、系统全面、切实可行并具有自我发展机制的实践制度体系的确立。如果能够建立起具备这样特征的实践制度体系,就标志着实践制度已达到了规范化的程度。

3. 实践制度的规范化要求各级实践组织者必须制定出正确的实践制度

实践制度的规范化,绝不是各种实践制度的单独罗列,也不是各种实践制度的简单相加,而是要在各级实践组织者协同的基础上建立科学的实践制度体系。这个体系首先要求各级实践组织者正确地制定制度,同时要求制定的各种实践制度相互衔接,对于衔接不紧密的地方,应及时加以调整。

(1) 高校对实践制度的正确制定。在高校,大部分社会实践活动是由思想政治工作部门(如学生处、团委、学生会)来组织实施的。由于学校、社会的各种因素的影响,其主要利用假期进行,由于缺乏制度和支援保障,严重制约了大学生社会实践活动的深化。为改变这种状况,就必须加强高校大学生社会实践中的制度化建设。首先,高校应将社会实践活动纳入到学校教育、管理工作的体系中去,由相关职能部门组织落实;其次,将学生社会实践活动的表现以及成绩作为全面考核大学生素质的重要内容;最后,要建立相应的制度,保证教师组织参与社会实践的积极性。

(2) 党和政府对实践制度的正确制定。在实践制度的制定方面,党和政府必须起到宏观统一管理制度制定的作用。要首先着眼于建立统一机构,实行统一规划、统一决策、统一目标、统一评价,促成社会实践活动的统一性、系统性、整体性、持续性,充分发挥社会各界的力量,保证社会实践发展的正确方向。同时党和政府作为核心的组织者,要协调各个单位部门之间的关系,激发各个单位部门的责任感和积极性。

第四章　大学生管理模式的多样化发展

（3）社会团体和企事业单位对实践制度的正确制定。在众多支持社会实践活动的社会团体（如工会、共青团、青联、学联）中，共青团起着众所周知的主导作用。在制定制度的过程中，团组织要通过量的指标确立各级团组织的组织实践任务，并通过对岗位职责的定期考核和将考核结果作为团组织的工作评价内容，来激发各级团组织和团干部组织实践活动的责任感和积极性。各级实践组织者对实践制度的共同协调。

大学生社会实践活动作为系统工程，要求各级实践组织者制定的实践制度必须协调一致，对于不能衔接的地方，应予以调整。各级实践组织者必须首先注意认真学习实践组织核心即党和政府所制定的实践制度，在了解统一规划、统一决策、统一目标的基础上，制定自己的实践制度，同时加强各方的沟通和联系。

（三）实践活动的社会化

大学生社会实践活动，作为教育活动的主要形式之一，具有3个基本的构成要素，即实践活动组织者、实践活动本体和实践活动主体。因而，实践活动的社会化，也由这3个构成要素的社会化来组成。而这3个构成要素的社会化，则分别有其不同的含义。实践组织者的社会化，是指动员全社会的力量来关心、组织大学生的社会实践活动，这是实践活动社会化的基本条件；实践本体的社会化，是指具体实践活动过程的内容与形式，必须以社会需要和社会所提供的条件为基础，这是实践活动社会化的重要途径；实践主体的社会化，是指通过实践活动，把社会的价值体系内化为实践参加者（大学生）的价值体系，使之成为高度合格的社会成员，这是实践活动社会化的根本目的。由此可见，实践活动的社会化，就是指动员全社会的力量，组织以社会需要和社会所提供的条件为基础的实践活动，达到把大学生培养成为高度合格的社会成员的目的。

1. 实践活动本体的社会化

实践活动本体是大学生有目的地与外界不断发展的现状发生联系，并相互作用的具体实践过程。这一过程是大学生不断强化自身本质力量，促进自身全方位社会化的重要途径。实践活动本体的社会化，正是指这一过程的内容和形式，必须以社会的需要和社会所提供的条件为基础。实践活动本体的社会化，应建立围绕教学的实践与其他方面的实践有机结合的理想目标模式。

围绕教学的实践主要包括教学实验和教学实习等，这是一种配合课堂教学而进行的实践活动，它直接与学生所学知识以及自身具备的能力发生联系，是初级阶段运用最多、群众性最强的实践活动，也是学生进行其他方面高层次实验的能力准备环节。我们不应当过分追求其他方面的实践而忽视教学实验和教学实习。其他方面的实践包括社会考察、社会服务、勤工助学等，这是间接地与学生所学知识和自身具备的能力发生联系，也是学生围绕教学进行实践的成果检验。这些方面实践的主要形式有社会调研、参观访问、旅游观光、技术培训、咨询服务、社会宣传、科技开发以及挂职锻炼等。由于这些方面的实践和社会联系得更紧密，一般较受学生的欢迎，但必须注意使之在时间、资金、人力上同围绕教学的实践互不干扰，在学校统一布置的基础上使两者达到和谐的统一。

2. 实践活动主体的社会化

实践活动主体的社会化，实际上要完成的是大学生社会化的加速，是要将大学生培养成为高素质的社会成员，是要通过社会实践使大学生更快地在社会中汲取社会能量和获得社会信息，并通过各方面的自我调适，增强自身的能力和素质，完成自身全方位的社会化。而促进实践主体的社会化，必须注意以下几个方面。

（1）实践主体自身系统应具有开放性。开放性系统要求大学生不能在自我封闭的状态下自我满足，而是必须同自身周围的实践环境进行物质、能量和信息的交换，并依靠这种交换保证自身由不稳定向相对稳定过渡。而这种开放性，不仅要求大学生确定"当今天下，舍我其谁"的高度责任感，而且要求大学生必须具备敏锐的对外界事物接收、分析、处理和运用的能力，从而使自己在实践中不断得到发展和提高。

（2）实践主体应促成自身个性的形成。个性化是社会化的一个高层次组成部分，社会化中如果没有个性化的存在，就会变成统一化和模式化，就只能造就墨守成规、死读书本的书斋先生，就会使人失去改造社会的生机和活力，失去创造性和开拓性。因此，大学生在社会实践中，应勇于思考、敢于发现、认真锻炼，促进自身个性的形成。

（3）实践主体应不断进行自身角色的调适。我们知道，大学生的实践角色与其社会期望角色之间，总有一定的角色差距。而大学生在实践过程中，由于自身是一个开放系统，就能够认识到这种差距并调整自己的学习和实践，从而使自己的角色得以实现，使自己大学阶段社会实践中的社会化任务得以完成。

3. 实践活动组织者的社会化

从近年大学生社会实践的实际情况来看，社会实践活动凡是得到社会各界支持的，一般都取得了较好的成绩。但从发展的角度来看，当前社会实践活动社会化的程度还远远适应不了进一步发展社会实践活动的要求。社会实践活动的深入开展必然会出现人数多、空间广、时间长、效率高、内容实的特征，而这些特征的出现，必然依赖于社会各方更多的支持。

实践活动必须得到党和政府的支持。党和政府对人才的培养具有不可推卸的责任，且在人才培养方面占据重要地位。大学生的社会实践活动，作为国家培养高层次人才的重要环节，必定会受到党和政府的关心和支持。实践活动必须得到高校自身的支持。高校作为教育培养大学生的责任承担者，具有最直接组织学生社会实践活动的优势，而组织学生社会实践活动，又是高校完成人才培养任务的重要手段。因此，高校在组织大学生社会实践的过程中，应积极地起到主导作用。实践活动必须取得社会团体和企事业单位的支持。通过社会团体来支持社会实践活动，才能调动更多的人来支持实践活动；企事业单位作为大学生未来的工作场所，具有作为社会实践活动基地的现实意义，而实践活动在企事业单位的开展，又必须有企事业单位提供的种种便利条件。

五、大学生社会实践的新探索

新的时代不仅对大学生有了新的要求，同时赋予了大学生社会实践新的任务，要适应时代，就必须实现大学生社会实践理念上的更新。

（一）将大学生社会实践与建设社会主义新农村的需要结合起来

一方面，大学生是掌握着一定基础知识和专业知识的青年知识分子，他们的参与，无疑会有效地促进社会主义新农村的建设。另一方面，大学生加入到社会主义新农村的建设中，又会给他们的专业知识提供用武之地，使他们的实际能力得到提高。将大学生的社会实践与建设社会主义新农村的需要结合起来，意味着我们对大学生的社会实践在观念上要有一个更新或变革，即要从过去单方面地将大学生作为社会实践的受动者，通过社会实践提高工作能力，培养良好的思想品德，转变为大学生既是社会实践的受动者，又是社会实践的"授动者"大学生作为科技知识和精神文明的载体在实践中去建设社会主义新农村。

（二）将大学生社会实践与城市社区精神文明与政治文明建设的需要相结合

当我们将大学生既看作社会实践的受动者又视为社会实践的"授动者"时，就应充分利用大学生这一科技知识和精神文明的载体，将其运用到变革社会的活动中去。将大学生的社会实践与城市社区的精神文明和政治文明建设的需要结合起来，持久、稳定而有效地开展社会实践教育活动，使大学生在促进城市社区精神文明与政治文明的社会实践中，自身也得到提高和锻炼。在这类社会实践活动中，大学生可以将高校思想政治理论课中所学习到的内容应用于实践活动中，既能将知识活用，又能深化理论认识，同时还可以通过自身努力，促使社会变革，成为推动社会文明进步的重要力量。

第五章 大学生管理队伍存在的问题及建设路径

高校学生管理工作的要求和内容能否落到实处，关键在于能否培养一批高素质的高校学生管理队伍。高校学生管理队伍是保证高校坚持社会主义办学方向，全面贯彻党的教育方针，培养德、智、体、美等全面发展的社会主义事业建设者和接班人的一支不可缺少的重要力量，是高等学校教师和管理队伍的重要组成部分，是学生教育工作的组织者和指导者。邓小平曾指出："一个学校能不能为社会主义建设培养合格人才，培养德、智、体全面发展、有社会主义觉悟的有文化的劳动者，关键在教师。"

第一节 高校学生管理队伍概述

教育队伍建设不但是进行高校学生管理的基本要求，教育队伍建设进程本身也是非常有意义的德育活动，它集中体现了教育的道德基础、伦理功能、教育的社会意图和人文关怀，它同样会遭遇教育的现实瓶颈、客观问题、条件缺失和矛盾冲突，其建设经验是高校学生管理工作的重要参考。因此，无论是作为一种道德价值存在，或作为一种道德价值的承载，教育队伍建设在高校学生管理质量提升进程中都具有非常重要的、不可替代的意义。

一、高校学生管理队伍建设的重要性

（一）时代发展的客观要求

十八大上，党提出了新时期我国的发展目标，即全面建成小康社会，为了完成这个奋斗目标，新时期的高校大学生必须肩负起这一光荣而伟大的历史任务，做一个合格的、优秀的新时代青年。在高校学生管理工作的开展过程中，应该深入进行马克思主义基本理论、党的基本路线、基本纲领等内容的教育，帮助他们

树立起坚定的社会理想。在社会群体中的宣传教育，引导人们树立中国特色社会主义的共同理想，加强高校学生管理工作，应该妥善处理好各种矛盾和问题，特别是涉及社会成员切身利益的矛盾，一定要谨慎的处理和对待，以保持友好团结的局面。爱国主义教育也是高校学生管理工作中的重要组成部分，要抓住社会群体的思维特点和心理需求，结合他们的需求深入开展以爱国主义为核心的团结统一、爱好和平、勤劳勇敢、自强不息的民族精神教育。党团组织应该充分发挥自己在高校学生管理工作中的领导作用，通过合理的规划与管理在社会群体中全面开展高校学生管理工作，坚定社会成员的政治立场。精神文化教育是提高高校学生管理工作的重要途径，同时也是进行思想政治素质教育，提高人们思想政治水平的重要方式。

（二）有利于从整体上把握高校学生管理工作的进程

就当前环境需求而言，由于社会处于转型期，多种因素不可避免地影响着高校师生的思想变迁、心态转化和行为抉择。从总体上说，高校教师队伍主流是好的。他们具有较高的思想觉悟和政治素质，能够在社会各种群体中发挥先锋模范作用，能在复杂的环境中坚持正确的政治观念和健康的思想情操。但也有极少数的教师在政治上、思想上、工作上、作风上受社会腐败风气影响，政治观念有时自觉不自觉地淡化，政治立场自觉不自觉地动摇，逐步丧失坚定的理想信念，沦为物欲的奴隶。这批人员虽然只占极少数，但是倘若不予以高度重视，则会导致更严重的破坏，俗话说得好"千里之堤毁于蚁穴"。高校学生管理工作倘若没有大学教师的高道德水准作为标杆和示范，就会造成高校学生管理及其相关活动的普遍虚伪。为此，必须大力加强高校教师队伍建设，"正本"方能"清源"。

加强教师队伍建设，从方法论的视角阐述了提高高校学生管理工作质量的路径。具体来说，加强教师队伍建设，涉及很多方面，包括政治素质、道德素质、身心素质和专业能力等，其中道德素质的建设是其尤为重要的一个方面。道德教育是一个涉及价值观形成、道德观培养和理想信念树立等多个环节的系统工程。从系统科学的角度来看，无论是大学生的管理工作，还是教师的道德建设，都属于一种持续与周围环境交换信息、物质和能量，并能相对独立运行的复杂系统。教师的道德建设与学生的思想教育，可谓是相互作用的两个复杂系统。由于教师群体整体而言具有较高的素质，并对教育教学活动有深入的体会和灵敏的认知，教师道德建设工作开展的效率和效果应当要优于高校学生管理工作，同时教师道德建设工程中的很多思想、方法、经验，可以为高校学生管理工作提供重要的借鉴和参考。因此，也就可以运用教师道德建设视角解析更为复杂的大学生管理工作，为我们提供一条更为简洁、高效的系统化剖析高校学生管理整体性能的研究路径，为切实加强和改进高校学生管理工作提供新的思路。

（三）提升大学生道德成果的基本保障

大学生道德能否达到预期的效果，其价值能否实现，主要依靠两个方面：一方面要靠真理的力量；另一方面要靠人格的力量。但无论是真理的力量还是人格的力量，都要通过高校学生管理工作者体现出来。一方面，他们所宣传教育的内容，必须是合乎实际，反映事物的本质和社会发展的真正规律，能够正确而且深刻地体现马列主义、毛泽东思想、中国特色的社会主义理论体系以及党的路线、方针、政策的精神实质的；另一方面，他们又必须带头实践自己所宣传、提倡的东西，做到言行一致，才能起到示范带头作用。因此，只有提高高校学生管理工作者的素质和能力才能推动高校学生管理工作的发展。

（四）引导培养我国青年工作的开展

当前国际局势动荡复杂，各国的政治活动频繁并且局部战争时有发生。改革开放以来，在这个信息化的时代，各类事件不断在当代青年人的视野中出现。青年时代是人生观、世界观以及价值观逐渐形成并逐步稳定的关键时期，对人的一生有十分重要的影响。我国的青年学生人群以九零后为主体，他们热于接触新鲜事物，思想相对开放，因而对他们的三观引导至关重要。"少年强，则国强。"高校学生管理队伍的职责就是让我国广大的青少年从内心"变强"：在政治立场上坚定地发展社会主义，与其他一切违背社会主义原则、危害人民利益的坏人坏事作斗争；在实际工作中要勤奋努力，积极投身于社会主义建设的伟大事业；在日常生活中乐观开朗，积极向上。党的十八大以来，以习近平为总书记的党的新一代领导集体，狠抓反腐倡廉工作，严厉打击腐败分子，处理了一批又一批的贪官污吏，这其中不乏受过高等教育的高级知识分子，他们在各种利益的诱惑下，丧失了党员的先进性，背离了"人民利益高于一切"的路线，最终走向了贪污受贿的罪恶深渊。这足以警示我们，必须要重视青年人的管理教育，这是保证他们成长成才的基本任务。

二、高校学生管理队伍的构成

(一) 专职辅导员

当前,高校学生管理工作的紧迫需要要求我们必须建设一支精锐的职业性的专职辅导员队伍。教育部《关于加强高等学校辅导员班主任队伍建设的意见》明确指出:"辅导员、班主任是……学生健康成长的指导者和引路人。"对这支队伍的配备要求,2006年9月1日起正式施行的中华人民共和国教育部令第24号《普通高等学校辅导员队伍建设规定》第三章第六条明确指出,"高等学校总体上要按师生比不低于1:200的比例设置本、专科生一线专职辅导员岗位。辅导员的配备应以专职为主、专兼结合,每个院(系)的每个年级应当设专职辅导员。每个班级都要配备一名兼职班主任"。根据中央的指令要求,各地还纷纷出台了各具地方特点的相关意见并予以落实。比如上海市出台的《关于进一步加强上海市辅导员队伍建设的若干意见》中,对配备的比例要求也做了优化,要求本、专科生专职辅导员按1:150的比例配备,研究生专职辅导员按1:200的比例配备。同时还指出,除了传统的配在班上的做法,辅导员还可配在学生生活园区或专业、二级学科、实验室(课题组)中。

由辅导员、班主任组成的高校学生管理专职队伍,是开展高校学生管理工作的骨干力量,承担着学生的人生导师和健康成长的知心朋友的重任,承担着我国大学生教育管理工作坚持马克思主义方向的重任,承担着培养我国大学生在今后的工作和学习中坚持马克思主义认识论、辩证法,坚持把马克思主义和我国实际相结合的重任。他们的工作领域,涵盖了学生生活的方方面面。工作内容包括学生价值观引导、道德品质教育、党团建设、学风建设、心理指导、就业指导、勤工助学、宿舍管理、帮困救助、社会实践以及社团文化建设等一切和学生学习生活相关的内容。这就要求辅导员要兼具人生发展引路人、职业指导师、心理咨询师等多重角色,必须在政治上和业务能力上都具有过硬的素质,在原则的坚定性和方法的灵活性上都靠得住。

根据精锐和职业型的建设目标,首先,在辅导员的聘用上,有严格的准入条件。比如,上海市出台的《关于进一步加强上海市高校辅导员队伍建设的若干意见》就明确指出,要求新聘的辅导员应该为中共党员,一般具有硕士及以上学历,有相关的学科专业背景,有较强的责任心和敬业精神,热爱学生,善于做高校学生管理工作。同时,辅导员在工作的过程中,还应该通过适时地再培训和学习，取得相应的职业资格。作为职业型队伍建设的需要，相关社会职能部门应依据辅导员的工作任务、学科背景、学历层次、道德水准、工作能力等方面来建立相应的职业资格制度。

"政治强、业务精、纪律严、作风正"这十二字，是对辅导员这支精锐又职业化队伍标准的凝练表述。

（1）政治强：辅导员首要的素质是政治理论素质。历史上我国辅导员最初的名称是政治指导员，全面负责基层中队学员的思想、学习、健康和生活等工作。新中国成立后，我国的大学生教育在继承了抗日军政大学政治指导员制度的优良传统，同时借鉴了前苏联的经验，建立了政治辅导员制度。政治辅导员的第一要务就是做学员的思想政治工作，同时，还要承担学生的党建工作。由此可以看出，从事辅导员这个职业首先必须要有较强的政治理论素质，能真学、真懂、真信、真用马克思列宁主义、毛泽东思想、邓小平理论、"三个代表"重要思想和科学发展观，贯彻落实党的"十八大"精神，进一步坚定理想信念，坚持政治原则，坚持政治方向。

（2）业务精：辅导员队伍将由"实践型"向"实践——研究型"转变。要干好这个职业，辅导员必须具有较高的政治素质。除此之外，还要了解学生思想状况的发展规律和成长成才的规律，成为学生的心理咨询师、职业指导师、生活指导师等，关爱学生，做学生真正的朋友。尤其是处在学生的个体自主性日益增强的时代，学生对当今社会的政治、经济、科技、文化都保持高度的关注，辅导员必须随着时代共同发展，掌握必备的专业知识，即作为老师同时又承担学生成长道路上的朋友，才能符合职业需要。同时，工作中要既讲究方式、方法，又善于区分不同性质的矛盾，做到头脑清醒，审时度势、防微杜渐，保证学生思想朝着正确的方向发展。

（3）纪律严：一支精锐的队伍，必须有严明的纪律作保证。辅导员首先必须坚守严明的政治纪律，在牢牢掌握党的方针政策和国家法律法规的基础上，增强法治观念，自觉用《中国共产党章程》规范自己的言行，所有言论必须保持和马克思主义、毛泽东思想、中国特色社会主义理论体系以及党和国家的方针、路线、政策高度一致；其次，辅导员还必须有高尚的职业操守，具有把学生培养成为"四有新人"教师的职业自觉性；最后，辅导员也必须坚守严明的工作纪律，以党员教师的标准严格要求自己，严守党的纪律。

(4) 作风正：作为与学生接触最为密切的大学老师，辅导员的作风直接影响到学生的思想健康。深入学生、发扬民主、尊重理解关爱学生，以人为本，热忱服务，是辅导员应该树立的良好形象。辅导员的作风，体现的是党员的党风，体现的是大学教师的师风，体现的是我们党、我们国家和社会所要倡导的社会主义核心价值观，对学生影响巨大。所以，作为精锐的职业性的辅导员队伍，必须具备正派的工作作风。辅导员是对大学生思想影响最为深刻的老师，因此辅导员自身的作风形象直接关系着大学教育的成败。

(二) 日常管理人员

高校学生管理是个系统工程，由方方面面的力量组成的业务型的日常管理队伍是高校学生管理工作的重要力量。这支队伍，在一般以学生工作领导小组的形式存在，由主管学生工作的党委副书记、党委组织部、宣传部、学生工作部（处）、团委等各个部门的相关人员组成。这些部门，在高校学生管理工作中都担负着各自的重要职能，尽管工作侧重点各不相同，但各有优势，目标一致，能够形成高校学生管理工作的合力。首先，各个职能部门在学校党委的统一领导下，在同一个工作目标下，发挥各自优势，担负各自职能，从组织、宣传、党建、团建、学生日常管理等不同的工作角度，统筹规划和组织实施相关业务工作，并将这些组织精神下达到学院层面的党支部书记、副书记、学生辅导员等队伍再开展相关条线的业务工作，有序管理。其次是齐抓共管、协同作战。尽管这些职能部门都有各自不同的业务领域，但工作目标都是一致的。学校以学生工作领导小组的形式将这些职能部门组织在一起，互通情况、共商思想政治工作的实施方案，并在方案确定后，分头实施，协同作战，形成合力。

学生工作领导小组的工作将散状的学生工作进行网状整合，形成一个巨大的学生工作网络，这个网络覆盖了学生工作的方方面面。这是一支涉及学生工作整个网络指导的系统性工作小组，责任相当重大。可以说，这支队伍是否具备高度的政治理论素质和精湛的业务能力，影响到学生工作的整体开展，对于培养"四有新人"的社会主义教育目的具有十分重大的战略意义。

(三) 规划指导团队

高校学生管理规划指导队伍是一支研究大学生管理工作的内在规律，做好大学生管理工作的预测工作的队伍，是一支制定高校学生管理工作的大政方针，提出的意见带有全局性、普遍性、专题性，并且能够针对高校学生管理工作出现的相关问题，指导开展相关工作的队伍，是整个高校学生管理工作的智囊团。

当前，国际政治经济局势风云变幻，国内体制改革也已进入攻坚阶段，各种社会矛盾凸显，人们的思想形势呈现日新月异的态势，高校学生管理工作中面临的挑战日趋严峻。在这样的情况下，由资深专家组成的高校学生管理工作的规划指导队伍显得尤其必要。这支资深专家队伍能够根据社会多方面的情况变化，对高校学生管理工作作出指导意见。他们的来源可以是多渠道的，如社会党政工作人员、研究机构的专家学者、相关行业领域的资深人士，也可以是高校学生管理领域的行家。凭借这支资深专家队伍的专业优势、行业优势、阅历优势及经验优势等，可以从更广阔的视野、更高的层面、更远的目光、更深的思想深度，前瞻性地预测高校学生管理中可能面临的新情况和新问题。在新的社会思潮、思想风暴来临和国际局势变幻之际，迅捷、科学、有效地指导高校学生管理工作领域内的相关应对工作，规划和指导相关的工作队伍有效开展工作，从而使我们的高校学生管理工作不管在什么情况下，面临怎样的复杂局面，都能始终应对自如、切实有效。

（四）特聘兼职教育人员

《中共中央宣传部、教育部关于进一步加强高等学校形势与政策教育的通知》中，在对教师队伍的建设方面，明确提出，"可聘请地方党政领导、知名企业家、社会各条线的先进人物担任特约报告员"。作为对高校学生管理教师队伍的有益补充，聘请校外的相关人士组成兼职教育队伍，具有多方面的益处。校外的特聘人员，他们往往以自身独特的行业特色、丰富的个人阅历和显著的工作业绩，使其教育更具有独特的个性魅力，也更具有说服力和感染力。同时，他们的讲课或报告，因为内容中伴有大量的社会信息和鲜活的实践案例，更具有积极意义的实践性、针对性和时代性，能够让大学生看到社会积极正面的一面，对社会以及网络上流传的各种思想是一种抵制，也因此更受大学生的青睐。

要建设好这支队伍，首先应该引起学校领导的高度重视，充分挖掘校友、离退休老同志、社会合作共建单位、优秀学生家长等资源，用对教育事业的真诚、真挚的情感邀请其中的优秀分子加入到高校学生管理队伍的行列，并加强日常的联络和沟通，注重结合高校学生管理工作在教育内容、教育主题等方面的实际需求，有体系、合理化地建设好这支队伍。

（五）党政结合教育人员

高校学生管理的对象不仅仅是学生，同时也涵盖了全体教职员工。由于教职工自身作为高校学生管理的实施者承担着教育职责，直接关联着学生管理工作开展的质量和成效，所以他们自身的思想政治素质情况和对这支队伍的再教育显得至关重要。教职工的教育学习应建立有相应的机制。例如，每周的教师政治学习制度；教师德育分享学习制度；职工党员学习交流活动等。

对教职工的思想政治管理工作，应着重强调建立一支党政结合的工作队伍。在我国，党组织在高校学生管理工作中担负着首要的职责。高校学生管理工作应结合教师的工作特点以及实际的工作特点开展，这样才更易于取得实效，教职工的思想政治工作必须务实，要充分重视利用好系科、教研室、科研团队负责人这样一支队伍，把思想政治教育工作开展到实际工作中去，坚定教职工马克思主义信仰。这支队伍的人员应该具有业务能力强、政治水平高、且具有广泛的群众基础，开展工作具有一定的说服力等特点。同时，充分依托教师所赖以依存的跟专业紧密结合的行政建制的负责人开展思想教育工作，可以使教职工的思想政治工作不至于流于空泛，得以与他们的具体工作实际结合，从而更能提高教育的有效性，以至于达到马克思主义哲学与各科理论进行结合的程度。当然，在其中党组织对这支队伍负有当然的组织学习、教育以及具体指导，共同探讨问题、解决问题的职责。

三、当代高校学生管理队伍建设的发展方向

理想状态下的高校学生管理工作队伍，应该是一个多层次、高素质、全覆盖的工作队伍。各个队伍有明确的分工和各自负责的具体项目，同时各队伍成员也能够承担多种角色，在适当的情况下对大学生的行为和思想进行正确的疏导。

（一）辅导员队伍——职业化

当前，高校学生管理工作紧迫需要我们建设一支精锐的职业性很强的辅导员队伍。教育部《关于加强高等学校辅导员班主任队伍建设的意见》明确指出："辅导员、班主任是学生健康成长的指导者和引路人。"对这支队伍的配备要求，2006年9月1日起正式施行的中华人民共和国教育部令第24号《普通高等学校辅导员队伍建设规定》第三章第六条明确指出，"高等学校总体上要按师生比不低于1∶200的比例设置本、专科生一线专职辅导员岗位。辅导员的配备应以专职为主、专兼结合，每个院（系）的每个年级应当设专职辅导员。每个班级都要配备一名兼职班主任"。根据中央的指令要求，各地还纷纷出台了各具地方特点的相关意见并予以落实。比如上海市出台的《关于进一步加强上海市高校辅导员

队伍建设的若干意见》中,对配备的比例要求也做了优化,要求本、专科生专职辅导员按 1∶150 的比例配备,研究生专职辅导员按 1∶200 的比例配备。同时还指出,除了传统的配在班上的做法以外,辅导员还可配在学生生活园区或专业、二级学科、实验室(课题组)中。

(二)理论课教师——专业化

高校理论课教师作为高校学生管理活动的组织者、实施者,教育、引导并规范着学生对理论知识的学习和应用。因此,高校理论课教师应该具备多方面的素质,做到专业化。他们必须具备相关专业知识和理论素养。要做好学生的思想政治教育、日常事务管理、心理健康咨询与辅导、就业指导、职业生涯规划等工作,就必须有较高的马克思主义理论水平,专业的教育知识,扎实的教育学、管理学、社会学、心理学等相关知识。而且随着信息社会科学技术的迅猛发展以及各种文化的碰撞、交融、渗透,高校学生教育工作者不仅要站在思想和文化的最前沿,解决当代高校学生管理方面的各种困惑和问题,而且要始终坚定有效地引导学生树立社会主义核心价值观。

(三)育人队伍——全面化

人的教育不仅仅是狭义的学校课堂教育,还包括广义的社会教育、事物教育。对于高校来说,其每一位教职员工都在影响着大学生思想的形成,都在承担着学生教育管理的职能,他们的一言一行都有可能影响大学生一生的命运。因此,大学生的成长与高校的每一位工作人员都有着直接或间接的关系,而学校工作的每一个环节都应体现着育人的功能。学校教师教书育人,学校干部管理育人,后勤职工服务育人。从教师出发,教师是人类灵魂的工程师,是学生成长进步的导师,不论是否在承担着教学工作都应该谨言慎行。中央下发的关于教师队伍建设的文件中明确要求要加强师德建设,"要抓住教师职前培养、职后培训、职务聘任等关键环节,加强马克思主义理论教育,加强教书育人、为人师表教育,加强学风和学术道德教育"。要树立学为人师、行为世范的崇高目标,严于律己,以丰富的学识教育人,以高尚的德行感染人,以人格的魅力折服人。同时教师在自己专业领域的教学过程中,要深入挖掘蕴含在各门课程中的马克思主义哲学原理及其他各种教育资源,使学生自觉的从马克思主义的角度思考问题。如上财务管理专业课的教师,可结合财务管理教学内容中实际工作与理论认识的差别对学生进行马克思主义认识论的教育,财务管理中信用的重要性,开展对大学生的信用教育和诚信教育；上跨文化交流课的老师，可结合跨文化交流中一些礼仪和注意事项的讲解，开展爱国主义、国格、人格、民族精神的教育。苏霍姆林斯基曾经指出，"造成青少年教育困难的重要原因在于教育实践在他们面前以赤裸裸的形式进行，而处于这种年龄阶段的人按其本性来说是不愿意感到有人在教育他们的"。① 结合实际开展的高校学生管理工作，往往比单纯的学生教育管理工作更容易取得实效。在学校的管理、服务各个环节中，管理、服务工作人员的自身素质、工作态度以及工作成效同样影响着所有学生的思想实际，渗透着教育功能，对学生的世界观、人生观和价值观的确立起着潜移默化的作用，所谓"润物细无声"。因此，发挥全体教职工的育人作用，实现高校教学、管理、服务工作中学生教育管理功能的全覆盖，是高校学生管理工作最终取得实效的重要条件。

第二节 高校学生管理队伍存在的问题

当前，高校学生管理队伍建设中"数量不足、质量不高、队伍不稳"的状况正在得到逐步改变，并取得了一定的成绩。但需要注意的是，这并没有彻底消除我国高校学生管理队伍建设中长期存在的一系列矛盾和问题，必须要引起对这些问题的重视。

一、高校学生管理队伍建设取得的成绩

（一）学生管理队伍建设的重要地位逐步得到了确立

20世纪90年代开始，我们党确定了辅导员的主要职责，把培养社会主义的合格的建设者和可靠的接班人确定为我国高校辅导员的主要职责。进入21世纪，又进一步强调辅导员担负培养高校人才和教育他们的双重使命，是作为大学生思想政治教育的直接参与者。因此，辅导员是大学生思想政治教育的最基层的实施者。是参与教育的骨干。他们组织和管理大学生的日常思想政治教育工作。他们有多重的角色，"既是大学生的知心朋友，又是他们人生当中的导师。"②

---

① 苏霍姆林斯基. 睿智的父母之爱 [M]. 石家庄：河北人民出版社，2001，156.
② 李卫红. 抓住根本立德树人切实把高校辅导员队伍建设提高到一个新水平 [J]. 思想教育研究，2007（10）.

第五章　大学生管理队伍存在的问题及建设路径

在当前的社会和经济建设中，辅导员队伍发挥着重要的作用，他们为我国社会主义和经济建设培养了优秀的人才，这些人才走向社会后，是推动社会变革和进步的中坚力量。辅导员队伍建设对维护我国的社会稳定，维护国家的安全，以及创建和谐的社会都有十分重要的意义。对"促进大学生的全面发展和健康成长成才有十分重要的意义。"实践证明，制度的完善需要在实践中来实现，且是一个不断深化的过程。相信在当前党和国家领导的高度重视下，辅导员制度会得到进一步的完善和发展。

（二）形成了稳定的工作机制

从我国高校辅导员制度建立以来，一代又一代的学生管理工作者他们在自己的工作岗位上无私地奉献出了自己最美好的年华。他们工作尽职尽责，为社会培养和输送了一茬又一茬的毕业生。这些毕业生走向社会后，才华奉献人类，将所学知识服务于社会。作为辅导员本身，他们自己又何尝不是在辅导员队伍这座熔炉里百炼成钢。他们在这个工作岗位上提高了管理能力，增长了知识和才华。有的成为管理的专家，有的发展成为学术的大师，有的成为治党和治理国家的精英。

同时，作为高校的一种组织制度，学生管理辅导员制度在不同历史时期都有较为稳定的工作队伍。他们目前的工作机制比较健全。学生的管理制度比较完善。尤其是在21世纪，随着党和国家领导人的重视，高校的扩招政策使很多高校采取了强有力的措施来加强管理队伍的建设。一整套完善的保障机制得以建立起来，如如何选拔管理人员，选拔参考的条例，如何对辅导员进行培养和管理，甚至对他们工作的考核和激励都有机制的保障等。这样，高校管理队伍的素质得以提高，人员得以充实，为顺利开展学生工作打下了坚实的基础，也为高校培养人才提供了有力的保证。

（三）建设目标更加明确

我国高等教育为社会主义建设培养优秀的人才，教育和政治的关系密不可分，我国的高等教育要贯彻为无产阶级服务的方针，服务于政治的需要。经历"文化大革命"十年的暴风雨的洗礼，面对改革开放带来的经济大潮，形式所迫，要求高校的辅导员工作要适应经济建设和改革开放，不能再像过去一样停留在单一的为政治服务的层面上，而是要逐渐向思想政治领域延伸，并且把思想政治教育当做辅导员的主要职能定位。20世纪90年代，党中央总结了过去的教训，重视大学生的思想政治教育,并进一步强调了辅导员的职能,加强了队伍的建设。把职能定位于为社会主义事业培养合格的建设者和接班人。而21世纪,随着高校的扩招政策,我国高校纷纷摩拳擦掌,重组和扩大,大众化教育时代来临。面对新的机遇和挑战,辅导员的职能再一次由单一的思想政治教育扩展丰富为多方面的工作职能。除了思想政治教育,还把学生的日常管理、心理健康方面的教育,学风建设,就业指导,学生的道德培养等纳入工作职能的范畴。这种划分更加科学化、多元化、合理化。

(四) 自身发展得到不断加强

无论是处于哪个历史时期,也不管学生管理队伍担任什么样的角色,在服务和管理学生的过程中,他们自身的素质得以提高,能力得以加强,学识也得以丰富。如20世纪50~60年代的"双肩挑"就培养了很多治党和治国的精英。80年代的规划培养也使管理人员得到锻炼,他们或发展成为高校的管理核心人员,或成为学术方面的专家,还有些成为政府部门的管理精英。到了新时期,随着学生管理队伍的专业化进程,他们的整体素质和综合素质较之以往更加注重。为了更好地发挥作用,履行他们的管理职能,辅导员的要求从专科到本科到硕士再到博士,使这支队伍的专业建设不断加强。特别是为了贯彻党的16号文件精神,贯彻和落实胡锦涛提出的"要采取有力措施,按照政治强、业务精、纪律严、作风正的要求,着力建设一支高水平的辅导员和班主任队伍,使他们在学生思想政治教育中发挥更大作用"的指示精神,各省教育主管部门都非常重视,各高校也纷纷采取切实可行的措施,加大力度,加快步伐,促使辅导员队伍走向专业化,同时也加强了对辅导员的培训和管理,使他们的自身素质得到增强。

二、当前我国高校学生管理队伍中存在的不足

(一) 专业化培训不足

当前,我国的高校规模大,成为培养人才的主阵地,也成为学术创新、科学研究的前沿。高校着重学术性和科研的特点使专业性的学术人才和其他的人员相比,显得高高在上。而辅导员因为工作的繁杂性,事务多导致生活的节奏加快,他们想在学术研究上也有所建树,但难免力不从心;对政治学和教育学以及心理学等专业虽然有所涉猎,但难于精进,样样通未必能做到样样精。在教师中他们显得没有地位,在学生中很难通过学术的魅力来树立他们的威信。因此,他们在工作中会有失落感。

第五章　大学生管理队伍存在的问题及建设路径

当前，高校打造的辅导员队伍，都是一支年轻的主力军，他们在工作上能和学生打成一片，能走近学生的心灵世界，但是队伍的知识化和专业化并不等同于他们拥有大学生思想政治教育的专业素质和能力，或者说这方面的素质和能力还有待提高。必须进一步加强对他们的专业引领和丰富他们的知识储备，能够让他们足以应付各种复杂的局面，能够做到临危不乱，指挥若定。

然而，目前在中国基本上没有全国性的、正式的、与学生工作者专业化相匹配的学生事务相关的协会组织，只有以行业为主体如师范院校成立的学生工作研究会，医科学校成立的学生工作研究会等，这些团体的成立以民间的方式在尝试。国内设有辅导员专业培训的点少之又少，学科建设、培养体制等方面都还不完善，加之由于长期以来高校对辅导员工作有意无意的忽视，高校对辅导员队伍的培训还要加大力度，要开展定期的培训，各个高校之间还要加强合作，进行专业理论的探讨，使他们的业务能力不断提升，从而对我国的高等教育发挥出重要的作用。

（二）评奖评优欠公平

据了解，我国高校辅导员主要由专职与兼职人员两部分组成，大多数高校辅导员是以兼职为主，配备少量的专职人员。当前我国高校辅导员的制度虽然日趋完善，但辅导员的身份和地位的界定一直存在着一些问题。因为辅导员队伍的年轻化决定他们的寿命只有短短几年，目前平均为3~5年。他们的来源有两种，一种是由高校的青年业务课教师来兼任，一肩挑两边，一边是业务工作，一边是思想政治教育；另一种来源是高年级的本科生或是研究生。他们思想觉悟比较高，一边学习，一边从事学生的教育工作。因此，我们可以看到辅导员的整体资质比较浅。他们身兼数职，工作量大，任务重，生活节奏快导致他们无法潜心专研学业，无法和专业的教师相比，故他们的科研成果在职称方面的晋升上无法与专业的教师相比，在评优评奖中很难占有优势。

除此之外，如何对辅导员进行科学合理的评价，目前，在我国高校，还没有建立一系列科学合理的评价机制和体系。没有量化的评价机制，虽然他们工作兢兢业业，任劳任怨，但工作的成绩却很难通过一些量化的手段来进行合理的评价。还因为高校规模的不同，院系的区别造成了辅导员工作量的不同。很多高校都是采取"二级院系管理体制"。有的院系规模很大，学生人数上千。而有的只有几十个人，人数少的院系辅导员工作很容易看出他们的工作成效。而人数多的院系很难看出他们的工作成效。由于学校的评价制度是一样的，导致评价的时候很难做到公正、公平。

（三）待遇与工作量的不平衡

辅导员的核心工作是对学生进行思想政治教育，主要体现在以下几个方面：①日常生活对学生的思想政治教育；②配合院系进行思想政治理论课的教育教学；③组织和领导基层的党团建设，在班级建设和学生会干部的建设中发挥着主导的作用。除了思想政治教育工作外，辅导员的工作还包括对学生的管理和服务两个方面。按照高校的规章制度和遵循的行为规范来管理和约束学生的行为，使他们的行为有范，符合社会道德和伦理要求。还可以采取激励和惩罚措施对学生进行管理。而服务主要是指给高校学生提供勤工俭学的服务以及心理咨询，和毕业前的就业指导和就业服务。如协助举办大型的招聘会，给学生提供招聘的信息等。当前，我国辅导员的工作已经涵盖了方方面面。具体可以分为以下几个方面：①活动方面包括学生的科技活动、文体活动、社会实践活动；②教育管理范围包括了安全稳定教育、学风建设、心理健康以及就业指导等。每位辅导员不仅要负责学生的理想信念和思想品德教育，而且要开展专业学习、心理健康、职业规划等各种辅导，体现出承担任务的综合性。

但是由于种种客观原因，造成辅导员职称较低、地位不高的现实情况，而使广大辅导员们不得不面对薪金待遇水平相对较低的现状。据调查，我国高校辅导员的待遇与专业教师存在着或多或少的差距，如：一些高校对于专职辅导员薪水的算法是乘以相应级别专业教师的0.8的系数，兼职辅导员则所乘系数更低；在考虑住房问题上，优先照顾教师等。由此可见，尽管辅导员队伍承担着如此繁重的任务，但待遇与工作量的不平衡问题却一直存在。也正是因为我国许多高校在对待辅导员的待遇、培养、提升等方面都没有给予相应的重视，造成辅导员队伍的积极性、稳定性很难得到保证，使辅导员个人的职业预期及自我实现的需求与现实存在较大反差。

（四）发展方向不明确、职称评定较困难

在一段比较长的时间里，我国高校的辅导员一直处于一种比较尴尬的位置，他们的发展方向和出路不太明确。要么往党政管理干部的方向发展，要么往业务教师的方向发展。这两个发展方向也就意味着辅导员要么放弃掉自己的专业，潜心于党政事务的管理，要么离开管理方向，去专研教学，成为学术大师。这种制

第五章　大学生管理队伍存在的问题及建设路径

度也就意味着辅导员只不过是很多人的一块跳板，他们从事的辅导员工作只不过是一个过渡而已。但是在很多高校，很多的辅导员是专职性质的，他们缺少往教师专业转行的机会，再加上和专业的教师相比，他们的科研成果不多，因此在职称晋升的道路上也是困难重重。而在行政管理方面，他们的身份也很尴尬，竞争也不容乐观。很多领导岗位直接从从事教学行业的教师中提拔，或者本身的门槛设置也比较高，使很多辅导员望而却步。他们竞争的优势也不明显，特别是在新时期、新形势下，随着高校学生人数的扩招，辅导员数量也相对增加，以上两条出路已不能满足广大辅导员的发展需要，只能解决少数特别优秀的辅导员的问题，而大多数辅导员还得继续担任现在的职务。

目前，我国许多高校的辅导员除本职工作外，同时还担任着思政课的教学任务，担负着一定的教学工作量，这使辅导员有了特殊的双重身份，"辅导员既是教师，又是干部。还有一些高校的辅导员或者是专业老师，或者是在读研究生，即为"双肩挑"模式。所谓"一心不可二用"，而在"双肩挑"的模式下，往往是科研与辅导员本身的职责都难以顾及。辅导员本身的工作事务尤其繁琐，再加上辅导员的教学工作并不轻松，专业发展也需要极大的精力，因此他们很难有时间和精力再去进行学生工作科学理论的研究。这样不仅使他们自己的业务、学习和辅导员的工作都不能高效、优秀地完成，同时也让他们搞不清楚自己的身份，到底是教师、学生、还是干部或是其他角色，由于辅导员工作的特殊性，导致了辅导员往往既是"教师队伍的软肋（教学、科研），又是干部队伍的另类（以学生为对象）"。加之目前在我国，高校长期以来自身对辅导员这一群体不够重视，有意无意地忽略了辅导员队伍，在编制、职别、级别等方面，没有给予足够的重视，现在虽然国家已经出台了辅导员队伍的职称评审体系的文件，明确了辅导员属教师编制，但落实方面还有待加强。所以，即便辅导员干得很出色，也无法晋升更高级的学术职称，这便给辅导员的职称评聘问题带来了许多困难。

职称问题不能及时解决，影响着职务上的评定和晋升。辅导员职称、职务的问题较专业教师难以评聘，造成辅导员工作不能像专业教师一样成为一种能够长期从事的职业。这样便导致了辅导员缺乏职业荣誉感、缺乏工作的动力，很难激励起个人的工作激情。如此一来，使得辅导员难以看清明确的、切实可行的发展方向，也不利于实现他们个人事业的发展规划。

第三节　加强高校学生管理队伍建设的途径

在当今经济的形势下，高校学生管理队伍建设面临着严峻的压力和挑战，管理队伍十分不稳定。因此，加强高校学生管理队伍建设，增强高校学生管理队伍的稳定性，提高高校学生管理队伍人员素质，以搞好高校学生管理工作，实现学生的全面发展。

一、高校学生管理队伍建设的策略研究

本书所介绍的高校学生管理队伍建设的基本方法是高校学生管理队伍建设活动中所需要依照的内在指引，并不是一种具体的可以照搬照抄的方法体系。马克思唯物主义认识论认为这样的方法根本就不存在。这一套内在方法贯穿于队伍建设过程的始终，指导整个高校学生管理队伍建设工作。这些方法主要包括：方向策略与实效策略的结合；理论策略与渗透策略的结合；系统策略与针对策略的结合；长期策略与连续策略的结合。

（一）方向性与实效性结合

方向策略是指高校学生管理队伍建设工作中必须有明确的政治方向，它作为高校学生管理的一个基本方法，体现了高校学生管理目的的基本要求。马克思、恩格斯曾深刻地指出："统治阶级的思想在每一时代都是占统治地位的思想"，"占统治地位的思想不过是占统治地位的物质关系在观念上的表现"，"一个阶级是社会上占统治地位的物质力量，同时也是社会上占统治地位的精神力量。支配着物质生产资料的阶级，同时也支配着精神生产资料"[①]。因此，任何统治阶级都十分重视意识形态领域的工作，总是通过各种方式把代表本阶级意志和利益的思想向社会推广宣传，并确保其在社会意识形态领域里的主导地位。我国社会主义基本制度规定的教育目的决定了高校学生管理队伍建设的方向，即必须把握社会主义方向，必须代表广大人民群众的根本利益，必须体现党的基本路线的要求。坚持高校学生管理的方向性准则，就必须通过实施科学管理、采取有效措施、建立完善机制，把方向性的基本要求贯穿到高校学生管理的全过程，融汇到高校学生管理工作的全部内容中，使从事高校学生管理工作的老师和工作人员坚

---

① 马克思恩格斯选集（第1卷）[M]．北京：人民出版社，1995，98．

第五章 大学生管理队伍存在的问题及建设路径

定社会主义的信念和理想,在实践中努力实践培养社会主义的"四有"新人的目的。

高校学生管理队伍建设在坚持社会主义政治方向的同时,还必须追求实效性,即注意高校学生管理队伍建设工作的实际效果。是否具有实效性和实效性的大小是检测评估高校学生管理队伍建设工作成功与否的重要尺度。这里说的实际效果,既包括精神成果,也包括物质成果,既要看高校学生管理工作者思想道德境界的升华,精神世界和人格情感对于高校学生管理工作的投入,也要考察高校学生管理工作者处理学生各方面问题的专业水平、工作技能等综合素质的提高。实效性还涉及效率和质量的问题。高校学生管理队伍建设工作不能满足于一般的效果,必须讲求高标准、高效率、高质量,取得相对满意效果。所谓相对满意效果,就是在尽量考虑种种限制条件下,尽当时最大限度的努力所可能达到的最佳最优效果。追求实效性原则要求管理者在决策和拟定工作计划时,要从客观实际出发,对决策方案和教育计划进行可行性研究,事先预测实践效果,避免主观主义;在目标实施过程中,要通过一系列措施、方法对教育活动进行监督、调控,使之按既定轨道运行;在总结工作时,应建立和完善信息反馈和评价机制,使管理者能及时获得准确的结果,并进行科学分析和评价。

(二)理论性与渗透性结合

高校学生管理的理论性较强,这就要求高校学生管理必须始终贯彻理论性准则,坚持科学理论的指导,有效地组织实施学生管理工作。马克思曾指出:"理论一经掌握群众,也会变成物质力量"[1],列宁也指出:"没有革命的理论,就不会有革命的运动……只有以先进理论为指南的党,才能实现先进战士的作用。"[2]这些论述都深刻地揭示了理论的重要性。从某种意义上讲,高校学生管理队伍建设取得什么样的效果,依赖于对理论的重视程度,依赖于对理论的学习、研究情况和理论的应用情况。没有坚实理论基础的高校学生管理,是苍白无力的。在高校学生管理队伍建设实践中坚持使用理论策略,就要加强完整、系统的马克思主义理论教育,加强实体性的学生管理工作,使高校学生管理队伍认真学习马克思列宁主义,学习毛泽东思想尤其是邓小平理论和"三个代表"重要思想,完整、

---

[1] 马克思恩格斯选集(第1卷)[M].北京:人民出版社,1995,9.
[2] 列宁选集(第1卷)[M].北京:人民出版社,1995,311.

系统、准确地领会和掌握马克思主义理论这一认识世界、改造世界的强大的思想武器；真正把握马克思主义的精髓和精神实质，并运用其解决高校学生管理中的现实问题，做好理论工作，充分发挥马克思主义理论对高校学生管理队伍建设的指导作用。

高校学生管理的理论策略与渗透策略是紧密联系在一起的。所谓渗透策略，就是要遵循人的思想发展规律，把高校学生管理渗透到大学生日常思想管理活动中去，与各种具体工作有机结合起来。融合各种教育因素和中介，用潜移默化的形式循序进行。坚持渗透策略，要求高校学生管理部门增强渗透意识，积极创设条件，利用社会调查、参观访问和开展创建文明城市、文明社区、文明单位活动等多种形式建设高校学生管理队伍。让高校学生管理工作者将马克思主义、毛泽东思想、邓小平理论内化到自己的实际工作中去，使自己的精神世界、人格情感、社会态度等方面更加符合作为一名社会主义性质的教育者所应有的素质。

（三）系统性与针对性的结合

高校学生管理还必须坚持系统策略与针对策略结合的准则，也就是说，既要把高校学生管理队伍作为一个完整的统一体进行建设，又要根据自身学校的情况，有针对性地进行建设。

系统性是知识经济时代队伍建设与管理的基本特点。它要求在管理中自觉运用系统理论和方法，对管理对象、管理过程进行系统分析，通过管理功能的发挥取得较好的管理效果。高校学生管理队伍建设也应坚持系统性准则，其原因主要有以下几点。

1. 坚持系统策略是由高校学生管理队伍建设过程自身的特点决定的

高校学生管理队伍建设的过程是一个复杂的系统工程，包括两课理论教师队伍建设、大学生党建、辅导员队伍建设、专业课教师队伍建设等多个基本因素和确定教育目标、制订教育计划、选择教育机制、指导受教育者践行社会要求、检查总结等一系列制度建设的基本环节。这些因素和环节按一定的内在联系构成完整的教育过程体系。高校学生管理队伍建设中的各个因素都具有不稳定性，它们的组合是动态的组合，这就决定了整个教育过程体系必然呈现不断变化的态势。要想驾驭这样一个复杂的体系，就必须运用系统策略，从整体上对其进行动态的、层次性的把握。

2. 坚持系统策略是实现高校学生管理队伍建设根本目标的需要

一方面，良好的思想政治品质的形成需要经过多个阶段的考验，是一个极其复杂的思想矛盾的运动过程，只有坚持系统管理，才能做好各个阶段的思想转化工作和各阶段之间的衔接工作。另一方面，人的思想认识具有个性差异，只有实行高校学生的系统管理，才能在承认个体性、差异性的前提下，为不同的教育对象创设先进性要求与广泛性要求相结合的教育条件和教育环境，使不同起点的人都能在原有基础上逐步提高，树立共同的理想、信念和高尚的道德情操。

3. 坚持系统策略是由高校学生管理内容自身的复杂性、不可分割性决定的

高校学生教育管理包含着理论教育、政治教育、思想教育和道德教育等诸多内容。这些内容是一个有内在联系的整体，在实际教育过程中绝不能把它们割裂开来。片面地、孤立地强调某一个或某几个内容，是不会收到好的教育效果的。如果对理论教育和政治教育不管不顾，单纯抓道德教育和思想教育，就会使整个教育缺乏动力和后劲；如果对道德教育和思想教育不闻不问，一味强调理论教育和政治教育，就会使整个教育缺乏目标和方向。因此，在高校学生管理中必须坚持联系性的观点和整体性的方法。

高校学生管理队伍建设的系统策略和针对策略是不可分割地有机统一。在高校学生管理活动中，如果不能坚持系统性准则，就会缺乏大局观念，不能从宏观上把握整个教育活动，容易割断各个部分之间的联系，产生顾此失彼的现象，影响高校学生管理效果。但是，如果只强调宏观上的整体观念而不注重在微观上对具体问题的具体分析，则势必导致目标空泛、抽象，目的性、针对性不强，产生"无的放矢"的现象，同样会影响高校学生管理效果。因此，高校学生管理队伍建设在采取系统策略的同时，还必须采取针对策略。坚持针对策略，就必须针对队伍建设的各个方面进行"有的放矢"的指导。

（四）长期性与连续性结合

长期策略与连续策略结合也是高校学生管理队伍建设必须坚持的一个重要方法体系。世界的形势是不断变化的，大学生的思想观念也是不断与自己原有的思想观念斗争的。因此，高校学生管理队伍建设也将会是一个长期工程。高校学生管理队伍建设者要时时关注大学生思想受到的各种冲击来源，适时地改革高校学生管理队伍结构，解决新的冲击问题。例如，在网络化的今天，网络学生管理队伍就是一个必需的组织部门。因此，高校学生管理队伍建设必须长期抓、反复抓、抓反复，使之成为一种驱动力，不断推动高校学生管理队伍的适应性，朝着进步的方向发展。另外，意识形态领域斗争的长期性和复杂性，也要求高校学生

管理队伍建设必须坚持长期性准则。马克思主义告诉我们，一定社会的经济基础改变以后，反映这个经济基础的意识形态不会立即消亡，还会在一个相当长的时期内继续存在，并发生一定的影响。在我国，资产阶级作为完整的阶级已被消灭，但资产阶级的影响还将长期存在，并腐蚀着一些人的思想。国际敌对势力也会乘机从思想领域对我们进行渗透和颠覆。大量事实证明，思想领域这块阵地，马克思主义不去占领，各种非马克思主义甚至反对马克思主义就会去占领。对此，我们必须有清醒的认识，把高校学生管理作为长期工作来抓。

高校学生管理的长期性是包含着连续性的。人们常说的高校学生管理要长抓不懈这句话，就体现了长期性与连续性的统一。所谓"长抓"，就是要把高校学生管理作为一项长期任务，"不懈"就是一刻也不能放松，不能出了问题就抓紧，没有问题就放手。坚持教育的连续性，就是按照思想发展变化的规律，有计划地、不间断地进行学生管理工作。一般来说，连续性应包括这种含义：一是时间上的不间断，二是教育过程中的有序性。时间上的不间断，就是不能随意中断高校学生管理队伍建设，不能因忙于其他工作而忽视高校学生管理队伍建设。改革开放以来，我们曾一度片面强调经济建设的重要性，放松了对高校学生的管理，结果导致社会道德失范、思想紊乱、信仰危机等一系列问题，严重影响了经济和社会的发展。

二、高校学生管理队伍建设的路径研究

在高校学生管理队伍的组成中，辅导员队伍和日常管理队伍是与学生接触最为频繁地。这两支队伍的建设应该成为高校学生管理队伍建设的重点。这两支队伍建设的路径可以采取以下几种形式：职业化建设路径、专业化建设路径、发展性建设路径、动态性建设路径。

（一）职业化建设路径

实践证明，某类人员素质的提高，一条行之有效的路径是实行职业化，对从业人员进行资格认定。例如维护公民法律权利和法律尊严的律师，为企业理财聚财的会计人员，救死扶伤的医生，他们素质的提高，无不归功于资格认定制度。所以思想政治教育队伍要想更有所为，就必须走职业化之路。具体说来，职业化建设路径应从以下几个方面入手。

1. 树立高校学生管理队伍整体良好的职业形象

高校学生管理者的形象，不仅直接影响高校学生管理这一职业，而且是高校

学生管理队伍形象的重要组成部分。具有良好形象的高校学生管理者，既能使受教育者信服，具有强大的凝聚力，又能较容易地赢得社会各界的支持。一生获得7个荣誉博士学位，被认为是管理学界最有影响人物之一的美国管理学家巴纳德认为：一项命令是否具有权威，决定于命令的接受者，而不在于命令的发布者。高校学生管理人员形象好坏的重要性，由此可见一斑。高校学生管理队伍的职业形象，应包含以下要求。

（1）健康的体魄。教育心理学告诉我们，学生更易于接受表面上看起来美的事物。在大学生思想政治教育工作中，我们不能要求每一个员工都有美丽的外表，但应该有健康的身体。身体健康是一个人美的根基。在工作之时，大学生也更加容易受其感染，接受其思想。另外，高校学生管理工作也是极其消耗体力和精力，没有一个健康的身体，不能坚持下来。

（2）坚韧的意志品格。态度决定一切，作为一个高校学生管理工作者，必须具有强烈的事业心和进取心，要对高校学生管理有高度的热情和主动负责的态度，保持对高校学生管理坚定的信念和自己能够解决好学生问题的自信。同时，高校学生管理者还要有对高校学生管理工作强烈的责任心和提高高校学生管理成效的荣誉感，把改造大学生的精神世界和人格情感当作自己的神圣的历史使命。

（3）有良好的精神状态。做高校学生管理工作，应该表现的十分成熟，有雄心而不脱离实际，有干劲而不急功近利；始终保持一种积极向上、虚怀若谷、理智谦和、淡泊宁静的精神境界和心理状态。保持良好的精神状态，需要坚定马克思主义信仰，保持对高校学生管理工作的热情，坚持展示对受教育者的表率作用。

（4）有严谨的思想作风。在思想作风方面，我们要坚持党的传统，在延安整风运动中，我们党提出"反对主观主义以整顿学风，反对宗派主义以整顿党风，反对党八股以整顿文风"的要求。在做学生管理工作的时候，辅导员及其他高校学生管理教师要注意把这些传统与工作实际相结合。高校学生管理工作要重视实际，在工作中一定要注意避免主观主义错误，对学生工作进行实际调查；辅导员是与学生群体接触的工作，因此要注意宗派主义的问题，养成学生独立的思想意识，避免在学生心中种下错误的种子；现在我们党提倡创新，班主任的工作也有其重要，在对学生论文进行指导的过程中既要注重规范性，又要打破常规，避免"党八股"现象出现在学生群体之中。

2. 建立高校学生管理工作者长期投身学生教育管理事业的职业理想

职业理想是指人们对未来工作部门和工作种类的向往，也是指人们对现行工作中想要达到的目标或者是实现的成绩。与职业认识、职业情感和道德意志相比，职业理想具有综合性、稳定性和持久性的特点，它在高校学生管理者的道德品质形成中居于主导地位，是道德认识转化为道德行为的重要力量。马克思主义认识论原理认为职业理想是人的社会关系的"上层建筑"，职业理想是建立在人们对于自身所处的政治经济环境的认识基础之上的，受自身的政治经济因素的影响，是个人思想政治素质中的高级层面。职业理想有高、中、低层次之分。在各个社会，居于低层次的职业理想，往往把从事的职业视为维持自己和家庭生活的重要手段；居于中层次的职业理想，把职业主要当作发展自身的路径，是个人对自身进行个性化教育的手段；居于高层次的职业理想，是教育中的社会个性化部分，把自己的理想与社会实际相结合，立足本职工作，发挥自身工作对于社会的影响。

高校学生管理工作者对高校学生管理事业的信念是与社会主义、共产主义理想信念紧密相连、高度一致的。高校学生管理工作者只有树立了崇高的职业理想和政治信仰，才能产生强大的内趋力，以坚持不懈的意志与毅力去从事伟大的事业。高校学生管理工作者是一项艰巨复杂的工作，从事高校学生管理工作会遇到很多困难，但只要坚信社会主义信仰和崇高的职业理想，坚定社会主义必然胜利，有立志为共产主义事业献身的精神，那么不管遇到多大的困难和挫折，都会以坚定的信念感染教育对象，与教育对象一起，产生思想共鸣，增强高校学生管理的效果。

3. 培养高校学生管理工作者必备的职业技能

高校学生管理工作者还必须学会多种本领，逐步培养起自己的实际工作能力。高校学生管理者的职业技能主要包括以下几点。

（1）调查研究能力。高校学生管理者要有较强的调查研究能力。懂得社会调查原理和方法，重视实证研究，善于接触、观察、了解、分析教育对象和社会环境，并作出正确的决断；要有较高的理论研究分析能力。调查研究是发挥马克思主义理论在高校学生管理工作中巨大作用的前提。我们党历来有调查研究的作风，毛泽东同志在延安整风运动中更是提出"没有调查，就没有发言权"的重要思想。在进行高校学生管理工作的时候，更要注意使用调查研究的方法。高校学生管理工作面对的群体是一群受各种思想影响的大学生群体，具有一定的辨别能力，用事实说话的方法也更加容易令他们信服。另外，高校学生管理工作面对的是一个群体，所从事的工作，是针对一个大学生群体这个基本面的工作，一个大学生思想发生动摇，必定不是单个的现象，必须采用调查研究的方法，找到这种现象产生的根本原因，防微杜渐，保持大学生思想时时刻刻围绕在党旗左右。

（2）思想宣传能力。这主要是指有较强的口头和文字表达能力，开会讲话能抓住要领、突出重点，富有鼓动性；做群众工作要热情、耐心、细致，能够理解人、关心人；写文章要深入浅出、联系实际、讲究逻辑，富有说服力。这是从事高校学生管理工作的基本能力。高校学生管理工作采取的方法依然是以劝说说服为主，对于高校学生管理工作，必须要能够有这方面的能力，把党的思想、方针、政策宣传到学生中间去。这也是现代高校学生管理者个人魅力的重要体现。

（3）组织协调能力。高校学生管理工作是社会性的教育活动，同时它的教育对象又是以群体和个体形式出现的人，在高校学生管理过程中，既需要组织各种教育力量，以发挥教育合力的作用，又需要进行个别教育，深入细致地开展谈心活动，以取得良好的教育效果。因此，高校学生管理者要有较高的组织协调能力，主要包括：能够调动和组织本单位、本部门和社会各方面的力量，协调各方面的力量开展高校学生管理工作；能够耐心细致地开展个别的谈心活动，实施面对面教育，包括主动接近教育对象，懂得教育对象心理，创造良好的谈心气氛，掌握谈心技巧的能力；能够运用各种措施，通过民主管理激发受教育者的积极性，自觉开展思想斗争，实现思想矛盾转化的能力。

（二）专业化建设路径

如果说高校学生管理者的职业建设路径侧重于外在的表层的高校学生管理队伍建设，那么专业化建设路径则是重点定位在高校学生管理者的内在的深层素质管理，具体说来有以下几个方面。

1. 构建符合高校学生管理工作要求的知识结构

高校学生管理是一门综合性、实践性很强的应用性学科，从事高校学生管理工作的每一个教育者，都应该通过学习和锻炼，掌握丰富的知识，达到较高的水平。高校学生管理者必须具备合理的知识构成。

（1）具备高校学生管理工作要求的扎实的理论知识。扎实的高校学生管理专业知识，突出表现为具有扎实的马克思主义理论基础和良好的理论素养，具有高校学生管理的基本理论和工作业务方面的知识，包括党的思想政治教育的优良传统和基本经验，高校学生管理原理、方法论、学生管理教育发展历史的专门知识等。作为高校学生管理工作者，应该掌握一些与教育有关的多门学科知识，比如教育学、心理学、伦理学、政治学、社会学、管理科学，并且要注意运用多门学科的方法。这些诸多学科之外，最为重要的是教育史，多借鉴教育史上关于高校学生管理的重要内容，对于我国高校学生管理工作具有重大意义。

（2）丰富高校学生管理工作的相关学科知识。高校学生管理工作不仅承担着对大学生在校内的管理工作，还需要对大学生在校外的思想进行一定程度的指导，以方便他们走上人生的大舞台。因此高校学生管理者不仅要有扎实的专业理论知识功底，还要熟悉和了解与高校学生管理发生联系的一些辅助知识，例如经济学、法学、历史学、美学、语言学、逻辑学、民族学、宗教学、文学，以及自然科学中的数学、统计学和现代科学技术知识、电脑操作知识等。对于这些相关科学知识，高校学生管理者懂得越多，对工作就越有利。

2. 培养高校学生管理工作的能力结构

高校学生管理者不仅要有广博精深的知识结构，还必须具备相应的工作能力。高校学生管理者的能力主要包括以下几点。

（1）思想预测决策能力。高校学生管理者要善于在调查研究的基础上，寻找事物内部、事物之间的内在联系，从中把握事物发展的客观规律。通过对客观事物现状的透彻观察和分析，正确估计和预测发展的趋势和结果，制定具有前瞻性的战略和策略，使自己的工作立于有利的地位。特别是在经济全球化、世界多极化的背景下，国际国内竞争日趋激烈、市场需求千变万化、发展机遇稍纵即逝、左邻右舍你追我赶的情况下，一个合格的高校学生管理者为了实行有效的管理，就必须具备很强的综合分析、预测预见能力。此外，高校学生管理者还要具有科学决策的能力。现代科学意义上的决策是高校学生管理者的基本职能，它在管理活动中处于核心地位，它能体现和考验高校学生管理者的智慧、能力和才干。高校学生管理领域中的决策包括：根据自身工作性质和一个时期的工作任务，合理确定决策事项、范围和类别；按照现代决策的基本程序，来确定决策目标；依据主客观条件，拟订、评估和优选决策方案；广泛征求意见，进行试点检验，最后普遍实施决策。在决策中，要遵循客观性原则、可行性原则、系统性原则和民主性原则，把调查研究方法、经验判断方法、智囊咨询方法、集体讨论方

第五章　大学生管理队伍存在的问题及建设路径

法有机结合起来。

（2）独立从事科学研究的能力。高校学生管理工作者应具有独立从事科学研究的能力。这是因为高校学生管理工作是关于高校学生发展规律的科学，有其严密的逻辑结构和完整的科学体系。随着形势的变化与科技的进步，高校学生管理理论必然需要发展和创新，客观上需要从事高校学生管理工作的教职员工具有较高的理论水平和较强的科研能力。不断加强学习和进修，不仅在实践上善于开创新局面，更要能根据社会的发展进行理论创新，唯其如此，才能够驾驭纷繁复杂的社会变化趋势，并为高校学生管理理论的可持续发展不断注入生机和活力。

（3）运用现代化手段的能力。21世纪是知识经济的时代，随着科学技术日新月异的迅猛发展，促使人类实践活动的规模、范围空前扩大，社会的复杂程度也日益明显。以信息技术、微电子技术、通信技术、人工智能技术、生物技术、新材料技术、新能源技术和海洋开发技术等为标志的高技术群迅速发展，为高校学生管理进入崭新的时代奠定了科学的物质基础。数字化革命、网络共享、多媒体、虚拟技术实现了高校学生管理工作的办公自动化。在高科技时代，高校学生管理模式将是一个全面知识素质型的模式。建立在知识与信息基础上的高校学生管理将实现工作环境的网络化，高校学生管理工作者要学会运用现代科技给人类带来的现代化手段，要学会在信息高速公路上及时地与人沟通，快捷有效地完成高校学生管理的任务。

3. 专业职务和职称管理

高校学生专业化管理的另一个体现是抓好专业职务和职称管理。通过专业职务、职称管理，要使优秀的高校学生管理人员受到表彰和奖励，对于不符合条件、表现不好的人员要及时进行调整。建立职称制度，就是为了激励从事高校学生管理工作的教职工。高校学生管理工作一直存在着队伍不稳定，后备队伍匮乏的问题，职称制度就是解决这一问题的法宝。而要做好这项工作，必须建立科学的考核标准：①要坚持客观的原则，全面准确、实事求是地反映高校学生管理工作者的状况，并按照统一的标准，公平公正地作出对高校学生管理者的评价；②要坚持民主公开的原则，将考核的内容和标准、方法和程序等公之于众，公开接受群众监督，并通过征求意见、民主评议方式，让广大群众直接参与建立考核制度；③要注重实效的原则，考核制度一旦制定，就要严格贯彻，反对任何形式主义的做法；④要坚持依法考核，做到考核的公正，严禁任何形式的舞弊和弄虚作假的手段。要把考核的结果和专业职务、职称评聘管理结合起来,作为对思想政治教育工作者奖惩、培训、辞退以及调整职务、级别和工资的主要依据。

(三) 发展性建设路径

现代高校学生管理面对的是全球化、信息化、法治化及多元化的社会背景。尤其在社会转型时期的中国,社会生活发生了复杂而深刻的变化。经济成分和经济利益多样化、社会生活方式多样化、社会组织形式多样化、就业岗位和就业方式多样化日趋明显,出现了大量的新的社会群体与社会组织,并且这种变化仍将持续下去,而且其方向是多样的。这将给高校学生管理带来大量新情况、新问题。因此,从事高校学生管理的教职员工要想在今后大有所为,就必须注重自身高校学生管理者素质的可持续发展工作。要做到学生管理工作以人为本,提升素质,在发展中增强本领,高校学生发展管理就要做好两方面的工作。

1. 对高校学生管理队伍实施培训

高校学生管理队伍的培训,是指根据经济和社会发展的需要,按照职位的要求,通过各种形式,有组织地为提高高校学生管理者政治和业务素质所进行的培养、训练活动。在培训过程中,要力戒形式主义,要贯穿理论联系实际、学以致用、按需施教、讲求实效的原则。根据需要,建构完整的培训体系,制定科学的培训计划,精挑细选培训的内容,完善改良培训的形式,配备好教师和专家,并做好培训后的追踪反馈和经验总结。培训一定要起到有效作用,切实增强高校学生管理者用理论指导工作的本领,观察形势的本领,引导群众进行市场经济建设的本领,用正确的价值观影响人们的思想和行为的本领,凝聚人心的本领,从群众中来、到群众中去的本领,善于调查研究总结经验的本领,抓落实求实效的本领,使高校学生管理者改变过去的中心意识,并切实加强服务意识,在做具体工作时"给人喜欢,给人方便,给人信仰,给人希望"。

2. 提高高校学生管理队伍学习主动性

未来的高校学生管理对象,将是一个智能化的群体,知识型劳动者将走向前台,成为管理的主体。他们知识多、素质高、能力强,具有独立人格,具有现代意识,崇尚科学与理性,这就决定着高校学生管理的起点要高,高校学生管理者的素质要高。高校学生管理者要由单一型向复合型人才转变,要做到技术业务管理的内行。这就要求高校学生管理者自身主动学习和思考,增强知识和素质,积极解决工作中面临的新问题和新情况。从事高校学生管理工作的教职员工要做到

第五章　大学生管理队伍存在的问题及建设路径

终身学习，切实做到活到老，学到老，跟上时代发展的步伐，培养时代需要的人才。

(四) 动态性建设路径

在新时期，我们要把竞争激励这一根本机制引入、贯穿于高校学生管理队伍的管理过程之中，改变以往人事管理"能上不能下、能进不能出、干好干坏一个样"的局面，这对以往人事管理中领导职务实际存在的终身制和优秀人才难以脱颖而出等弊端是一次革命。因为只有高校学生管理队伍具有正常的新陈代谢机制，才能增强高校学生管理工作队伍的生机和活力。因此必须保持高校学生管理队伍人员的正常流动，这既是优化队伍结构的需要，又是现代管理学主张的动态管理原则的要求。要做到动态性管理，应从以下几个方面入手。

1. 对高校学生管理队伍的吸收更新

在当前发展社会主义市场经济的条件下，如何建立一个合格的流动制度，是增强队伍活力和生机、稳定和优化队伍的重要措施。我们要做到使专职骨干队伍相对稳定，使其深入从事理论研究，以便积累经验，提高队伍的整体素质和工作水平。同时我们也要淘汰那些不适合从事高校学生管理工作的人员，做到优胜劣汰，精兵简政，以提高高校学生管理队伍人员的整体形象。在这里，做好人员录用是提高队伍素质的重要一环。只有确保高素质的人才进入高校学生管理的队伍，才能在进一步培训的基础上构建一流的高校学生管理者队伍。选拔的目的是要建设好一支专兼结合、功能互补、信仰坚定、业务精湛的学生管理队伍。因此，搞好选拔工作是建设队伍的前提和基础，严格把好这一关，是高校学生管理队伍建设和管理的关键。在选拔的过程中，我们要切实坚持公开、平等、竞争、全面、择优原则，通过广揽人才，选贤任能，选出第一流的学生管理工作者。因此录用过程应是深入了解、全面考核、认真比较、谨慎筛选的过程。

2. 对高校学生管理队伍培养输出人才

高校学生管理队伍的人才培训是一项系统的工程，在整个培养过程中，首先要确立培养的目标和计划，根据目标推进的状况适时调整和完善培养计划，并根据计划的执行情况进行定期的回顾和总结，以切实做到高校学生管理人才培养的科学性。高校学生管理人才的培养应通过脱产学习、在职培训、挂职锻炼、组织参观访问等多路径、多渠道进行，以全面提高自身素质。所以，高校学生管理队伍要发展壮大，除了鼓励队伍骨干人员安心工作外，还应制定倾斜政策，吸引更多的优秀人才加入到这支队伍,要按照革命化、知识化、专业化、年轻化的标准,注重从中青年中选拔优秀人才,配备到领导班子和各部门中去。对工作中表现突出、有显著成绩和贡献以及其他突出事迹的高校学生管理工作者要给予各项具体的奖励。对在工作中取得突出成绩的优秀人员要大胆提拔使用,及时安排到领导岗位上去工作,以便发挥更大的作用。

3. 扩大高校学生管理队伍中兼职人员与专业人员交流

目前,我国高校学生管理队伍由两部分人员组成,一是专职人员,二是兼职人员。其中专职人员是核心和骨干,他们在教育活动中起主导作用。兼职人员是指那些既担负着其他业务工作,又担负着高校学生管理任务的人员。尽管他们不是用全部精力和时间来从事学生管理工作,但他们却是这支队伍中一支重要的力量。作好兼职人员与专业人员的交流,既有利于调动更多的人来关心和参与群众性很强的学生管理活动,更有利于学生管理与业务工作相结合。过去长时间的实践证明,兼职人员在高校学生管理工作中发挥着专业人员起不到的巨大的特殊作用。因此,要扩大高校学生管理的覆盖面和影响力,就必须坚持兼职与专业人员交流的方法,不遗余力地把高校学生管理这项社会性很强的实践活动不断推向深入。

第四节　中美高校学生管理队伍专业化建设的比较研究

在高校学生管理队伍的专业化建设过程中,中美高校间存在着一定的相同之处,同时也存在很多不同的地方,具体来说,主要表现在以下几点。

一、中美高校学生管理队伍专业化发展的相似点

高等院校的发展离不开高校学生事务的管理,因为它直接关系学生的学习和未来发展。而无论中外,高校学生事务管理都有自己的基本职能,比如招生录取、注册登记、入学教育、咨询服务、住宿服务、学生活动管理和指导、经济资助、就业指导等。这些都是最基本的服务职能。除此之外,中美高校学生管理队伍专业发展还有许多相似点:中美高校的辅导员都重视开展学生活动,将学生社团与学生组织视为学生增长才智、扩大视野、增长见识的舞台,鼓励学生加入学生社团与学生组织,参加学生活动;两国高校都非常重视辅导员队伍的建设,从业人员越来越多,学历也越来越高;都提倡为学生服务;中美高校教育都强调学

生的全面发展，认为大学生不仅要有专门的知识，更要有广博的见识，既能从事精深的研究，又要有通达的人生。

二、中美高校学生管理队伍准入机制与晋升机制的差异

（一）美国高校学生事务管理队伍的准入与晋升

（1）美国高校对于专职的学生事务管理人员聘用有着严格的资格准入和等级制度。一般来说分为三种情况：初级水平的工作者、中级管理者、高级职员。其中初级水平的工作者，主要履行低级管理职能，如学生宿舍辅导员、招生办公室新成员等；中级管理者负责院校学生事务的相关部门，如心理咨询中心、学生资助办公室等；高级职员则负责全校学生事务总体工作。学生事务人员普遍具有教育学或教育管理的硕士、博士学位，有的则获得了高等教育学生行政专业的硕士、博士学位。在专业性较强的部处室，如学生顾问和心理咨询服务中心，其管理人员还是持有专业资格证书或行医执照的心理学专家或精神病学专家。这些训练有素的人员提高了管理的专业化水平，有利于发挥学生事务工作的教育功能。"学工干部"由相关专业的硕士或博士担任，从全国或全世界竞聘，聘用方式采取合同制，双向选择。

（2）美国高校在聘用学生事务管理人员时要经过严格的审查和考核程序。美国高校公开招聘的学生事务人员主要是初级和中级层次管理人员。招聘与遴选一般包括以下几个环节：①公布招聘职位及其要求，一般在校内的有关媒体、当地的报纸、相关职业协会的网站或《高等教育纪事周报》发布职位信息；②组成专门委员会，审查应聘人员简历和工作背景，审查是否符合资格，讨论能否胜任职位；③阅读推荐信等相关资料；④面试。学生事务管理人员在被高校录用后，一般会进行集中的岗位培训，培训时间一般较短。培训内容主要包括：提出工作要求与期望；宣讲所在学校及其任职部门的工作程序；介绍新工作人员直接接触的环境、人和事；说明院校组织文化和学生的总体特征等。学校每年对学生事务人员进行绩效考核，对学生事务人员的评价、奖惩和是否聘用。

再次，美国高校不仅对学生事务管理人员的聘用有较高的职业资格要求和严格的考核程序，在职务晋升方面也有较高的标准。具体来说，初级晋升中级职务必须拥有相关领域的博士学位；而中级晋升高级职务还会特别考察其过去学生事务管理方面的实践经验。值得一提的是，美国高校对于学生事务人员招聘与晋升，除上述基本要求外，还注重从以下方面对应聘者进行测试和考量，包括有效

的自我表达能力；容忍度、对多样性的态度；对岗位的实际认识程度；完成岗位职责方面的经验；理论和专业知识；对教育哲学的认识程度；公众交流技巧；日常生活方式；职业形象；幽默感；对局面作出快速分析并采取相应策略的能力；为上级承担压力的意愿性高低；个人外观和衣着；诚实度和坦率性；易分心的个人习惯；对当前部门和上级的忠诚度、智力、个性；在同类型部门的工作经历。如此多样化的要求，从专业知识到情感表达，从工作业绩到个人生活，近乎严苛的考核说明美国高校对学生事务管理人员要求之高，由此美国高校对学生事务职务晋升的严苛程度可见一斑。

（二）我国学生管理队伍的选聘相对宽松

我国在高校学生事务管理人员的选聘上比较宽松。首先在资格准入上，我国高校选聘的辅导员主要是针对初级职位，一般要求具有本科学历即可；其次在选聘的审查和考核程序上，我国高校一般都是本校选留的优秀毕业生，较少实行公开招聘；最后在职位晋升方面，中高级职位学生工作者一般来自初级职位人员的自然晋升。因为文化背景的不同，在晋升过程中，除了考察个人能力外，我们更讲究个人资历、人际关系等，缺乏公正、完善的晋升考核机制。

三、中美高校学生管理队伍评价标准差异

建立高校专业化的学生事务管理队伍，除了加强专业培训，提高从业人员的专业能力和素养外，另一个很重要的策略是制定相应的评价标准来引导和激励从业人员的专业发展。美国高校学生事务管理人员在促进学生发展的服务和实践中为自己赢得了声誉，但逐渐发现缺少一种用于方案和员工自身发展、方案评价、自我评估和研究的综合体系和专业标准。在一些人推动和努力下，美国高等教育标准促进委员会在1979年成立，开始为学生事务管理从业人员制定一整套专业标准，于1986年出台了《高等教育专业标准与指导原则》，后来又进一步发展为《自我评量指引》（简称SAG）。2003年SAG第四版由原来的16个实务工作发展为29个实务工作以及一个硕士准备教育的专业准则。到2006年出版了第六版的SAG，对原来的9个标准和指导方针进行了修改，并进一步补充了5个新的功能领域标准和指导方针。这一高校学生事务管理队伍评价标准的不断完善，得到了业内人员的普遍认同和好评，引导高校学生管理人员不断加强自身发展，对从业人员进行公正、全面的评价，成为了考核学生事务管理从业人员的最重要工具。

四、中美高校学生管理的内容以及工作方式差异

(一) 美国学生事务管理内容及其工作方式

1. 招生

从历史演变来看,美国高校招生工作先后扮演了两种角色:"守门人"和"推销员"。具体来说,20世纪30年代以前,美国招生工作扮演的是"守门人"的角色,主要负责记录学生背景资料,登记注册,管理学生档案一类的例行工作;从30年代开始到70年代是由"守门人"向"推销员"逐渐过渡时期,这是由于美国高校之间的竞争日益激烈,招生工作得到各校的重视,各校开始设立招生主任,招生工作人员开始走出校门争取生源。招生工作扮演着双重角色,招生过程不再认为只是分数计算的服务,而只是咨询服务的第一步,招生人员应该向学生推介在本校获得成功的条件、学校能提供的服务和满足学生发展需求的能力;80年代以后是营销招生工作的"营销时代",这一时期高校将市场营销的技术引入招生过程,如精美宣传品印发,目标邮寄战略、海外营销以及电子营销技术等。

2. 注册管理

注册管理主要包括下面几个内容:研究学生对高校选择的原因,学生转学的原因以及学生的学习效果,高校可以从听取学生的意见中获得启发,从而更好地指导和改进招生工作。如改进新生招募策略和调整招生方向,如何合理的实施经济资助,为学生提供更优化的服务,帮助学生课程提高及其他影响工作实践,从而不断改进学校的工作。"注册管理"是美国高校对生源争夺的产物,虽然注册管理的目的和中心任务仍是招生,但它所代表的概念却囊括了学生事务的许多内容,它是美国高校学生事务管理中的伟大创新。

3. 定向教育

定向教育的目的就是帮助学生适应并融合到新的学习和生活环境。主要通过以下四种手段:大众媒体、团体项目和活动、个人咨询、定向教育课程。大众媒体,顾名思义,就是借助面向大众的媒介,如书面资料、电视广播等对学生予以指导,在美国高校中一般较流行的做法是给新生发放校园生活指南。团体项目和活动分为两类:一类是为了满足新生适应的需要,如熟悉校园地理布局、重要机构的位置;另一类是满足学生发展的需要,主要是人际交往和学术。个人咨询涵盖学生个体的全面发展、心理健康、职业指导和学生发展理论实践等,通常是由

导师、住宿管理员和职业咨询人员承担，采取一对一的形式帮助新生。定向教育则是指通过参观、讨论、演讲、介绍和练习等多种形式为新生提供较多内容和较长时间的指导。

4. 行为规范和纪律

"不以规矩，不成方圆。"美国高校对学生行为规范和纪律要求也相当严格。学生行为规范强调学生对遵守学校纪律的责任和义务，并明确规定一系列学生应该戒免的行为：逃课；不诚实，如作弊、撒谎、虚报等；扰乱干涉校园活动或妨碍执法的校园管理人员；逃避指定要其完成的工作；偷窃、破坏公共财物；拥有或散发麻醉品或酒精饮料；拥有枪支；对他人身体上或言语上的伤害和污辱，侵害他人权利的行为；对学校下发的书面通知置之不理；语言或行为淫秽下流等。而对违规学生视情况严重程度的不同，给予相应的处罚，主要有：警告、罚款或赔偿、留校察看、停学和开除学籍等。当然在对违规学生做出处罚时，都要通过严格的程序，其过程模式为：原告申诉和举报——学生管理部门调查——专门委员会听证并做出处罚决定——被告申诉——校长仲裁——实施处罚。通过制定和执行校园行为规范，可以约束和修正学生的不良言行，由此可见，美国高校学生行为规范和纪律的管理"倾向于在校园范围内建立一套监督和仲裁系统，对学生进行校纪和法纪教育，保护学生的合法权益，以达到学生全面发展的目标。"[1]

5. 宿舍管理和住宿生活

人们对于大学住宿生活的认识经历了一个逐渐演变的过程。原来人们普遍忽视住宿管理和住宿生活，认为它与学生教育与发展没有多大关系，从一战后，在耶鲁和哈佛的带动下，高校开展了一场兴建学生宿舍的运动，高校重视和关注宿舍管理，关注住宿生活的功能和价值，并开始意识到"住宿生活服务项目是学校教育性计划和对学术提供支持服务的不可或缺的组成部分"。一些学校开始在宿舍楼中配备阅览室，开辟学生活动场所，在宿舍楼开设有关课程，组织专题讨论，提供学术和非学术性咨询服务等，力图建立融住宿和学习为一体的氛围。其目的在于帮助学生寻求人生价值，增长经验和视野，进行公民教育，养成健康生活方式，正视和讨论伦理道德问题等。

---

[1] 马浙生. 美国高校学生工作的特点与启示 [J]. 聊城师范学院学报（哲学社会科学版），2000（4）.

第五章 大学生管理队伍存在的问题及建设路径

6. 经济资助

在美国,高校对学生可以通过奖学金(Scholarships)、助学金(Grants)、贷款(Loans)和打工(Jobs)四种形式获得经济资助。奖学金是不以经济需要为基础,助学金则主要考虑学生的经济状况,贷款分为学生贷学金和家庭贷款,打工是高校学生获得经济资助的有效途径。一般来说,奖学金所占比例较少,学生大多通过助学金和贷款获得经济资助。因为经济资助很大程度上影响学生对高校的选择,各校都会根据具体情况作出相应的调整,而 90 年代以来,美国高校学生经济资助产生了一些新的变化,主要有两点:一点是 1993 年美国开始实施国家服务与社区服务贷款计划;另一点是 1994 年开始在部分高校实施联邦直接贷款方案。这两点变化的目的在于"减少中间环节,节省开支。"[1]

7. 学生组织和学生活动

美国大学校园里存在着许多学生社团、俱乐部和其他学生组织,这些俱乐部和学生组织开展各种各样的活动,其目的在于丰富学生的校园生活。其中在众多学生组织中最有影响力、最广泛参与的主要有 3 个:兄弟会、接回会和学生自治会。对于学生组织开展的活动,学校一般不直接参与和干涉,通常是校长授权给学生负责人管理,让他们自由组织。许多学生事务专业人士组织大学生活动是美国高等教育必不可少的一部分,是自我教育的手段,让学生通过自由组织的活动,学会与人沟通和合作,促进学生综合能力的提高。学校对学生组织的活动提供必要的帮助,主要有以下几个方面:经费,向学生活动提供必要的经费开支;场地,学校一般都建有功能各异的学生活动中心;咨询,推荐兼职的指导老师,给予正确的建议和参考意见。因此,在某种程度上说,学生活动成为了美国高等教育的另一个课堂。

8. 健康服务

健康服务,就是保障学生在校学习期间,学生能获得必要的医疗服务和心理辅导。美国高校一般都设有健康服务中心,由一名专职主任负责。健康服务中心的工作包括开办讲座、散发宣传品、咨询服务等。在日常健康服务中,大多数高校都坚持预防为主,为学生提供各种检测仪器和设备,用以诊断和自测一些主要

---

[1] 余开业. 美国高校学生事务管理队伍的建设及启示[J]. 浙江万里学院学报,2005(3).

健康指标，同时非常重视心理健康和精神服务。除此之外，每个学校会根据各自的情况制定和实施一些健康服务项目，它一般要经过严谨的论证和讨论才能立项，立项的程序是这样的：首先由分管学生事务的副校长首先检查现存项目，然后根据健康服务主任、医生、学生组织、财务主管等方面反馈的信息，改进这些项目，再交由顾问委员会讨论和评估该项目的合理性、适用性和可行性，最后报请校长批准实施，向学生印发或公布这些项目和有关制度。

9. 咨询服务

咨询服务是指学生事务专业人士为学生就提高学生社交技能、感情支持或危机干预、个人经济资助、学校政策和规章以及人际关系的理解技能等方面提供建议和心理疏导。美国高校一般都设有心理咨询中心，能够为相当一部分学生提供必要的服务，让其在学习和生活中得到更好地发展。但因为各校服务的内容、校园规模、咨询员的价值观不同，健康中心、就业指导中心工作情况不同，每所学校心理咨询中心运行的模式也不同。比较典型的模式有以下八种：职业指导式、个人服务式、学术事务式、精神分析式、训练式、会诊式、研究式和传统咨询式。从这里我们也可以知道，美国高校心理咨询中心的作用功能不是固定的，而是多样化的，但是从目前的发展趋势看，心理咨询中心都是由"咨询中心"向"学生成长中心"方向转化。

10. 就业指导

就业指导是每一个高校都必不可少的部分。美国高校的就业指导特点是：①在观念上，从20世纪60年代末开始，强调对学生传授职业技能和指导对其职业生涯进行规划，使二者相互促进，有机地构成就业指导工作；②在模式上，美国高校一般采取统一式组织模式，通过设立就业指导中心来指导全校学生的职业生涯规划和安置工作。这一机构一般直接受学生处长或分管学生事务的副校长领导；③在实务操作上，主要作好以下几个方面的服务工作：指导，指导学生进行自我评价、专业定向和职业定向，开设就业指导课和传授求职择业技巧；提供信息，让学生参加实习、暑期工作；举办招聘会。组织校园招聘与面试，推荐介绍学生参加就业与职业交流洽谈会，指导毕业生通过多种渠道就业和为校友服务等。

值得注意的是，美国人在谈到学生事务管理时，较多出现的说法是"学生事务"（Students Affairs)"和"学生服务（Students Services)"，很少有人采用"管理（Administration/Management）"的说法，在具体的学生事务上，使用最多的则是"项目（Program）"一词。这反映的并非简单的语言使用问题，更深刻反映的是美国高校事务的管理观念和教育思想。虽然美国高校学生事务管理也包含对学生行为规范和纪律、住宿生活等的管理。但更多的是把学生作为平等的一员，充分尊重学生的主体地位，重视学生的民主参与，保护学生的合法权益。因此在内容上，为学生提供形形色色的服务项目，诸如新生定向教育、住宿生活服务、经济资助、健康服务、咨询服务、就业指导服务等；在方式上主要采取咨询、辅导、服务为主的管理方式。

（二）我国高校学生管理工作内容及其工作方式

在我国的教育体系中，谈到中学教育时，我们习惯用"德、智、体、美、劳全面发展"之类的术语，在谈到高校学生工作时，我们习惯将其分为思想政治工作、德育工作、学生教育工作，学生管理工作等。有人提出，在新的形势下，高校辅导员的工作可以概括为三个方面，即"把学生思想政治教育作为核心工作，寓教育于引导之中；把学生发展指导作为主体工作，寓指导于辅导之中；把学生事务管理作为基础工作，寓管理于服务之中"。[①] 而在实践工作中，为了增强工作实效性，我们根据工作内容，常常对辅导员职责作出明确规定，将辅导员工作职责细化为十项具体内容：思想政治教育与引导、心理健康教育与指导、学风建设与学业指导、班级建设工作、党团工作指导、素质拓展指导、职业规划与就业指导、日常管理工作、宿舍管理工作和安全稳定工作等。

1. 思想政治教育

思想教育是我国高校学生工作的传统内容。它主要包括形势政策与报告、当代政治与经济、马克思主义概论、思想道德修养、毛邓东思想、邓小平理论、"三个代表"重要思想等课和一些主题教育活动。虽然各有侧重、各有特色，但内容陈旧，脱离现实、脱离社会，理论无法联系实际，存在"重政治、轻思想"的现象。

2. 心理健康教育

我国高校目前一般设有心理咨询机构，这些机构主要负责接待来访学生，展

[①] 方宏建，夏晓虹. 论高校辅导员的工作内容和实现方式［J］. 中国高等教育，2009（10）.

开心理健康调查和检测，建立学生心理健康档案，开设选修课程和专题讲座。咨询的形式主要以个别面谈为主，有的高校也开展了电话咨询、集体咨询、通讯咨询等。咨询的内容主要有：积极开展心理健康教育活动，及时处理由于学生心理不健康所带来的各种问题，努力防止因心理问题而引发恶性事故。但从总体上来说，高校对心理健康教育不够重视，心理健康教育状况仍然堪忧。

3. 学风建设与学业指导

学生的学风建设和学业指导，是高校学生事务管理人员的主要职责之一。我国高校学风建设与学业指导，主要通过建立与老师、学生的交流沟通制度，积极与任课教师、班主任、研究生导师进行沟通，通过辅导员随堂听课、个别谈话或集体谈话等方式，了解学生各方面的情况，为学生生活排忧解难，疏导学生思想困扰，加强学习指导，帮助学生明确学习目标，端正学习态度，促进学业进步。

4. 班级建设

我国高校辅导员在班级建设上一般做法有：建立学生班级管理档案；做好学生干部的选拔、培养、考核工作；指导学生班级开展丰富多彩的活动，营造积极向上、宽松和谐的氛围；定期组织主题教育班会。

5. 党团工作

党团工作是我国高校建设的一项重要工作，往往和思想政治工作联系在一起，其主要内容有：协助和指导学生搞好党支部建设，做好学生党员发展和教育管理工作，充分发挥学生党员的先锋模范作用；指导学生团支部开展丰富多彩的主题团日活动，做好团员教育、评议和推优入党工作；充分发挥团支部在教育、团结、联系和服务青年学生方面的重要作用。

6. 社会实践

主要是提供信息，指导学生积极开展健康有益的社会实践活动和课外科技文化活动等，培养学生的创新能力、实践能力，提高学生综合素质。

7. 日常管理

主要指做好综合测评、评奖评优、助学贷款、勤工助学等学生日常管理工作。

8. 宿舍管理

主要是指导学生营造良好的宿舍文化环境，深入学生宿舍，给予学生生活指导，树立正确的生活观念，养成良好的生活习惯和生活方式。

9. 安全稳定工作

在我国，安全工作是教育工作之首，也是高校辅导员最重要的职责之一。主要负责认真做好学生的安全稳定工作，积极开展日常安全教育活动，提高学生的安全意识，及时妥善处理学生中出现的各种突发事件。

10. 就业指导

首先是加强对学生的职业生涯规划和就业指导，帮助学生树立正确的择业观和就业观，促进学生充分就业；其次是发布信息，向招聘单位推介学生。我国高校学生管理工作方式具有"一个中心，几个基本点"的特点。其中，"一个中心"就是以服务学生为中心，"几个基本点"就是"晓之以理、动之以情、导之以行、先进示范、后进转化、疏通矛盾、咨询服务"，将它们结合起来，形成了一套有效的机制。这样，通过思想教育和行政管理结合，辅之以咨询与服务，我们在对学生事务进行管理时，可以做到"寓大学生思想政治于引导之中，外在教育与学生自我教育相结合，将思想政治教育转化为内在信念；寓大学生发展指导于辅导当中，对学生进行分类辅导，有的放矢，增加大学生指导的时效性；寓大学生事务管理于服务当中，充分尊重大学生的权益"。

（三）中美学生管理差异比较分析

中美学生管理主要表现在管理观念、管理内容、管理方式、管理效果等几个方面。

1. 管理观念

首先中美学生管理差异体现为观念的差异。我国目前高校学生管理观念在发生变化，正逐步由封闭的集中式管理转向开放的综合式管理，从"管"学生向引导学生转变，从"管人"向"理事"转变；美国高校对学生的管理是以学生发展理论为指导，倡导"以人为本"，强调"以学生为中心""服务至上"，重视学生的个性发展。

2. 管理内容

中美在学生事务管理内容上有许多相同之处，比如对学生行为规范和纪律的管理、学生宿舍管理、社团组织管理、学生资助、心理咨询、就业指导等方面；但是也有很多不同之处，主要体现为丰富程度和管理体系方面。在丰富程度上，美国学生事务具有多元性和多样性，内容相对丰富，中国学生事务强调整体性，内容相对相对单一；在管理体系上，中国学生事务管理体系具有更明显的行政性和等级性，而美国学生事务管理有更明显的自治性、自主性和平等性。另外值得注意的一点，我国高校学生工作内容不包括美国高校学生事务管理中的注册管理、定向教育等内容，而美国学生事务管理中也没有具有中国特色的思想政治教育的内容。

3. 管理方式

首先，中美学生管理方式差异体现为机制不同，因此具体做法也不同。中国学生管理建立的纪律违反处罚机制，单方面强制实施，以行政力量自上而下执行；而美国学生管理建立的是纪律违反监督和仲裁机制，具有双向的开放性，允许学生提出申诉。其次，中美学生管理方式差异体现为手段的差异。我国高校学生工作管理手段是以思想教育和行政管理为主，以咨询和服务手段为辅助；而美国高校学生事务管理手段按则是以咨询、服务为主，而以行政管理手段为辅。再次，中美学生管理方式差异体现为服务方式的不同，我国高校对学生许多项目的服务如学生资助、心理咨询、就业指导等，更多的是靠行政力量推动，提供的是主动服务；而美国高校只提供窗口式的服务，学生如果需要这种服务，需要积极主动的寻求。

4. 管理效果

因为中美高校在管理内容和管理方式上各有侧重，其管理效果也各有不同。具体来说，我国高校注重学生思想政治教育和学生管理两大块工作，通过学校党委有效领导、强有力的管理体制、辅导员的指导和管理能力以及细致全面的工作，这两部分工作效果显著，主要表现在校园犯罪率低、学风比较好、班级文化和寝室文化较好、学生毕业率比较高等方面。但是，学校因为忽视其他方面的一些专业化的服务，忽视行政体系外的一些社团组织力量的建设，也带来一些问题，如心理辅导、职业辅导等，这些非常专业化的服务方面还远远不能满足学生需求等。相反，美国学生工作内容重在服务，他们能够向学生提供应用心理学、医学、管理学、公共关系学、心理辅导、职业辅导、学习辅导、生活辅导等方面的理论和实践服务，因此，学生在寻求服务时能够享受到很好的服务。但是美国高校将寝室管理、行为规范管理等方面，管理比较自由宽松，更有相当多的学生在校外租房，这也一定程度上带来一些不安全的风险。因此，美国高校犯罪率比较高，学习风气不太浓厚，毕业率也比较低。

总的来说，两国学生管理在宏观环境、管理观念、工作职责、运行机制、工作方式和工作效果等方面存在差异而各有优势和不足。

第六章 时代背景下大学生管理工作的创新

我国高等学校学生管理工作历来在学校整体工作中具有特定功能,高校学生管理工作是保持学校稳定,保证教学和管理秩序的基础,是对学生进行思想政治教育的重要阵地。但是随着"互联网+"、大数据、教育大众化时代以及"微时代"的来临,学生的思想观念日益复杂,传统的学生工作管理观念、方式和体制已很难适应形势发展的需要,必须用新的思路加以改革和创新。

第一节 "互联网+"时代高校学生管理工作创新研究

近年来,"互联网+"在我国得到了迅速的普及和发展,对大学师生的学习生活乃至思想观念都产生着广泛和深刻的影响。对于学生管理,一方面,"互联网+"的普及和发展为高校学生管理工作提供了很好的发展创新的机遇;另一方面,"互联网+"的普及和发展也带来了一些新的问题,对学生管理工作形成了极大的冲击和挑战。在这种形势下,系统分析"互联网+"所带来的机遇和挑战,创新高校学生管理工作,具有鲜明的现实和理论意义。

一、"互联网+"的科学内涵

"互联网+"是创新2.0下的互联网与传统行业融合发展的新形态、新业态,是知识社会创新2.0推动下的互联网形态演进及其催生的经济社会发展新形态。"互联网+"代表一种新的经济形态,即充分发挥互联网在生产要素配置中的优化和集成作用,将互联网的创新成果深度融合于经济社会各领域之中,提升实体经济的创新力和生产力,形成更广泛的以互联网为基础设施和实现工具的经济发展新形态。"互联网+"行动计划将重点促进以云计算、物联网、大数据为代表的新一代信息技术与现代制造业、生产性服务业等的融合创新,发展壮大新兴业态,打造新的产业增长点,为大众创业、万众创新提供环境,为产业智能化提供支撑,增强新的经济发展动力,促进国民经济体制增效升级。

(一)"互联网+"的本质是传统产业的在线化、数据化

"互联网+"的本质是传统产业对互联网的深层次、全方位应用,以及互联网对传统产业的改造和重塑,而非简单的在线化和数据化传统产业。互联网的应用可以解决现有市场机制下许多解决不了的问题,如缓解信息不对称、降低交易成本;也可以通过改变生产流程,促进竞争力的提高。我国互联网在商业领域的应用已经处于世界领先水平,而互联网在工业领域的应用却大大滞后。从互联网商业到互联网工业,是从互联网应用到"互联网+"的最好诠释。互联网及信息化正带来新一轮科技革命。中国当前正处在抓住和引领产业革命前沿的最佳机遇期,抓住这次机遇,对于中国经济的长远发展和创新体制建设,具有深远的意义。

(二)"互联网+"是互联网的全方位应用

互联网归根到底是一种工具,就像前几次技术革命中的蒸汽机、电一样,从产生就得到各行各业的广泛应用。从这个意义上来看,"互联网+"是以互联网为主的一整套信息技术(包括移动互联网、云计算、大数据技术等)在经济、社会和生活各方面的扩散应用过程。单纯从互联网的应用角度来理解"互联网+"可能会让人产生疑问:既然"互联网+"是国民经济各行业和全社会对互联网的应用,市场经济体制下,因竞争压力而借助互联网进行成本缩减必然成为市场主体的理性选择,那么,互联网的应用不是水到渠成的事情吗?为什么各个国家都以不同的形式将类似于"互联网+"的内容(如美国的工业互联网)列为国家级战略布局?核心在于互联网与哪些产业"相加"。

(三)"互联网+"是产业应用,更是产业重塑

从中国近20年来互联网的短暂发展史来看,中国当前正经历互联网商业向互联网工业过渡时期。互联网与商业的结合,极大地改变了我们的日常生活方式,中国电子商务的快速发展印证了这一点。互联网对商业的改写,毫无疑问降低了市场的运行成本,弥补了中国非统一市场的缺陷。但本质上并未改变其商业属性,解决的仍是生产与消费的低成本匹配问题;基于互联网的零售业,从本质上只是缩短了零售环节,节省了交易成本。经济史研究表明,商业经济时期社会

的创新能力并没有显著提升,其互通有无的本质注定不会产生"生产什么以及如何生产"这样的经济知识。因此,基于商业贸易的互联网应用,虽然可以改变产业形态,但理论上来说并不会大规模产生新的经济知识以及技术创新。但互联网与工业的结合,却在改写工业生产方式、经济知识供给方式以及技术创新的模式。美国的互联网发展及其战略规划恰恰是这个判断的一个典型应用:美国互联网产业发展较早、市场规模也较大,但因为其线下商业体系发达,因此互联网商业发展并没有中国式的爆发增长态势。这从侧面证明互联网商业在本质上仍是传统商业的有效补充;但工业互联网发展却成为美国的国家战略,这是因为在工业领域,互联网并不仅仅是一种工具。基于互联网的工业并不是传统工业的补充,而是对传统工业的升级或替代。发达国家虽然服务业占比超过工业占比,但这些国家均具有对工业技术的核心掌控能力,制造业发展对于国家创新体系仍起到非常重要的作用。

二、互联网为高校学生管理工作带来的机遇和挑战

(一)互联网为高校学生管理工作创造了新的机遇

目前我国高等教育存在的诸如高等教育大众化、个性化、终身化、实用化等问题,都有望借助网络的普及而得以改变。具体说来,这些问题解决的可能性主要体现在:

(1)网络将激发学生学习兴趣和好奇心,增强学习主动性从而使学生"自学、自教、自用"的能力得到很大提高;同时也可以帮助教师及时更新教学内容,提高教学水平,改进教学方法。这样就很好地发挥了"教与学"的有效性。

(2)网络高等教育的出现打破了传统教育的时间和空间限制,使得高等教育的大众化和终身化成为可能。

(3)互联网的普及和发展使得个性化教育、按需学习成为可能。

(4)教学模式将从"教师'教'——学生'学'"的模式向"学生'自学、自教、互教'为主——教师引导为主,教授为辅"的模式发展。

高校学生管理工作作为高校教育的重要组成部分,也必然受到高等教育模式转变的影响。近些年来,学生管理工作面临诸多困境:管理方式方法单调老套不具创新性;管理内容枯燥陈旧、理论脱离实际的现象突出;学校管理与社会管理脱节,管理社会化问题等等。简言之,这些问题也寄希望于能借助互联网而得到解决。

同传统的学生管理工作相比较，应用互联网开展学生管理工作，为学生管理工作的开展提供了巨大的空间，其表现为：

（1）拓宽和丰富了学生管理工作的内容。

（2）促进了学生管理工作方式方法的转变。

（3）开辟了学生管理工作的新途径。

（4）创造了高校学生管理工作的新环境。

可以说，利用网络开展学生管理工作是适应社会发展的需要，也是学生管理工作自身多样性、综合性和时代性等特征所决定的。

（二）互联网为高校学生管理工作带来新的挑战

在对高校大学生进行管理的过程中，互联网着实给学生管理带来了不可忽视的挑战，其主要表现为以下几点。

1. 对大学生政治观、价值观的影响

不可否认，网络可以用现代化的形式和手段将德育的内容具体化、生动形象化，对大学生学习政治理论、培养坚定正确的政治观和价值观产生了积极的推动作用。但是，网络对大学生的政治观、价值观也带来了消极负面的影响。

在互联网时代，青少年学生虽然知识丰富、爱国热情和社会责任感高，但由于社会经验和阅历有限，对国情、世情体察不深，对网上出现的一些社会现象认识不深或片面，容易被西方宣传的思想渗透而西化。

2. 对大学生道德观、法制观的影响

学生管理工作的重要任务是提高大学生的道德文明程度，培养大学生良好的道德品质和法制观念，提倡职业道德和恋爱婚姻家庭美德。而网络的应用为高校德育理论与实际的结合起到了促进作用，也深化了大学生的道德观和法制观，但是，网络带来的问题也不容忽视。

（1）社会责任弱化。互联网制造出来的虚拟社会为大学生群体提供了极大的自由度，这种虚拟环境往往会使他们忘记自己的社会角色和社会责任，从而做出一些不道德甚至违法的事情。

（2）道德冷漠。如今无数大学生沉迷于聊天交友及各种电子游戏，大大减少了与他人进行可视性、亲和感的人际交往，这样容易使其对他人和社会的幸福漠不关心，失去幸福感知。另外，虚拟社会的非人性特点，也易使大学生的人性受到影响。

（3）恋爱、婚姻游戏化。带有游戏色彩的网恋在大学生中盛行已久，接着又出现网上同居、网婚等，在虚拟社会如此，那回到现实社会呢？

3. 对大学生心理健康的影响

网络对大学生心理健康的影响主要表现为痴迷上网而带来的一系列心理问题，如网瘾。网瘾与其说是一种生理问题不如说是心理问题，属于一种强迫症。

三、"互联网+"时代高校学生管理工作的发展趋势

（一）全面提高高校学生媒介素养

1. 当前我国高校学生媒介素养教育存在的问题

"互联网+"时代高校学生媒介素养存在的诸多问题，主要原因在于我国媒介素养教育的长期缺失。要想除此沉疴积弊，不仅要加强完善对新媒体的监督管理体系，更重要的是调动社会、学校、媒体与家庭四方面的联动作用，构建四位一体的媒介素养教育体系。

（1）高校媒介素养教育的缺失。高校的教育是大学生提高媒介素养最直接有效的途径，但目前我国大陆地区高校普遍不重视大学生的媒介素养教育，教学实践基本处于空白。尽管我国的媒介素养教育的研究已有多年历史，但仍然停留在理论阶段，没能从我国的媒介生态的大环境对媒介素养教育实践提出有益的建议。

在实践中，只有少数大学生能通过有限的校园媒体资源去参与、体验媒介的运作，同时过程中缺乏专业老师的指导和培训，基本处于自发状态。在理论上，除了传媒相关专业学生，学校很少面向其他专业学生开展关于媒介素养教育的相关课程或讲座。

（2）新媒体中"把关人"作用的缺位。教育并非一定来自课堂，大学生对媒体的接触、实践也是一种间接受教育方式。新媒体所提供的价值取向，无论是对信息价值的判断或对事件思考方式的提供，都会潜移默化地影响大学生对于客观世界的认知判断，甚至为他们价值观的形成提供参照。在新媒体环境下，传者、受众的界限模糊，"人人都有麦克风"、人人都是"把关人"，但是专业素养的缺乏使得信息的真实性和质量难以保证。值得注意的是，在新媒体中是否进行把关，更多的不是能力问题，而是态度与观念问题。为了获得眼球经济，争取更多的受众，网络媒体的信息筛选加工往往只看市场标准，使得许多虚假、媚俗的信息充斥其中。新媒体公信力的降低和"把关人"的实际缺位，给大学生带来

了负面影响,会使他们形成重物质享乐,轻责任理想的风气。

(3) 国内媒介素养教育体系建构不足。在我国,"素质教育"的口号已经喊了很多年,许多地区也纷纷出台文件,试水教育改革,但是始终无法撼动拥有悠久历史的应试教育体制。这使家庭和高校对青少年的培养带有明显的功利主义色彩,追求实用和速成。而媒介素养教育的成果是寓于长期、持续的教育之中的。这两者间的矛盾揭示出我国媒介素养教育难以形成规模的社会历史根源。

此外,我国媒介资源有限而人口数量庞大的现状也使媒介素养教育的推行缺乏硬件支持,难以形成一定的规模和体系。同时,媒介素养教育缺少政府部门政策制度的支持和推行媒介素养教育的专门机构,这也是社会各界对媒介素养教育的紧迫性和重要性无法形成正确认识的根本原因所在。

2. 提高高校学生媒介素养的有效途径

(1) 学校方面。

1) 营造媒介教育氛围,进行媒介素养宣传。媒介素养要进入校园,融入大学生的生活中,还要一个大家认识和认可的过程。因此,大学校园应充分利用自身传播知识和文化的优势,加大对媒介素养宣传力度。校园广播、电视台、报纸、期刊、社团等都是校园媒介素养宣传的舆论阵地,它们作为在校学生的精神环境,对大学生有着不可替代的潜移默化的影响。所以,加强校园媒介素养宣传,就要形成全方位的校园舆论环境,利用各种媒介形式和手段,营造良好的媒介教育氛围。

2) 开设媒介素养教育课程,建设高素质媒介素养教育队伍。媒介素养是一个新的课题。目前为止,我国的媒介素养教育实践经验还未完全找出一条适合本国国情的道路来。大学生对于媒介素养这一名词既熟悉又陌生,对于媒介素养教育学科的含义也缺乏较为理性的认识。在大学教育中导入媒介素养教育课程,结合各高校的优势力量,是解决大学生媒介素养问题最有效、最科学的方法之一。高校在课程的设置上,可以专门开设实践性课程与多元理论性教育课程相结合的模式。并且,学校还可以通过举办相关讲座、辩论会等活动,以不同形式促使大学生树立正确的新媒体观念。

3) 充分利用大学校园资源,增加媒介认知。调查显示,很大一部分大学生较少参与到媒介信息的制作与发布中,这无疑给媒介工作蒙上了一层神秘的面纱。传媒作为一种合理存在并蒸蒸日上的事物,它的内容和灵魂在大学生当今的生活中是无孔不入的。大学校园有着各式各样的教育、学习工具。校报、校园广播电台、电视台、校园微博等都是大学生可以接触并参与其中的媒介资源。高校应充分鼓励大学生利用校园媒介资源，如：建立校园校报编辑室，让学生亲自去采集、编辑、制作和发布信息；开设校园微博，建立校园微博管理委员会，让学生参与微博的创造、传播和管理的一系列过程中。

（2）媒介方面。

1）媒介发挥"把关人"的作用，提高自身的公信力。媒介在信息生产和信息传播方面应扮演好"把关人"的角色，各式各样的传媒文化给大学生的价值取向带去强烈的冲击，在很大程度上影响着他们的人生观和价值观。面对大千世界芸芸众生中纷繁复杂的各种信息，媒介往往掌握着这些信息能否发布和传播的选择大权。媒介理应帮助大学生认识社会、积累知识，使每一位大学生在媒介所传递的正确价值导向中耳濡目染地逐步得到提高。因此，新闻工作者就应努力提高理论水平，努力提升自身的采编写基本素质，同时，要坚持正确的舆论导向，以正确的舆论引导大学生，这样才能引导那些辨识能力低的大学生认清真实的信息。最后，媒介从业人员必须具有职业道德，对自己的职业行为所产生的社会作用和社会意义承担相应的责任。

2）媒体和大学校园合作，为大学生提供实践平台。媒介素养教育与媒介实践是双向互动的，大众媒介应与大学校园"联姻"，为大学生提供更多的实践机会。例如：传媒与校园联合发起一次"DV校园新闻制作"大赛，媒介专业人士走进大学为学生提供专业指导，大学生从拍摄—加工—制作全程亲自参与，最后评选出优秀的作品在媒体平台播出，使同学们在获得成就感的同时还能收获到相应的媒介知识。网页制作大赛、校园新闻制作大赛等无疑都可以成为媒介与校园合作的最好形式。与此同时，学校还可以定期邀请知名主持人、经验丰富的编辑人员、记者等走进高校，与学生们进行面对面的交流互动，增加大学生们对于媒介的感性认识，消除大学生对于媒介的陌生感。只有这样才能不让大学生被媒介的形式和内容"牵着鼻子走"，成为媒介的理智消费者而不是单纯地鉴赏、浏览传媒发布的信息或是仅仅热衷于新传媒所带来的新感觉。

（二）搭建系统高校网络平台

1. 打造特色网络品牌

校园网络平台关键性的动态指标在于内容、准确度及更新速度等方面。目前的高校学生大多是随着网络一起成长起来的,若想利用网络吸引他们的视线,需要具有特别的形式、丰富的内容、急速的更新。因此,高校校园网络平台应该改变原有的形式呆板、内容简单、功能单一、更新迟滞等不足,更好地解决吸引力不足、利用率低等问题。应完善校园网络平台的功能,提高用户参与程度,加快、加深与校园文化的融合,更好地促进高校的发展。针对上述情况,高校新校区在打造特色网络品牌时应更好地利用社会上较成熟的、影响力较大的媒介。

2. 优化校园门户网站

校园门户网站是每一所高校在互联网中展示自我的绝佳平台,是发布相关信息的固定渠道。在门户网站上可以尝试开辟校园特色专栏,如重庆邮电大学"红岩网校"、河南农业大学的"太行之路网站"等,大多是以本校学科特色为核心,围绕主体用户——学生,将思想政治教育、专业知识、科学技术、就业引导、特色文化等模块组合。设计优良、布局合理、内容新颖的校园网站不仅能提高社会关注度,更重要的是能吸引更多学生关注校园门户网站,积累荣誉感及归属感。打造校园官方微博,官方微博是网络发声的新媒介,高校、企业、政府等纷纷开通了官方微博,在扩大宣传面的同时,能更加快捷地发布信息,发起交流互动。学生手持手机刷微博已成为一种流行,而利用微博的特性,校园官方微博将学生的注意力凝聚起来,通过发布社会热点问题与话题、普及与学生学习生活相关知识与信息、组织学生参与活动及话题互动等,利用微博消息发布及时、传播面广等特性,能更好地配合其他校园文化建设活动的开展。

3. 建立健全管理体制

大学生在社会网络中是最活跃的群体,也是网络互动参与量最大的成员。因而,高校新校区的各部门及院系应提高对网络平台重要性及必要性的认识,加大投入,尽快开发校园网络平台;高校应针对如何引导网络评论、控制网络舆情、监管网络动态,处理网络突发情况等建立专门的技术团队,维护、管理、利用好网络平台。在现有的校园管理制度的基础上,要规范和创新校园网络平台管理机制,通过统一的管理规章制度明确管理者、参与者的义务与责任,规范管理、教育引导学生形成健康积极的网络道德,使校园网络平台的使用秩序井然;建立校园网络平台的各级管理体系,使网络信息的监控、收集、分析、干预等反应机制更为完善,保护校园网络平台的正常运转。

4. 营造校园网络文化,共筑品牌校园文化

高校校园文化因网络的介入而更加丰富、鲜活,同时对高校思想政治及德育

第六章　时代背景下大学生管理工作的创新

工作也提出了新的挑战。打造内容丰富、功能完善、具有开放性的校园网络平台，可以引导学生健康上网，传播校园主流文化，展现高校的品牌特色。构建好校园网络平台，营造健康和谐的校园网络文化，共筑品牌校园文化既是对网络所带来挑战的有力应对，更能为全校师生提供更加有活力的成长空间。

（三）实现教育、管理、服务一体化发展

1. 各类高校间在人才、科研、资源等方面的竞争异常激烈

从传统的高校竞争方向与排序看，作为实施"985工程"和"211工程"的高水平大学为争创世界一流在努力拼搏；作为教学研究型的地方高校为进入国内高水平一流大学的竞争更是空前激烈；其他大学也是加劲发展，提高自己的水平和增强实力，竞争同样激烈。各大高校即使继续努力，差距也很难在短时间内缩短，尤其是沿袭别人的老路，以原有的思维模式、价值尺度和质量标准去发展，更不可能有所作为。因此，高校不能采用单一路径奋起直追，而要用更加开阔的视野，更有效的办法，集中更多样的资源，走多样化、跨越式发展的办学水平提高方式，才能既夯实基础、扎扎实实做好基本功课，又能大胆、前卫改革，建立起新的视域、新的路径，充分运用好灵活激励的机制，发掘组织内部多样化的资源，走超常规发展之路，开展高水平大学的卓越进程。

2. 践行教学管理与学生管理一体化的初步思路

调整机构设置，优化人员配置，完善分工协调。一是撤销学生处，将学生处的部分管理职能划归教务处，教务处设置教学运行管理、学生管理、教学基本建设管理和实验实践教学管理四个方面；二是继续强化二级学院管理职能的重心下移，分管教学的学院领导要协调学生工作，使教学与学生工作有效融合，加强、完善和优化学院办公室职能和人员配置，学院办公室统一负责教学、科研、学工、党务、行政人事工作的日常管理，从而为教学管理和学生管理一体化提供组织保证。

3. 完善和创新一体化管理制度

在现有的教学管理和学生管理各项制度的基础上，根据一体化管理目标要求，优化学校学工部、学生社区、校团委与各学院协调功能，优化各学院教学与学生管理职能，探索建立一个运行有效的教学和学生管理一体化管理模式、管理制度，使学生教育管理"到边到底到位"。比如，可以试行教学与学生管理联席工作例会制度、任课教师和辅导员交流协作制度、教风与学风建设联动制度等，

并计划由教务处牵头，社区、校团委、学生学业信息咨询中心、各学院共同参与，完成教学与学生管理一体化的基本框架建设，从而为一体化管理提供制度保障。

4. 加强教学与学生管理一体化的信息建设

教学管理和学生管理统一的信息系统的建成，可以实现信息的集中管理、分散操作、信息共享，使传统的管理向数字化、无纸化、智能化、综合化及多元化的方向发展。为此，高校要进一步完善教学管理和学生管理信息系统的建设，以实现教学与学生信息资源共享及信息互动，促进管理的规范化，增强学校和学院两级教学与学生一体化管理协作，使其更好地为学校的育人功能服务。当然，教学与学生管理信息系统涉及面广、功能性强，它的应用在为学校教学与学生一体化管理工作带来高效、便捷的同时，也将对今后的教学与学生一体化管理工作提出全方位的、更高的要求。

（四）学生管理工作制度化与人性化的有机融合

1. 转变观念，牢固树立"以学生为本"的管理理念

理念主导行动。要做好高校学生管理工作，最重要的是转变观念，牢固树立服务意识，采取换位思考的方式，从学生的视角去看待问题和解决问题。各项工作必须立足于学生现实发展的需要，围绕调动学生的创造性和积极性而展开，把工作的着力点放到研究学生关注的热点和焦点问题上来，始终以学生的愿望和呼声作为工作的把手，把学生满意不满意作为检验工作的尺度，让个性在制度允许的情况下得到充分自由发挥。要积极构建学生成长成才的管理服务体系，从以强制性教育管理为主的工作格局转变到强化服务、引导和沟通的新格局上来，由传统的"教育管理型"向"教育管理服务型"转变，牢固树立"以学生为本"的管理新理念，使学生管理工作真正抓出成效。

2. 建立科学、规范、完善的学生管理人性化制度

人性化管理是建立在科学合理的制度之上的，离开了合理的规章制度和规范的管理，学校的管理将没有依托，各项工作将成为一盘散沙。规章制度是依法治校的基础。因此，必须建立科学、规范、完善的制度体系，通过制度来充分表达学校对学生的管理态度和要求。问题的关键是制度要合理科学，符合时代发展要求，既要体现对学生的要求，又要充分信任和尊重学生，同时还要体现学校的管理手段和方式。要以教育为主，处罚为辅，并为进一步促进学生全面发展营造更

加宽松的氛围和空间。这就要求学生管理工作者经常开展调查研究，充分了解当代大学生的思想动向，听取他们的合理需求，甚至让他们参与制度的制定，使制度的产生立足于学生的现实需要，制定出公正合理、严格平等的学生管理制度。人性化管理不是放任管理，更不是人情化管理，人性化管理是以严格的制度作为管理依据，是科学规范而具有原则性的，它不是降低规章制度的严肃性和公正性，而是更注重提高管理学生的艺术，改变管理的方法和方式，其最终目的是要教育、培养和发展学生。

3. 建立一支稳定、优秀的学生管理工作队伍

制度化与人性化有机融合的管理模式对管理者提出了较高要求。在学生管理中，每个管理者主观能动性的发挥，都直接影响着工作的质量和效率。因此，做好学生管理工作，就必须建设好辅导员和班主任队伍，不断把德才兼备的年轻干部和优秀毕业生充实到学生管理工作队伍中来。榜样的作用是有效管理的关键。教师作为管理者，要通过自己的行为去影响学生，因此需要教师具有良好的品德及知识素养，处处树立榜样作用，在管理中融入自身的人格魅力；在工作中还应注重学习，不断提高自己的理论水平和业务能力以及正确的决策能力；重视学生在管理中的重要作用，尊重学生，把他们视为自己的朋友，及时发现和表扬他们的优点，以个别提醒的方式指出不足之处，少当众批评，多用鼓励、启发、商量的方式，尽量避免使用命令语气；用公平、公正的心态对待学生，做到对学习好的学生从精神和物质上给予奖励，对出现差错或违反规章制度的学生，给予严肃的批评处理并帮助其寻找原因；在工作中应时刻保持谦虚的作风，善于多方听取学生的意见，修正工作上的不足和偏差。另外，还可采取听报告或讲座，出去调研或进修等多种形式，加大对学生管理工作者的培训力度，使之真正成为一支理论知识扎实、业务能力强、管理经验丰富的优秀队伍。

4. 注重提高学生自我教育、自我管理的能力

自我教育能力是指学生自觉主动地把社会要求的思想道德规范在内心加以理解，并通过实践转化为比较稳定的自觉行为的能力。当代大学生参与意识较强，他们乐于对自身的生活、学习进行决策和控制，因此，有效调动学生的主观能动性，激发学生的参与意识，建立和实行学生工作以管理者为指导、以学生自身为中心的服务型管理模式，充分发挥学生在管理工作中的主体作用。要善于多角度引导学生，采用多种形式，鼓励学生参与管理，培养他们的自律能力，尊重他们

的民主权利，唤起他们强烈的责任感，做到把外部的制度管理与学生内部的自我教育有机地结合起来。学生参与管理的形式是多种多样的，如组织学生成立自律会，检查、督导学校各项规章制度的执行情况，引导学生在管理过程中进行自我反思和自我教育，树立自律、自强意识，帮助学生完成从"他律"到"自律"的转变；让学生参与伙食管理委员会、宿舍管理委员会或担任班主任助理等工作，组织开展各项文明评比活动，学生有权对关系根本利益的大事向学校提出建议；放手让学生会、团委以及相关社团组织开展各项活动，体现学生的主人翁地位。在这种管理模式中，学生具有双重身份，既是管理者，又是被管理者；既学会知识又学会做人，学生的责任感和自我管理能力得到提高。

四、"互联网+"时代高校学生管理工作的创新

（一）增强学生网络法制意识，加大网络文明建设力度

当前，我国关于网络的相关法律法规并不完善，高校对大学生网络法制意识与网络文明的宣传教育力度不足，加上对大学生的网络行为缺乏正确、有效的引导，导致大学生网络法制与网络文明意识普遍不强，从而造成大学生网络行为规范的缺失。高校作为大学生网络法制与文明建设的主要场所，并未有效占领网络法制文明系统建设的前沿阵地，未能形成良好的校园网络文化氛围。

针对这一现象，首先，国家要根据网络发展的新情况和新问题，及时制定和出台一系列适应网络环境快速发展的新法律法规，不断提高打击网络犯罪与网络不文明行为的能力。高校学生管理人员要加大对学生开展网络普法教育、网络安全教育和文明上网教育的力度，积极引导学生以遵纪守法为荣，对有关网络法律问题进行主动思考，如利用社会上的一些典型案例教育学生触犯网络法律所应承担的法律责任，以示警醒；同时，可在学校相关网站或 BBS 社区上开辟寓教于乐的法制教育网页，设立在线互动答疑等栏目，发动学生积极参与对网络违法现象与不文明行为的深入探讨，在潜移默化中提升大学生的网络法制与网络文明意识。其次，必须坚持他律与自律有机结合，倡导在学生群体中形成互相监督，合法文明使用网络的氛围。杜绝学生对网络违法与不文明行为的包庇与谅解，使学生分散的网络文明行为凝聚成有组织的共建网络文明的行动。在这一过程中，应充分发挥学生党员的模范带头作用，培养一支政治立场坚定、作风正派、网络技术过硬的学生党员队伍，充当网络文明使者，利用他们来自学生当中便于与学生沟通、易于被学生接受认可的优势，引导好大学生的主流价值观，使他们肩负起

宣传网络法律法规、倡导网络文明的重任。

（二）开拓网上思想政治教育阵地，加强对学生网络民意的疏导

网络具有开放性，它完全打破了原有国家、社会之间的限制，将世界各国都紧密联系起来，不同意识形态之间的思想碰撞和文化冲突达到前所未有的程度。一些别有用心的西方国家借此机会通过网络平台对我国进行意识形态的渗透，大肆宣扬西方的文化理念、政治制度等，散布影响社会稳定的言论和信息，以此来削弱我们对马列主义等主流思潮的信仰，淡化我们的民族意识。部分思想和三观尚未成熟的大学生在如此强烈的多元文化碰撞下逐渐迷失了自我，对原有的主流理想信念产生怀疑，造成他们政治观念的淡漠、价值观念的偏离，出现极端个人主义、拜金主义等问题。

作为高校学生管理人员，必须抢占网络高地，通过网络平台创建"红色网站"，在校园网上建立理论专区，构建思想政治教育阵地。一方面，高校学生管理人员应高度重视大学生网络民意的表现，密切掌握大学生的思想动态，对于大学生所关注的热点、难点问题在网上给予及时的回应，做好疏导工作。我们应该想办法深入到学生喜欢参与交流和讨论的网上社区、网站和聊天室等，积极与学生互动交流，及时了解大学生的网络情绪。特别是针对一些学生关注的重大政治、意识形态等敏感问题要及时在网上进行旗帜鲜明的正面引导，在引导过程中要注意坚持柔和的交流态度，言之有理，言辞恳切，力求把一些尖锐的矛盾化解在萌芽状态。同时，要尽可能团结好网络中的骨干活跃人员，在网上敏感话题的争论中，网络上的骨干活跃人员的行为对普通网民有巨大的影响力，要积极发挥他们的正面影响力，教育和带动更多的网友理性、成熟地思考问题。另一方面，要建立网络舆论突发事件应急机制。突发事件发生后，通过网络广泛、迅速、覆盖面大的信息平台将真实情况直接发送给每一位同学，提高组织传播的效率，减少信息在多层传输过程中的人为减损，防止学生被不实信息误导煽动而引发更大的混乱。

（三）充分利用网络资源，加强对学生的服务工作

在现阶段的实践中，网络技术与资源在高校学生管理工作中的应用还处于初始阶段，很多都是停留在"面子工程"的形式上，没有落到实处。要切实在网络上开展学生管理工作，必须坚持管理与服务相结合的原则。一方面要加大校园网络的信息量，在校园网络平台上，除了能查询到学校的各种方针政策、规章制

度和通知等常规信息外,还应包含各种大学生常用的学术、生活社交网络资源,努力把校园网络建设成为一个便于大学生学习、生活的综合性平台。另一方面,多拓展针对学生的网上服务空间,如开展网上心理咨询、网上就业信息咨询、勤工俭学信息、网上社团活动等,努力利用网络自身具备的优势特征来消除某些管理工作或服务在现实操作中的局限性,开创高校学生工作的新局面。如大部分心理有问题的学生都不太善于交流和沟通,而网络可以为了解学生心理动态和进行心理咨询提供一个全新的平台。通过网上心理咨询服务,可以消除面对面的尴尬,避免现实交流带来的障碍,可以慢慢地深入问题学生的心理,使其敞开心扉地宣泄内心的情绪问题,从而使教育管理者可以对症下药,准确地引导学生的行为,为更顺利地开展学生心理工作提供良好条件。

(四)建立一支具有网络时代意识与过硬网络技能的学工队伍

高校学生管理面临的环境发生了变化,网络信息技术的快速发展向传统的高校学生管理理念与方式提出了新的要求,这是新时期高校学生管理工作必须正视的现实环境。学生管理人员要想有足够的能力应付在新的教育管理环境中出现的新问题,必须强化自身的信息素质,提高现代网络技术应用的能力,才能充分利用网络资源优势,拓宽高校学生管理工作的空间,增强学生管理工作的针对性和实效性。

作为高校学生管理者,要抢占网络高地,建立属于自己的网络构架。注意网络社团、BBS社区、微博、QQ、个人飞信等网络媒介在工作中的运用,努力实现班级管理网络化,提高工作效率,使大学生表达的意见更有机会直接接近管理中心,从而改变以往信息不畅,具体管理工作、措施与现实脱节的被动局面,增强学生管理工作的针对性和科学性。此外,基于传统的教育理念,学生对老师都既敬又畏,在老师的面前难以敞开心扉,真实地表达自己的所思所想。而网络隐秘性与虚拟性的特征使网络交流少了现实中面对面交流的尴尬和顾忌,现在大部分学生都热衷于通过网络平台来表达自我,很多时候都会把自身的心情、心态或者对事件的观点及时通过网络来宣泄。这样的情况导致管理者对学生的思想难掌握、问题难发现,久而久之师生关系也由此而渐行渐远。多关注学生在网络上发表的信息,可以及时掌握学生的思想动态,从而对症下药,将一些不良的思想遏制于萌芽状态。相对于以往传统、低效的育人管理环境,当前高校教管工作成败的关键在于管理人员是否能够在第一时间准确地获取高质量的信息,只有在知己知彼的情况下才能做出正确有效的决策。

（五）注重"网上管理"与"网下管理"的结合

作为一个高校学生管理人员，无论信息技术发展如何迅猛，网络技术与高校学生管理工作结合得如何紧密，我们必须明确：学生管理工作不是在做"虚拟世界"的工作，而是在做"虚拟世界"背后的学生主体的工作。利用网络平台开展高校学生管理工作要做到网上管理和网下管理相结合，做到以情感人，以理服人。同时，加强校园现实的软件和硬件建设，增强现实空间对学生的吸引力。很多大学生沉迷于网络的虚拟空间，也是由于在现实世界中，他们的很多想法和诉求都得不到满足，只能在虚拟世界里寻求慰藉。为改变这一局面，学校要多开展受学生欢迎、易于学生接受的校园文体活动，尽可能使所有学生的心理诉求能在现实中得以满足，让他们有平台与机会能各尽其能，从而增强现实校园对学生的吸引力，增强学生的幸福体验。

综上所述，随着信息时代的到来，在人们生活或学习的各个领域当中都能看到互联网的影子，在各个层面和领域当中都有所渗透。互联网用其多种功能不断地丰富着人们的生活和阅历，将各种思想和信息有效地进行传播。因此学校在学生的思想教育和管理工作中必将发挥着不可代替的作用。现阶段的很多学校，鉴于学生不断增长的网络需求以及互联网极强的功能，网络平台在学校当中逐渐地被建立起来，在以上提及的两项工作中发挥了不可代替的作用，工作效率也逐渐得到提升。

第二节　大数据时代高校学生管理工作创新研究

大数据作为信息技术的发展趋势，在当前社会中起到了重要作用。对于高校学生管理来说，大数据的作用显而易见，对其未来发展将会起到非常有利的作用。在这种影响下，我国高校学生管理工作在未来几年要引入大数据，利用大数据对学生进行针对性的管理，提高高校学生管理工作的实效性。

一、大数据的概念及应用

大数据是当前信息科技发展的一个热点，对于我国社会建设来说将会发挥巨大的作用。从本质上看，大数据是信息的挖掘，目标是要发现大量信息背后隐藏的规律,将之作用于社会各项事业之中,推动其向前继续发展。

(一)大数据的定义

大数据是由最先经历信息爆炸的学科,如天文学和基因学等创造出来的。如今这个概念已经应用到了几乎所有人类致力于发展的领域中。大数据经过多年的发展并没有一个确切的定义,只是指需要从大量的信息中经过处理提炼出一种规律,能够用来指导人们的生活与学习。大数据最早在一个开源项目中提出应用,目的是为了表示网络搜索引起的批量处理和分析数据。

在公开发布 Map Reduce 和 Google File System(GFS)之后,谷歌公司就向外界明确大数据不仅是一个量的概念,还是一个效率的概念。在当前的通信分析领域,大数据是一项较为前沿的技术,其概念包含有数据仓库、数据分析、数据安全、数据挖掘等。大数据的商业价值已经成为信息行业竞争的焦点。大数据包括各类互联网信息,人们的各项互联网活动都可以成为大数据分析的一个对象。另外,交通工具、生产设备、工业器材等传感器传播的各类数据也会成为大数据的研究对象。人们通过海量的数据,随时随地进行测量,不间断地对信息数据进行分析。利用新的处理模式,大数据具有更强的决策力和洞察力,实现流程的优化和数据的匹配处理。总之,大数据技术是通过对海量数据进行统计分析处理,从中获取人们行为活动规律的各类信息。大数据的价值在于快速处理各类数据,因为只有快速才能产生实际效用。

随着网络设备的快速发展,大数据技术能够实现多个企业跨行业融合,创造出难以想象的经济价值,实现最大程度的社会效益。利用大数据各行各业都可以实现自身业务的较大程度增值和效益,表现出前所未有的社会能力,而并非仅仅是数据本身。所以,大数据可以定义为在合理时间内采集大规模数据,经过处理以后帮助大量使用者采取更为有效决策的数据分析处理过程。

今天的大数据技术已经成为人们创造价值的又一个新工具。大数据已经成为人们获得新知识、创造新价值的一个重要源泉,还为人们改变各种关系服务提供了帮助。

大数据作为信息技术的发展趋势,在当前社会中起到了重要作用。对于高校思想政治教育来说,大数据的作用显而易见,对未来发展将会起到非常有利的作用。在这种影响下,我国高校思想政治教育工作在未来几年要引入大数据,利用大数据对学生进行针对性地教育,提高高校思想政治教育工作的实效性。

（二）大数据在教育领域的应用

在教育领域，大数据的价值可以在整体上划分为宏观和微观两个方面。在宏观上，大数据能够帮助教育管理部门作出适宜于整个地区或者全国的教育决策。通过将地区的教育数据整合在一起，大数据可以发现这些教育数据隐藏的规律，从而制定有针对性的教育政策，或是运用这个规律，或是对这个规律进行矫正，以达到教育活动的目的。

在微观中，大数据能够帮助教育机构实现个性化教育。通过对教育对象行为数据的整合与具体分析，教育机构能够发现教育对象背后的行为规律。举一个简单的例子，当前留守儿童是一个特殊的教育对象，在之前的教育活动中并没有可以借鉴的案例。对于这类儿童，教育者必须进行针对性的研究，才能有效提高他们的教育效果。在一般的实证研究和发现研究中，教育者都习惯从以前的教育理论中寻找到一个假设，从这个假设出发进行有针对性的研究。然而，对于这类群体来说，却是不合适的。之前的教育理论都是建立在儿童有父母教育的前提上，而留守儿童却是在这个方面缺失的。留守儿童没有有效的父辈群体可以模仿，其心理活动或者社会活动必然会出现与之前儿童不同的情景。教育者基于之前假设的实证研究和发现研究必然会存在失误。在这种环境下，只有大数据这种技术才能做出针对留守儿童的发现研究。大数据这种技术并不需要特殊的假设，而是收集留守儿童的所有数据，包括留守儿童睡觉、吃饭、游戏等。任何一个方面的数据对于大数据来说都是有价值的。这些方面的数据集合起来能够揭示留守儿童在心理上的活动规律，从而反映出留守儿童教育规律，提醒教育者有针对性地做出教育管理活动。

（三）大数据在高校学生管理中的应用

高校学生管理工作的主要任务是整合各类学习资源，拓展学生的学习能力，提高学生学习效率，促进综合素质提高，帮助学生排除学习、生活及成长历程中遇到的烦恼和心理障碍，提高学生心理健康水平，顺利适应并度过美好的大学生活。在教育管理过程中，高校出于自身管理方便和成本的节约而忽视学生正当权益的事情时有发生；部分教职员工的服务意识淡薄，服务能力和水平较低，把较多的精力和时间投入到科研中，对学生缺乏应有的关爱和引导；再者由于学生教育管理工作面广量大，与学生利益相关的管理部门众多，因此在解决学生实际问题过程中，出于部门利益的考虑，部门之间经常相互推诿，管理效率低下。因此，高校应积极构建和完善大学生成长成才的服务机制，完善与学生利益的相关政策规章的制定和实施程序，明确和提高教育管理组织的服务职能，培养和提高广大教职员工的服务意识，帮助解决学生在个体发展阶段必然或者可能面临的实际困难，为学生的成长成才创造条件和平台。

"不得不承认，对于学生，我们知道得太少"——这是卡耐基·梅隆大学教育学院研究介绍中的一句自白，这种对于学生认识的匮乏，在高新技术飞速发展的情况下有了改善的契机。如何能够利用这一技术在高校学生管理工作中发挥优势与效益，形成高校用数据做教育决策的意识，成为当前的研究重点，而建立一站式数据资源服务平台在高校学生管理工作中起着关键作用。

大数据时代下，数据资源是海量的，理论上一个学校可以收集学生所有的数据资源，如学生个人信息、特长爱好、性格特征、甚至包括社交、日志信息等各种网络资源等。高校可以充分利用机构优势有组织地通过对各类数据源的定位和连接，实现数据的采集、传输和汇聚。由于数据资源具有体量巨大、类型繁多、生成快速、混乱无规则等特点，而且，这些数据来源于不同的机构或部门，因此很有必要建立统一的数据标准，以提供资源之间的无缝链接，提供各种数据管理服务，例如数据存储、数据加工、数据发布，数据共享等。在数据的洪流中，异构、分布和海量的各种数据资源得以汇聚及融合，形成中心资源库，通过预索引的方式，为用户提供快速、简单、易用的资源及服务。建立一站式数据资源服务平台，在促进大学生心理健康，助力学生多元化评价，关怀大学生生活以及指导大学生个性化就业方面发挥重要作用，从而提高高校学生管理工作水平。

二、大数据时代高校学生管理工作的创新

（一）利用大数据促进大学生心理健康

大学生心理健康管理不应仅是补救性的，而应该向排除正常障碍，帮助学生实现最佳发展为宗旨的发展性模式而努力。当代中国正处于社会转型期，由于经济体制、政治体制、文化体制等的变革，必然带来人们价值观念的变革与冲突，并深刻地影响着人们的社会生活。大学生在这样的时代中理性面对人生的挫折并保持健康的心理状态，并非易事。学习压力、就业压力、感情变化、社会环境、家庭环境等诸多因素，都容易导致大学生心态失衡、萎靡不振等心理问题。作为包括高校在内的社会各方，尤其是高校学生管理工作者，可以利用大数据的优势，实时监测大学生心理情感动态，通过一站式数据资源服务平台，构建健全的

心理救助网络，为可能发生的紧急事件提供预案。及时对心理不健康者予以适当的干预和救助，减少由于心理矛盾或心理冲突引发的适应不良，预防和缓解心理问题，从而达到利用大数据促进大学生心理健康的目标。

（二）利用大数据助力多元化评价

在奖学金、优团优干和优秀毕业生等评优评选中，可以借助大数据技术对学生进行多元化评价。大数据时代的到来，让所有社会科学领域能够借由前沿技术的发展从宏观群体面向微观个体，让跟踪、记录、处理与分析每一个人的数据成为可能，保障了对学生的多元化评价。通过对学生在校园中点滴微观行为的捕捉，学生的上课出勤情况、发言质量、作业完成情况、课堂互动情况、社团活动、课外竞赛参与情况等信息都可以转化为数据，帮助我们了解学生的学习态度、探索精神、实践能力、人际关系、情感与意志等。

高校学生多元化评价研究是时代发展对高校教育提出的要求，是高校在新形势下获得持续发展的自身需要。多元化评价要求我们在学生评优评选中不再依靠有限的智力测验，而是更多地关注学生的内在，借此能够正确的引导和挖掘学生潜能，改进教学的形式和环节，努力培养学生的多种智能，使学生能够更好地适应现代社会发展对多元化人才的需求，提升高校办学能力与水平。

（三）利用大数据关怀大学生生活

大数据技术让高校学生管理工作部门关怀贫困大学生生活更加及时、更具人性化。各高校应在构建科学合理的贫困生认定机制的基础上，全面收集贫困学生的信息，建立健全贫困生资助信息数据库，并对数据库中的各项信息不断更新完善，以便动态管理贫困生，实现按需资助。通过对学生就餐、日常消费等数据的实时监测以及处理，可以帮助贫困生及时获得人性化帮助。在不远的将来，高校利用大数据，借助一站式数据资源平台，深度整合学生相关信息，如饭卡消费、勤工俭学、社会兼职、学习成绩、奖助情况等各类信息，更准确地覆盖到需要资助的学生。

此外，大数据还能够让我们更加了解学生课外学习的轨迹。利用大数据技术，如采用移动终端，记录学生参与的社团活动、班级活动、学习活动等，通过后台数据库统计一个学校、一个区域的整体情况，获得有价值的数据报告，从而可以有针对性地帮助学校和家长给出建议和对策，指导学生成长。

（四）利用大数据指导学生个性化就业

利用大数据技术，通过收集学生成绩、兴趣、爱好、技能等相关信息，不仅可以为其匹配相应的职业岗位、提高大学生就业率，而且能够提升大学生就业质量，实现高校毕业生更加完善和更高质量的就业。

个性化就业指导贯穿以人为本的原则，针对学生的实际情况、多样化的个性特点，引导其了解自己的职业兴趣、职业发展方向，帮助其制定符合自身特点与期待的职业生涯规划，并提供就业咨询、政策咨询、技术咨询等多方面的服务，帮助学生了解就业前景、就业形势、就业方法与技巧，从而使学生顺利地、高质量地就业。创办于2009年的互联网公司Intern Match，一方面为企业提供校园招聘品牌宣传，展示公司视频、企业文化、问答互动等；另一方面收集和积累学生的信息，包括成绩、兴趣、能力、经历等，为其提供合适的岗位。依托大数据技术，随着一站式数据资源平台的建立，高校与企业的服务将进一步完善，大学生可以快捷、公平地享受个性化就业服务，未来将具有很好的发展前景。

三、大数据应用在学生管理工作中的问题及解决策略

与不少发达国家已把大数据的开发应用提高到国家战略高度相比，我国的大数据管理还处于萌芽状态。当前大数据应用在高校学生管理中面临的主要问题包括4个方面：①偏重经验、轻视数据的思维惯性，使得我们在数据收集、使用和管理上不太灵敏；②大数据人才缺乏，既精通大数据技术又熟悉高校学生管理工作相关事务与流程的专家稀缺；③高校在大数据技术研发以及科研成果的推广上没有充分发挥自身作用；④敏感信息的保护工作尚未得到高校相关部门的普遍关注。在数据量庞大、种类繁多、信息多样化的大数据时代背景下，高校教学服务和数据利用方式将发生显著变化，如何准确把握大数据时代特点，有效发挥大数据优势已成为当务之急。

（一）转变思维，重视大数据体系建设

对于任何机构来说，数据整合都是艰巨的工作，对于高校也是如此。高校需要变革才能将大数据中得出的观点转化为在同类院校中的竞争优势。在这种情况下，高校相关部门的决策者和领导者要有远见卓识，转变思维，从战略上重视大数据。建议加大对大数据的宣传力度，明确大数据的重点应用对象，加快面向大数据应用技术的研究，推动基于大数据应用的技术研发，培养大数据应用与管理的专业人才，建立并完善大数据保障体系。

（二）培养人才，组建专业化队伍

可以预测，在未来几年，资深数据分析人才短缺问题将越来越突显，大数据

第六章　时代背景下大学生管理工作的创新

正面临全球性的人才荒。据麦肯锡报告，仅在美国市场，2018年大数据人才和高级分析专家的缺口将高达19万。大数据人才需要理解大数据技术，能够解读大数据分析的结论，深入了解高校各个部门之间的关联性，并且能够根据大数据得到的结论，制定出可具体执行、管控、评价的相关环节。这些新的挑战与需求，催生高校要系统性的培养大数据专门人才，组建专业化大数据应用与管理队伍。

（三）校企合作，加快大数据技术研发

大数据对基于其生态圈中的企业提出了更多的合作要求。校企合作能够加强优势互补，实现互惠共赢。高校要积极创造条件，充分发挥人才、技术集中的优势，与企业技术人员联合成立研发中心及科研生产联合体等，进行新产品开发、设计以及科研成果的推广合作，推动基于大数据的应用技术研发，抢占发展基于大数据的应用技术的先机。通过校企合作，能够促使高校深化教育教学改革，提高人才培养质量，增强学生的就业竞争力，促进高校与合作企业的共同发展。

（四）保护隐私，加强对敏感数据的监管

大量数据的汇集增大了敏感数据暴露的可能性，对数据的无序使用也增加了敏感信息泄露的危险。高校中的大数据来源涵盖非常广阔的范围，例如学生家庭情况、兴趣爱好、社交网络、学习情况、团体活动、行动轨迹等，大量数据的聚集不可避免地加大了学生隐私泄露的风险。一些敏感数据的所有权和使用权并没有明确的界定，很多基于大数据的分析都未考虑到其中涉及的学生的隐私问题。因此，高校要加强内部管理，规范大数据的使用方法和流程，加强对重点领域数据库的日常监管。

大数据技术的应用，使得高校可以对其数据资源采取完全数据筛选的方式来分析、挖掘隐藏在数据背后的规律，从而能够让我们更真实、更全面地了解学生，促进学生的发展。然而，由于当前人们对大数据的认识尚处于探索阶段，大数据在教育领域的研究才刚刚开始，而且大数据提供的也只是参考答案而非最终答案。因此，要真正地将大数据完美地应用于教育，造福于教育，仍然有很长的路要走，但是只要我们能够开放心态、锐意创新、实事求是，就一定能抓住历史机遇，更好地为打造中国经济升级、全面建成小康社会提供坚强有力的人才支撑和智力支持。

第三节 "微时代"背景下学生管理工作创新研究

随着"自媒体社交网络时代"的到来，高校学生的学习、生活无时不受以微信、微博、微小说、微电影为传播载体的网络媒介的影响。微媒体的流行，挑战着高校现有的日常管理、教学管理和思想政治教育，这必然要求高校要正视、重视、研究微博等微媒体。应对新形势，高校学生管理工作理应与时俱进、因势利导，出台新举措来适应"微时代"，管理思想上也要紧随潮流，以"被动防御不如主动出击""用点赞代替传统的表扬，把晒情况代替告知家长"等新的学生管理思想来带动学生管理工作向"微"方向转变。

一、"微时代"对高校学生管理工作的影响

"微时代"冲击着学生管理工作的方方面面，对团学、就业、宿舍管理、心理健康等工作都产生了广泛的影响。

微媒体是团学工作的重要宣传阵地。共青团中央自2013年起，已在新浪网、腾讯网等4家网站同步开通微博，并同时在腾讯网推出微信公众号，截至撰稿时，共青团中央的新浪官方微博粉丝数已达到535万。庞大的粉丝数量，实现了团中央信息与普通团员的零距离分享。按照团中央新媒体工作要求，各级团组织也纷纷建立了自己的微媒体平台，共青团员通过"微"平台可以及时了解党团信息。

微媒体平台是高校毕业生的重要就业信息源。高校毕业生了解就业信息的传统渠道主要依托双选会或网站发布，如今自媒体社交网络的兴起对职业素质教育、就业信息发布和大学生创业都产生了深刻的影响。通过关注就业创业类微博或公众微信号，阅读、浏览职业素质方面的微话题和论述，大学生的职业生涯规划和择业观都直接或间接受到影响。

"微时代"改变着大学生的宿舍生活。Android、IOS等智能手机系统的发展使许多互联网内容都可以通过APP手机客户端获取大众流量。大学生的宿舍生活节奏也因为微媒体的便捷而产生了深刻变化，手机充值、超市购物、一日三餐、人际交流等都可以通过手机客户端来直接实现，大学生足不出"舍"就能正常进行课余的主要生活；通过手机上的微博、微信（朋友圈和公众号平台）

第六章 时代背景下大学生管理工作的创新

和QQ等客户端就能了解班级、院系、学校以及社会上发生的新鲜事。

对"微时代"的不适应会引发大学生的不良心理。部分大学生不能适应"微时代",容易被微媒体所带来的爆炸性、新鲜性信息量迷惑,而对课堂知识渐渐失去了兴趣,甚至产生厌学心理。有的大学生沉溺于社交网络,因而导致作息时间不规律,直接影响学生的身心健康,还容易因为宿舍成员的作息不一致而引起宿舍矛盾。

二、"微时代"背景下高校学生管理工作存在的不足

面对"微时代"的影响,高校越来越重视"微工具"的管理和使用,但是如何最大限度地发挥微媒体在学生管理工作中的正面作用,仍有很大空间值得去探索和实践。

学生管理层级需进一步扁平化。微媒体的便捷性和及时性,可以帮助高校团干部和辅导员扩大管理幅度,减少管理层次,扁平状的组织形式有利于促进老师和普通同学之间的交流和沟通。当前高校的学生管理层级需进一步向扁平化方向发展。

"微"载体资源需进一步挖掘。传统宣传手段已经不能满足学生管理工作需要。高校拥有丰富的大学生先进典型案例,高校可以将社会主义核心价值观融入到这些先进案例中,用学生喜爱的网络语言呈现在微博、微信公众平台、微电影等"微"载体中。

"微"队伍建设需进一步加强。高校的学生管理工作人员和主要学生干部,需要系统性地学习微博、微信等"微"工具的使用,了解"微"语言,只有管理队伍具备"微"素质了,才有可能真正发挥微媒体的正面引导作用。

三、"微时代"背景下高校学生管理工作的创新

"微时代"给高校学生管理工作带来了挑战和机遇,创新学生管理工作机制势在必行。在"微时代"背景下,高校学生管理工作的创新路径主要可从以下几个方面着手。

(一)建立一个"微"体系

"微时代"的广泛影响,导致高校的每个教育管理者和每个大学生都是一个"自媒体",每个"自媒体"又不是孤立的,而是其社交网络的一部分。按照学生管理工作内容,在团学工作、心理健康工作等方面,可分别建立以下四级

"微"网络体系（主要指微博、微信"学生—班级团支部—二级学院团委—校团委""学生—班级心理委员—心理辅导员—校心理健康中心""学生—班长—就业辅导员—校就业中心""学生—班长—宿舍辅导员—校公寓管理科"）这些"微"体系主要有以下三个方面的作用。

1. 有利于"上情下达，下情上传"

学校通过关注班级和学生微博、微信，可以了解和掌控学生动态，学生通过关注学校官方微博、微信，可以第一时间了解学校的各方面工作动态。

2. 有利于学校在第一时间处理突发事件

学生发生交通事故、兼职纠纷和宿舍矛盾等突发事件时，往往都会"晒"在自媒体平台上，由于自媒体平台的瞬时性和互动性，学校可在第一时间获知突发事件情况，防止延误事件的处理。

3. 有利于促进师生情感交流

当代大学生有相当部分时间花在自媒体中，师生面对面交流的情况随之锐减，取而代之的往往是微博"互粉"、微信交谈或QQ聊天，通过"微"体系，师生之间不仅加强了工作关系，也增进了师生感情。

（二）壮大两支"微"力

"微"体系的影响力需要人来推动，高校学生管理工作的"微"影响需要壮大以下两支"微"力量：教师队伍和学生干部队伍。教师队伍主要包括学校宣传部、学生处、团委工作人员和辅导员、班主任以及授课老师，这些教师要维护好部门或个人的"自媒体"，传递正能量，引导大学生树立正确的人生观、价值观和世界观。学生干部队伍除了学生会、社团联合会等学生组织的学生干部之外，学生管理工作者还应组建一支政治强、作风硬、纪律严的网络宣传队伍，定期研判网络舆情，积极转发、传播学校官方信息，从而扩大网络思想政治教育覆盖面，加强在网络上的思想引导作用。

（三）打造三种"微"素材

"微"体系的成功运作，需要学生喜闻乐见的"微"素材来丰富和充实。高校学生管理工作常用的"微"素材主要有：微电影、微故事和微话题。把发生在校园内的富有正能量的学生典型故事，拍摄成一部部具有感染力和教育意义的微电影，编辑为一个个短小而富有哲理的"微故事"；把体现"爱国、敬业、诚信、友善"这一公民个人层面的社会主义核心价值观的学生案例，编辑成一个个

"微话题",通过"微"体系投放到学校官方微博、微信平台中去,让学生在观看或阅读后产生思想上的共鸣,达到思想政治教育的目的。学生管理工作者要组建一个由学生干部组成的"微"团队,专门从事"微"素材的制作,以满足"微时代"的发展要求。

综上所述"微时代"背景下,高校学生管理工作需要在实践中不断总结经验和不足,创新工作方法,切实把"自媒体"有利的一面融入到日常工作中去,增进工作实效,把"微工具"变为培养高素质技能型人才的有力助手。

第四节 教育大众化背景下学生管理工作创新研究

随着我国高等教育进入大众化发展阶段,高校学生管理工作正面临着巨大的机遇和挑战,高等教育的大众化使原有的学生管理工作体制难以适应新形势的需要,必须用新的思路加以改革与创新。

一、高等教育大众化的特点

（一）高等教育大众化是对传统精英教育的扬弃

传统精英教育主张高等教育是精英的特权,而精英是由先天决定的,或是由于天资突出,或是家庭的经济状况比较优越,或是家庭地位较高。传统的精英教育不仅主张接受高等教育是精英子弟的特权,而且主张高等教育就是为培养精英而设的,是培养教会的牧师、文化巨匠、科学家和国家官员的教育。

1. 传统高等教育所面临的挑战

数百年来高等教育的职能、结构、内容发生了许多变化,每次变化都与社会的政治、经济变化有关。但是,高等教育从来没有像今天这样受到各方面的挑战。一方面,高等教育面临着科学技术加速发展的挑战。20世纪以来,特别是第二次世界大战后的半个世纪,科学技术的发展是惊人的,而且科学技术转化为生产力的速度也是惊人的。经历了五次伟大的革命,基本上是每十年一次。这种惊人的发展速度要求高等教育不仅内容要更新,而且要求培养目标、培养方式都要有根本的改变,才能培养出符合时代要求、跟上科技发展步伐的人才。但是高等教育的改革却又是十分迟缓的,当代高等学校的教学与50年前的状况没有实质性改变,很显然科学技术发展的速度与高等教育改革的迟缓形成了尖锐的矛盾。另一方面，高等教育面临着社会变革和文化冲突的挑战。科学技术在社会各领域的应用，引起了社会的变革。科学技术的发展，在促进社会生产力提高的同时，也带来了资源的浪费、环境的污染、生态的破坏等一系列社会问题。随着我国经济和社会的不断发展，改革的不断深化，当前社会正处在大转型、大发展、大分化的关键时期，人均 GDP 在 1000~3000 美元的关键阶段，人口与资源矛盾最为激烈，经济失调，社会失序，心理失衡，社会伦理需要重构。可见，我国现在既是经济社会发展的黄金机遇期，也是各种矛盾的突现期。同时，高等教育面临着两种文化冲突的挑战。一种文化冲突是我国传统与现代的冲突。我国悠久的历史孕育着优秀的文化传统。但是传统文化毕竟是旧时代的产物，其中有精华，也有糟粕。精华的部分能够激发人们奋发图强，促进现代化的建设，但糟粕的部分则可能阻碍现代化的进程。另一种文化冲突是中西文化的冲突。我国在引进西方科学技术的同时也带来了一些西方的文化，有些是腐朽的，有些在西方是可行的，但不符合我国国情，我们则要对其加以鉴别。

2. 高等教育大众化是教育发展的规律所致

高等教育不是供人们仰望的圣物，而是供人们生活使用的有效策略，它的发展过程是从目标到工具的过程，与人类进化的过程正好相反。高等教育开始从祭坛上走下来，开始服务经济社会，服务人的全面发展的新旅程。可见，高等教育从祭坛上走下来的过程，是人类自身价值升腾的过程，是从精英培养向大众化前进的过程。在这个选择实践中，人类认识到高等教育离不开大众，只有在大众的参与下，高等教育才能变成人类认识世界、改造世界最有效的工具，才能成为人类普遍享受的福利，成为人类精神普遍上升的阶梯。正是在人类这种不断上升动力的驱使下，高等教育才从泛泛的一般化形式变成生动的具体的形式，从一个在很大程度上只具有装饰品意义的外在的东西变成人类心灵自我改造和实践的东西，从一个只适合极少数精英的东西变成一个普遍的东西，一个为大众所共享的东西，一个生动具体的适合每一个人的东西，人的个性进而得到展现，潜能得到发挥。

(二) 个性张扬是高等教育大众化的显著特点

真正意义上的高等教育大众化，是在物质条件高度发达，高等教育的体系高度完善，社会形成以尊重个性为核心的价值观念，个性的发展得到充分的张扬。

1. 多样化是高等教育大众化的必由之路

高等教育大众化是社会发展的必然趋势，而高等教育多样化是实现大众化的

第六章 时代背景下大学生管理工作的创新

必经之路。多样化的必然性在于：①社会需求的多样化，社会上的行业千千万万，对各类人才的规格、层次、要求也是千千万万的，同一模式下的人才不可能满足社会多样化的需求；②人的个性、智力、需求、追求的目标以及愿意付出的代价是不尽相同的，只有多样化的高等教育才能满足更多人不同的学习需求；③国家的财力有限，只有多样化的高等教育、多渠道集资，才能实现大众化。

从国际上来看，高等教育大众化的过程与高等教育多样化的过程也是紧紧联系在一起的。美国学者马丁·特罗在论述高等教育发展阶段时提出，随着高等教育规模的扩展，高等教育必然发生质的变化。高等教育大众化对多数人来说，是扩大了入学机会，而高等教育的多样化则是用尽可能多的方法提供适合人们需要的高等教育。

2. 个性张扬是高等教育大众化的最高形式

高等教育大众化的基本主旨是给个性平等发展的机会。与精英教育维护特殊利益的目的相对，大众高等教育价值观的核心是普遍性但尊重个性，并把个性的充分实现作为高等教育体系的内在追求。在精英教育的时代，个性的价值一直处于被掩蔽的状态，它受到物质条件的限制，受到纯知识的、国家利益至上的以及物质实效的价值掩蔽。高等教育活动的根本目的是使人获得精神自由，其活动的本质是精神的，而非物质的，即追求物质需求的满足是推动高等教育发达的条件，追求精神上的满足才是其根本目的。探索和获取知识是高等教育的重要任务，但这只是人类活动的手段，而非根本目的。高等教育目的的实现需要一种有效的社会制度保障，这种制度是在一种社会普遍承认的价值观引导下进行的，而这种价值观又是文化能够存在的关键，高等教育活动的根本目的是使人获得精神自由、个性化的高等教育，是以学生的最大受益为目标，以适合学生最大的发展为目标，以学生最后成为社会上独立自主的人格和自我发展能力为目标。它打破了高等教育原有的统一格局，理顺学术、行政权力和市场的关系，鼓励学生进行自主选择，形成学生的个性特征，为学生的发展提供机会。只有物质基础高度发达，大众才有机会接受高等教育；只有多种知识存在，大众接受高等教育的多样性、个体性才有可能；也只有大众建立起了以尊重个性为核心的价值观念体系，才能把以人为本、人的全面发展，作为高等教育活动的最高目标的文化价值观。显而易见，高等教育的真正转型就发生在价值观层面上，崇尚知识的实体价值，大学生的自主性得到充分发挥，市场组织作用应充分利用的时候，高等教育更好地走向大众、走向个人、走向个性，变成个体的一种生活方式，成为现代社会的一种基本形式，教育的个性化、个性的张扬，是个性平等主义的理想和个体潜能充分实现的最高理想。

3. 高等教育自身体系的不断完善，为个性的张扬提供了舞台

高等教育大众化要求空前地扩展高等教育的规模，设置多样化的高等教育机构，满足各种各样的消费者的要求，于是，高等学校的学生多了，学校变得多样化了，学制多样化了，课程也多样化了，连学生毕业的资格也多样化了。高等教育自身体系的不断完善，为个体发现自己的潜能提供了机会，一旦个体可以根据自己的爱好和兴趣选择课程，就可以避免很大的盲目性和强制性，就能够比较快地找到自己的发展潜力所在，个体就必然开始有意识地设计自我，按照一种理想的人格来充实自己和展现自己，并不断完善自己的人格设计，推动自己的人格趋向完善。同时，个体在适应多种知识的要求过程中了解多种知识的价值，各种知识的价值存在又为个性潜能的发展提供了参照，也为个性潜能的实现提供了机会。在高等教育大众化时代，高等教育对各种知识存在着包容性和开放性，为种种知识的发展提供了场所。各种知识的平行发展，体现了多元的文化价值观，体现了文化消费时代对各种有用知识的需求，也为知识的创新提供了一个更宽松的环境。多种知识的存在，个性的张扬，与知识创新共舞，形成了大众化高等教育升华的大舞台。

当前，我国的高等教育从毛入学率来看早已经进入了大众化教育阶段，但是从社会物质生活水平看，高等教育大众化体制还处在构建之中，以尊重个性，给个性以平等发展机会的价值观还远没有形成。

(三) 高等教育的入口与物质生活状态密切相关

高等教育大众化的过程就是将人类改造自然的内容引进高等教育殿堂的过程，体现了人类对自身力量的认识发展，体现了一个对自身力量从否认到逐步确认的进化。高等教育大众化把大批受教育者带进高等教育的殿堂，共享一种价值观，用现代化武装人力和物力，共建美好的人类社会。

1. 科学观念走近大众是高等教育大众化的前驱

人类在不断认识世界、改造世界的过程中，认识到科学以它自身的成就向世人展现了其巨大的威力，这就大大地激发了人们对科学知识的渴求，促进了科学知识的普及和扩展，促进了人们对科学文化的信仰和依赖。在这种信仰和依赖的

第六章 时代背景下大学生管理工作的创新

指引下,人们接受了机器大生产,接受了专业分工,接受了科学管理法则,接受了工厂的制度,接受了新的消费模式,形成了新的价值观。整个社会就在这种价值观的激发下行动起来,开始走出自给自足的相互隔离的社会生活状态,走进彼此分工协作的相互关联的新的生活状态。人们的身份也因此发生了根本的变化,人们开始由原来单一性的角色向多样化的角色转变,对社会生活的新法则开始有了新的期盼和设想。人们不再仅单纯要求物质方面的利益,还要求体现自身的价值。这种追求是人们对个性的追求,对民主的追求,是与科学理念相容的,充分地体现出了人们在享受物质福利的同时,也要体现自身精神价值的追求,而能够调和这二者关系的最佳途径是用个体能力的发挥来呈现自我价值。

在人们已经认识到科学是体现人的力量和价值的根本手段的时候,能力至上就成为社会转型的一条基本原则,而人们要获得科学知识进入科学的境界就必须接受高等教育,高等教育就成为科学与个体能力发展之间的桥梁。人们对高等教育功能的认识不断提升,在这座科学的圣殿中不断地吸取营养,科学观念开始不断走进大众,大众对进入高等教育的愿望日益强烈,并开始逐渐走进高等教育。

2. 高等教育社会化与物质文明的发达与否密切相关

随着物质生活的不断丰富,人们对科学观念的认识和接受也开始不断由浅入深,由偏颇到全面。一方面,人们开始主要看到的是科学力量的物质作用,对科学和个体的作用也主要是从物质层面来考察,还不能从科学对人类生活状态的作用及对个性价值观的作用等角度来考察。另一方面,人们只有在真正成为从事科学活动的主体时,才能真实地体验到科学的精神层面的价值以及它在发展人的个性中的作用。从科学观念与个体改造世界能力的联系贯通上看,个体要求获得科学知识与技术,都只是把科学当成工具,同时也把自己当成工具来接受,属于个体潜能的开发,无法达到个性发展和完善,这个时候的社会生活状态仍是不发达的物质状态,还没能让人们超越物质层次,更没有达到向精神生活转型的阶段。这既局限了大众对科学更进一步的认识,也局限了他们进入高等教育的能力。

大众进入高等教育,是以物质目标追求开始,但必须要以精神追求终结。高等教育大众化是适应社会生产转型而出现的,是人类发展的自我选择,高等教育大众化的物质前提是社会物质生活已相当富足,社会已经为高等教育吸收大众的进入准备了充分的物质条件。可见,进入高等教育的口径始终是与物质生活状态密切相关的,只有社会的物质状态达到了高度发达状态,进入高等教育的口径才会大大拓宽，高等教育才真正开始进入大众化阶段。

二、高等教育大众化对学生管理工作的挑战

高等教育大众化并不仅仅意味着数量的增长，量积累到一定程度必然会引起质变，并相应带来教育观念的改变和教育方式的创新。以前，高等教育的主要矛盾是量的供应不足，人民群众"上学难"是瓶颈制约。而今，70%的高考录取率使上大学不再是遥不可及的梦想，人民群众的要求逐渐由"上大学"提升为"上好大学"，他们对大学的选择性在增加，对优质大学的期待在提高、因此高等教育的主要矛盾势必从量的扩张转向质的提升。作为高校学生管理工作者，还应该意识到社会用人体制环境所面临的根本变化要求高校育人模式作出相应改革。以往精英化的高等教育面临的是计划经济体制，大学生本身数量不多，又统招统配，甚至供不应求；而大众化的高等教育，毕业生数量远远多于精英化阶段，但他们面临的却是竞争日趋激烈的市场经济体制，这对学校、学生甚至全社会都是一个严峻考验。著名学者顾明远先生曾指出："传统的大学只是培养少数社会精英，现代大学主要培养大批服务于社会各部门的掌握科学技术和一定专业的人才。"这是对高等教育两个不同发展阶段的重要阐述。这就要求我们必须紧扣市场脉搏，转变人才培养模式，力求以质取胜，以特取胜，不断增强学校的办学实力、发展潜力、招生吸引力、育人竞争力，否则就难以生存发展。那么，在高等教育大众化的背景下，高校学生管理工作面临的问题和挑战主要表现在以下几点。

（一）挑战旧有的人才培养目标

高等教育的大众化走向，打破了精英与平民的界限，将高等教育对象"降格以求"，高等教育在管理模式、招生要求、培养层次、学习年限、毕业资格等诸方面都不同于传统的精英教育。因此，在高教大众化条件下有针对性地做好高等院校的学生工作，必须明确人才教育培养的定位和目标。应该认识到，高校之间存在巨大的差异性，具体表现在办学类型、办学规模、办学层次、办学资源等多个方面。高等院校应根据不同的办学层次，在人才培养目标的定位上加强调查研究，按照最优化的原则确定不同专业、不同层次、不同培养途径，形成风格各异的人才培养模式。学生工作必须根据培养目标，有的放矢，在不同质量规格人才的培养上选择教育管理重点，提高教育管理的有效性。

第六章 时代背景下大学生管理工作的创新

(二) 挑战旧有的学生管理理念

长期以来,教育、管理和服务被认为是学生工作的主要职能,但学生工作的创新教育职能却往往未被重视。甚至有人把学生工作等同于行政管理工作,认为学生工作就是保一方平安,不出事就完成任务,所以只有敏感时期才显得重要。学生管理工作者"不求有功,但求无过",创新意识不足、定位不准、重视不够,难以发挥学生工作创新教育的功能。以教学代替教育的观念导致重教学工作轻学生工作成为普遍现象,而由于学生工作成效很难量化,导致对学生工作的育人功能未能加以充分认识,往往使人们认为学生工作是可有可无,无专业可言。学生工作人员理念不新、人员紧缺、素质不高,难以承担学生工作的创新教育,只局限于一般性的教育和管理工作层面上。没有认识到自身担负着学生素质教育特别是创新教育的重任,尚未对创新教育引起足够的重视。

(三) 挑战学生管理工作人员的数量

随着几轮高校的扩招,许多高校辅导员数量离国家的有关规定比例配置有较大距离。学生管理者忙于日常工作,根本没有"充电"的机会,业务水平得不到提高,队伍素质得不到提升。自身对新知识、新科技学习不够,难以担当学生成才的领路人。由于日常事务繁多,不少学生工作人员陷入繁杂的事务当中,一些人又不注重工作总结与创新,对一些沿用的工作方式、内容和范围很少思考和改进,缺乏创新意识和勇气,导致学生工作创新教育形式和载体不多,无法适应创新教育丰富多彩的个性化要求。更严重的是学生管理工作人员数量不足导致对教育对象的漠视,从而难以了解学生的思想动态,无法有针对性地开展工作。由于高校的大幅度扩招,高校的门槛降低了,就生源质量而言,学生个体在知识掌握和能力发展上的客观差异凸显。从生源来源看,统招生、单招生、成教生、民办生并存,呈现出多层次、复杂化格局。此外,从专科生到研究生不同培养层次以及普通高教与高职教育不同的教育类型,客观上都要求对学生的教育管理采取不同措施,因势利导,因材施教,从而增强工作的针对性和有效性。与此同时,在学生思想体系形成中,多元价值观和多元文化的碰撞、冲突,又往往使成长中的学生思想认知和行为判断产生迷茫甚至危机。少量媒体对各种思想的片面渲染和误导、少数家庭的缺陷、地区差异带来的教育发展的不平衡,以及高考制度改革,使大学生群体的社会构成渐趋复杂,素质状况呈现多层次性,凡此种种都需要高校学生管理者去了解。

（四）挑战旧有的管理模式

中国传统的教育体系中,"精英教育""应试教育"一直位居主角,管理模式以包办为主,这意味着管理行为的直接性和手段方式方法的强制性,主要表现为对学生思想和行为的"硬约束",对学生的态度是"管你没商量"。学生教育管理的规章制度繁杂细腻,在投入大量的人力、物力和财力的同时,忽视了学生参与管理的积极性,降低了学生自我管理的主动性,使学生难以实现由衷的思想转变和形成良好的自我约束机制。更值得注意的是,这样的管理方式还在一定程度上束缚了大学生的个性,抑制了学生的思维发展。应该说,高校学生工作在长期的实践中积累了许多丰富的经验,并形成了许多行之有效的途径和方法,如思想教育实施方法中注重说理教育、情感感化、正面灌输、典型示范等。这些传统教育模式主要依靠行政指令性手段,易于操作,有较高的工作效率和教育效果,在思想政治教育过程中,一定程度上仍具有一定的有效性。随着高等教育的大众化,原有的办学理念、工作方法亦随之发生了变化,而原有的思想教育方法则易给人以严厉教化、刻板生硬的感觉和印象。其部分内容亦存在着与社会发展要求、与学生思想实际脱节的矛盾,无法满足培养多样化、个性化人才的需要,不能适应学分制的教育管理改革,容易导致理论说教和行为虚化。目前,一般院校逐步推行选课制、学分制、弹性学制,学生对学习时间安排、学习方式,甚至学习课程、授课内容等都具有一定的自主性和选择性,同时,伴随着高校后勤社会化改革的进一步深入,学生的思想、学习、生活等方面出现了众多的新情况、新问题,在学生工作管理模式上应体现更加灵活和务实的态度。

三、教育大众化背景下高校学生管理工作的创新

（一）实现学生管理的专业化

实现学生管理的专业化是创新学生管理工作的重要途径。随着在校大学生数量的逐步增多,高校学生管理工作也正在不断的得到改革和完善,管理正逐步走向专业化。

1. 高校学生管理理论发展的专业化

美国高等教育中的学生事务工作理论、职能相对完善,其理论基础一直坚持走专业化发展道路。从理论发展沿革来看,美国高校学生事务工作最早的理论基础是英国传统的"替代父母制"。进入20世纪后,这一理论失去了其指导地位,取而代之的是"学生人事服务"。在之后的60年代末、70年代初美国动荡复杂

的社会背景下,"学生发展理论"应运而生。学生发展理论不仅讨论一般的心理发展问题,而且讨论认知和智力的发展、情感和态度的发展、伦理和道德的发展及具体行为的发展,诸如职业选择、饮食习惯等问题。艾里克森、皮亚杰、柯尔伯格等人都对学生发展的过程、特征等有过系统的关注和研究,这些研究成果不论是对指导学生事务工作,还是对学生事务管理与学术教学的关系,进而确立学生事务管理的地位,都有十分重要的意义。20世纪80年代以来,美国高校学生发展理论还逐渐出现"专业化"发展的趋势。后来,咨询和人格理论、人类生态学或环境理论以及组织与管理理论在学生事务管理实践中也得到应用。

任何实践活动都离不开理论的指导,美国高校学生事务管理正因为拥有丰厚的管理理论基础,从"替代父母制"到"学生人事服务"再到"学生发展理论",以比较切合实际的发展理论来指导学生管理工作实践,才取得较大的成功。而目前我国高校从事学生管理工作的人员大多是非专业人员,很少有人经过专业的、系统的学习和训练,在管理学、心理学和教育学等方面的理论相对缺乏,有关学生工作的研究也是多经验、少理论;重思辨、轻实证,缺乏专业化的理论体系来支撑。要切实提高学生管理工作的科学性和有效性,就必须发展专业化的学生管理理论。这就要求做到以下几点。

(1)对学科资源进行整合,坚持理论创新。要全面整合心理学、管理学、教育学、成才学等相关大学生心理发展、人格健全、职业取向、管理资源等理论,逐渐探索出适合我国学生管理实践的学生发展理论,并在实践中不断完善。

(2)学生管理工作者既要关注理论前沿,加强个人理论学习,又要运用理论指导实践,将理论与实践有机结合起来。

(3)吸收一些教育学、管理学专业毕业的人员到学生工作队伍中来,并鼓励在职工作者继续深造,进行系统地学习,提高学生管理队伍的整体素质。

2. 实现学生网上综合管理,实行科学化管理

目前高校大多建立了办公网站,教务部门也都有专门的管理系统,利用计算机网络来管理日常教学工作。高校学生管理工作也应当建立网上综合管理系统,把学生学籍信息、学习成绩、奖惩信息、在校表现鉴定、党团组织关系、学生在校综合表现鉴定等内容纳入到一个系统中,进行统一管理。在信息化时代,高校需要建立这样一个实用的管理系统来统计和分析各种数据,规范和强化学生管理,这将会大大提升高校的管理水平,优化资源,尽可能地降低成本,实现效益

最大化。

(二) 建立学生职业化培训机制

教育部、人事部和劳动保障部于 2007 年 11 月联合发布《关于积极做好 2008 年普通高等学校毕业生就业工作的通知》(以下简称《通知》),指出"就业是民生之本,做好高校毕业生就业工作,是'加快推进以改善民生为重点的社会建设'的具体体现,是构建社会主义和谐社会的重要内容,是建设人力资源强国和建设创新型国家的必然要求。"目前,如何提高高校毕业生就业率已经成为高校特别是高校学生管理工作的首要问题。近年来,我国大学生就业工作任务更为艰巨,就业形势不容乐观。对高校而言,就业率的高低将直接关系到学校的招生和未来发展,影响学校的声誉

1. 开设职业生涯规划课程

职业生涯规划是大学生人生发展教育的重要指导,其目的就是要帮助大学生正确认识自我,了解社会,确定个人的职业目标,制定符合自身特点的职业生涯计划,并通过实践、评估和修正,使职业生涯设计和企业发展目标以及企业职位设计相匹配,从根本上提高就业竞争力和职业发展能力。符合学生自身特色的职业生涯规划将引导学生有计划地学习专业知识,有选择地学习其他学科领域知识;间接培养学生创新创业能力,增加学生对就业的信心,提高学生的就业能力,使学生具有创业的心智。高校应当对每一名学生的性格和特长进行客观分析,帮助学生认识自己的优点和不足,给学生提供职业方向的信息和建议,指导学生学习和职业生涯的取向。

2. 开展专业化就业指导培训

《通知》指出,"高校要按照'全程化、全员化、信息化、专业化'的要求,进一步提升就业指导和服务水平。将就业指导课程切实纳入高校教学计划,鼓励和提倡所有高校从 2008 年起开设就业指导必修课或必选课,并依据各校自身具体情况制订教学计划。各高校要定期开展就业指导教师培训,开展高校就业指导人员资格认证工作,努力建设一支相对稳定、高素质、专业化、职业化的就业指导工作队伍。"高校应通过开设职业生涯规划课、就业指导课程和面试技巧指导、开展心理测试和举办模拟面试等形式对大学生进行多层次的职业规划教育,开展有针对性教学,使全体学生能在毕业前接受系统、专业的就业教育,使大学生进校就有明确的奋斗目标,有计划地完成学业,既有扎实的理论功底,又有从业的

第六章 时代背景下大学生管理工作的创新

思想准备和实践技能,以充分的准备来应对日趋激烈的就业竞争与挑战。"

在就业指导方面,高校首先要运用现代信息技术提升就业服务质量。充分利用计算机网络实现毕业生就业管理与服务的自动化,建立就业信息库,提高信息的准确度和规范性;发挥好毕业生与用人单位之间的纽带作用,创新面试形式,例如采用网上面试等形式,增加就业机会。二是提供个性化的就业指导。面对就业,很多毕业生只考虑"想从事什么职业""工资是多少",却很少用"我能干什么"的眼光来审视自己。个性化的就业指导可以帮助大学生对自己进行客观评估和正确定位,通过职业能力、职业倾向、职业适应性测量,帮助学生树立正确的择业观,发挥优势,立足择业技巧指导。面临就业选择的毕业生,由于社会阅历浅,在面试过程中,往往比较拘谨,甚至手足失措,从而错失良机。适当地对其进行技巧指导,帮助毕业生掌握资料准备、推销自己、文明礼貌、语言交流的方法,以提高就业能力。

当然,大学生就业问题是国家、社会和学校各个方面通力合作的问题,不是单靠学校就能解决的,高校只能是从学校教育角度对大学生进行指导,提高毕业生择业能力,配合国家、社会做好大学毕业生就业工作。

参考文献

[1] 王文婷. 高校学生事务管理理论与实践探究 [M]. 北京：中国纺织出版社, 2018.

[2] 陈强. 国际学生教育管理实务 [M]. 天津：天津大学出版社, 2015.

[3] 郑航. 班级管理与学生指导 [M]. 北京：北京师范大学出版社, 2011.

[4] 盖晓芬. 现代高等职业院校学生管理模式 [M]. 杭州：浙江大学出版社, 2010.

[5] 童文胜. 高校学生事务管理工作典型案例评析 [M]. 武汉：华中科技大学出版社, 2017.

[6] 顾明远. 学校学生管理运作全书 [M]. 北京：开明出版社, 1995.

[7] 顾翔. 大学生管理 [M]. 上海：华东师范大学出版社, 1998.

[8] 李正军. 高校学生管理工作概论 [M]. 保定：河北大学出版社, 2002.

[9] 张锦高. 高等学校学生管理工作的理论与实践 [M]. 北京：中国地质大学出版社, 1997.

[10] 张书明. 社会工作视野下的大学生事务管理 [M]. 济南：山东大学出版社, 2007.

[11] 蔡国春. 中美高校学生事务管理模式比较研究 [M]. 青岛：青岛海洋大学出版社, 2007.

[12] 国家教委学生司. 高校学生管理研究与实践 [M]. 北京：北京师范大学出版社, 1992.

[13] 蒋国勇. 大学生自主管理研究 [M]. 北京：华龄出版社, 2007.

[14] 黄希庭. 当代中国大学生心理特点与教育 [M]. 上海：上海教育出版社, 1998.

[15] 陈立民. 高校辅导员理论与实务 [M]. 北京：中国言实出版社, 2006.

[16] 蔡国春. 中美高校学生事务管理模式比较研究 [M]. 青岛：青岛海洋大学出版社, 2007.

[17] 冯刚, 赵锋. 走进英国高校学生事务管理 [M]. 中国人民大学出版社, 2008.

[18] 吴穹, 许开立. 安全管理学 [M]. 北京：煤炭工业出版社, 2002.

[19] 毛海峰. 现代安全管理理论与务实 [M]. 北京：首都经济贸易大学出版社, 2000.

[20] 孙洪昌, 等. 大学生安全教育读本 [M]. 桂林：广西师范大学出版社, 2002.

[21] 萧宗六. 学校管理学 [M]. 北京：人民教育出版社, 2005.

[22] 李文利. 从稀缺走向充足——高等教育的需求与供给研究 [M]. 北京：教育科学出版社, 2008.

[23] 张民选. 理想与抉择——大学生资助政策的国际比较 [M]. 北京：人民教育出版社, 1997.

[24] 吴庆. 公平述求与贫困治理——中国城市贫困大学生群体现状与社会救助政策 [M]. 北京：社会科学文献出版社, 2005.

[25] 罗开元. 大学生就业简论 [M]. 北京：中国人民公安大学出版社, 2003.

[26] 杨加陆, 方青云. 管理创新 [M]. 上海：复旦大学出版社, 2003.

[27] 张正钊. 行政法与行政诉讼法 [M]. 北京：中国人民大学出版社, 1999.

[28] 姜尔岚, 吴成国. 新编大学生就业实用指导 [M]. 成都：电子科技大学出版社, 2004.

[29] 王宏伟. 以人为本的高校学生管理工作探究 [J]. 办公室业务, 2016 (19).

[30] 杨洁, 方小玉. 互联网时代高校学生工作的创新与实践 [J]. 北京邮电大学学报, 2010 (2).

[31] 张璐. 用教育信息化促进高校学生管理工作的发展 [J]. 中国市场, 2013 (9).

[32] 顾亚莉. 高校学生管理工作面临的问题与对策研究 [J]. 经营管理

者，2016（27）．

[33] 郑全蕾．论新媒体时代高校学生管理工作的创新［J］．西部素质教育，2015（8）．

[34] 陈晓娟．高校辅导员学生管理工作能力的培养［J］．产业与科技论坛，2014（15）．

[35] 丁明．从学生管理的视角探讨诚信教育长效机制建设［J］．南宁职业技术学院学报，2016（05）．

[36] 王宜娜．浅析互联网+的学生管理工作新思考［J］．北极光，2015（2）．

[37] 王涛．当代高校学生管理面临的问题及对策［J］．东方企业文化，2014（18）．